山东省社会科学规划研究项目文丛·一般项目

“立体交互式”大学生社会主义核心价值观教育模式研究

——以沂蒙精神融入大学生社会主义核心价值观教育为例

张业蕾 著

中国矿业大学出版社

内 容 简 介

本书以核心价值观教育模式为切入点，直面在大学生社会主义核心价值观教育过程中出现的问题，并以问题为导向进行科学分析，认为构建"立体交互式"社会主义核心价值观教育模式是现实需要。在理论阐释基础上，本书以临沂大学对"沂蒙精神如何融入大学生社会主义核心价值观教育"的实践探索为例，对"立体交互式"大学生社会主义核心价值观教育模式构建的原则、方法、路径、载体以及此教育模式的效果评估等问题进行了深入细致的阐述，对当代大学生社会主义核心价值观教育具有重要的理论意义与实践价值。

图书在版编目(CIP)数据

"立体交互式"大学生社会主义核心价值观教育模式研究 ：以沂蒙精神融入大学生社会主义核心价值观教育为例 / 张业蕾著. —徐州 ：中国矿业大学出版社，2018.12

ISBN 978 - 7 - 5646 - 4278 - 5

Ⅰ. ①立… Ⅱ. ①张… Ⅲ. ①大学生—思想政治教育—研究—中国 Ⅳ. ①G641

中国版本图书馆 CIP 数据核字(2018)第 298903 号

书　　名 "立体交互式"大学生社会主义核心价值观教育模式研究
——以沂蒙精神融入大学生社会主义核心价值观教育为例
著　　者 张业蕾
责任编辑 史凤萍
出版发行 中国矿业大学出版社有限责任公司
(江苏省徐州市解放南路　邮编 221008)
营销热线 (0516)83884103　83884995
出版服务 (0516)83884895　83884920
网　　址 http://www.cumtp.com　**E-mail**:cumtpvip@cumtp.com
印　　刷 江苏凤凰数码印务有限公司
开　　本 787×960　1/16　**印张** 12.5　**字数** 224 千字
版次印次 2018 年 12 月第 1 版　2018 年 12 月第 1 次印刷
定　　价 36.00 元

序

重视对青年大学生价值观的培育，是中国共产党的优良传统。加强对当代大学生价值观的引领与教育，是高校思想政治教育工作的一项重要任务。新时代如何提升青年大学生价值观教育的有效性，是摆在广大思想政治教育工作者面前并亟需做出回答的重要问题。基于此，我们应加强大学生核心价值观教育理论与实践的相关研究，确立科学的教育目标与教育内容，创新思路与方法，构建科学有效的教育模式。对当代大学生社会主义核心价值观教育模式展开深入探讨研究，于大学生而言，有助于其形成科学的价值观；于社会而言，有助于在社会成员间培育健康向上的价值观念，为中华民族伟大复兴中国梦的实现提供强大精神动力。

为做好课题研究，本书以思想政治教育为学科定位，以当代大学生核心价值观教育过程中出现的问题为导向，以提升价值观教育实效为基本追寻。马克思曾经指出："人的思维是否具有客观的真理性，这不是一个理论的问题，而是一个实践的问题。人应该在实践中证明自己思维的真理性，即自己思维的现实性和力量，自己思维的此岸性。关于思维——离开实践的思维——的现实性或非现实性的争论，是一个纯粹经院哲学的问题。"[①]以此为鉴，本书以能否有效提升当代大学生树立社会主义核心价值观教育效果作为检验研究成果科

① 《马克思恩格斯选集》(第1卷)，人民出版社2012年版，第134页。

学与否、价值大小的标准。

以大学生社会主义核心价值观教育过程中出现的问题为导向，着力于大学生社会主义核心价值观“立体交互”教育模式的构建，本书从当代大学生价值观念发展的实际和教育模式现状出发，以马克思主义哲学原理和思想政治教育学原理为理论基础，借鉴心理学、伦理学、教育学、系统科学等多个学科的研究成果，吸取多年来价值观教育实践的经验与教训，综合运用理论与实践相结合、多学科整合与借鉴等研究方法，在阐述大学生核心价值观教育模式及存在问题基础上，结合沂蒙精神育人的实践，对当代大学生“立体交互式”社会主义核心价值观教育模式的构建与评估等问题展开充分论证，力求为大学生价值观教育提供必要的理论参考与可资借鉴的实施方案。

目　录

第一章　社会主义核心价值观教育及其模式

社会主义核心价值观教育符合党和国家教育发展要求，适应社会发展与环境的不断变化，满足学生健康成长的需求。社会主义核心价值观教育作为一项实践活动，在教育实践过程中，形成了一定的教育方式方法、教育经验。教育经验上升到实践方法论层面，构成社会主义核心价值观教育模式。

一、社会主义核心价值观教育的目标和任务

社会主义核心价值观教育的目标和任务反映了社会主义核心价值观教育的方向，规定社会主义核心价值观教育的基本内容，决定社会主义核心价值观教育的方法与载体，是社会主义核心价值观教育的重要内容。明确社会主义核心价值观教育的目标和任务，是做好社会主义核心价值观教育的前提基础。

（一）社会主义核心价值观教育的目标

社会主义核心价值观教育的目标，是指通过社会主义核心价值观教育，受教育者的心理、态度、行为等方面达到预期的结果。

1. 社会主义核心价值观教育目标确立的依据

社会主义核心价值观教育确立的目标，是对社会存在的客观反映，是随着社会发展变化不断调整的，不以人的主观意志为转移的。社会主义核心价值观教育目标的确立是各种因素综合作用的结果，在这里，我们就社会主义核心价值观教育目标确立的主要依据进行说明。

（1）立足中国国情

我国当前处于并将长期处于社会主义初级阶段，是我国最大的国情。中国特色社会主义的发展进入新时代，我国社会主要矛盾已经转化为人民日益增长的美好生活需要和不平衡不充分的发展之间的矛盾。[①]，主要矛盾决定着主要任

① 习近平：《决胜全面建成小康社会　夺取新时代中国特色社会主义伟大胜利》，人民出版社 2017 年版，第 11 页。

务。社会生产力是推动社会发展的根本性因素,生产力的发展使人们对于物质文化的需求,以及物质文化水平的提升提出了更高要求,因此,社会主义核心价值观教育受社会主要矛盾的制约,从根本上讲,是受社会生产力发展水平的制约。

中国共产党作为执政党,其最终目标影响并决定着社会主义核心价值观教育的目标,中国共产党将实现共产主义作为最终目标,社会主义核心价值观教育目标应与此相一致。中国共产党在不同历史时期,设定的主要的、具体的奋斗目标是不同的,党的十九大根据新的发展形势和时代要求,既明确要全面建成小康社会、实现第一个百年奋斗目标,又提出乘势而上开启全面建设社会主义现代化国家新征程,向第二个百年奋斗目标进军。社会主义核心价值观教育目标与此相一致,并且依据这一奋斗目标,设立不同阶段的具体目标。离开中国共产党总的、主要的奋斗目标,社会主义核心价值观教育目标就没有依据,甚至迷失方向。

社会发展影响社会主义核心价值观教育目标的确立。社会不断发展,在促进人们经济生活改善、文化水平提升的同时,负面问题也随之出现。近些年,社会中存在个人或群体道德水平低下的现象,在面临社会群体或个体需要帮助时,个人或群体无动于衷,出现道德滑坡。问题的出现往往需要对策的提出与践行,在全社会范围内开展社会主义核心价值观教育,依据党和政府、社会、家庭、个体多方面共同努力,丰富教育内容、创新教育方法,力促教育效果的提升。

(2) 满足教育需求

个人在成长过程中,有着源源不断的教育需求,包括知识理论学习的需求、道德修养提升的需求、社会实践成长的需求等。社会主义核心价值观教育是顺应人们教育的需求,社会主义核心价值观教育目标的设定需要综合考虑人们各方面的需求,并根据不同类型与不同层次的人的需求设定具体教育目标。只有这样,社会主义核心价值观教育才能为更广泛的人群接受,产生良好的教育效果。

确定社会主义核心价值观教育目标,应当考虑受教育者的实际情况,这是社会主义核心价值观教育具体目标确立的基本依据。在实际生活中,教育对象依据不同的划分标准可归为不同类型,从居住地域、职业、年龄、文化程度等,可分为不同的类别;更细致的划分体现在,同一工作性质中,按照思想觉悟、工作能力、道德素养等标准,划分为不同层次。因此,在针对特定群体设定社会主义核心价值观教育目标时,应当全面把握受教育群体的实际情况,在此基础上设定目标，防止教育目标过高或过低。

受教育者的思想层次不同决定着社会主义核心价值观教育目标应具有层次性，在社会主义核心价值观教育总目标的指引下，社会主义核心价值观教育具体目标应当具有层次性。例如，应依据不同行业、不同部门设定教育目标；又如，小学生的社会主义核心价值观教育目标应当区别于大学生社会主义核心价值观教育目标。在实际设定目标的过程中，应当避免出现唯总目标是从的现象，仅仅依据总目标，忽略了教育对象的特殊性，这样教育具体目标的设立是没有意义的。

两个方面的依据是相互联系，缺一不可的。前一个体现宏观环境的需求，后一个体现微观环境的需求，在设定社会主义核心价值观教育目标时，应当将宏观环境与微观环境相结合，设定符合客观实际的社会主义核心价值观教育的目标。

2. 社会主义核心价值观教育目标的功能

目标指引前进的方向。社会主义核心价值观教育目标的设定，是开展社会主义核心价值观教育的前提。没有目标，教育实践就失去了方向，难以达到预期教育效果。

（1）目标指明方向

“在社会历史领域内进行活动的，是具有意识的，经过思虑或凭激情行动的、追求某种目的的人；任何事情的发生都不是没有自觉的意图，没有预期的目的的。”①在社会发展过程中，在做任何事情之前，应当具有明确的目标，并为人们的实践活动指明方向，提供动力。社会主义核心价值观教育作为实践活动，也不例外，是具有目标的，它的实践方向、实践内容、实践方法等都是由其目标所决定的。社会主义核心价值观教育的根本目标在于促进人们的思想、行为与社会发展方向相一致，也就是说促进人们的全面发展，为实现共产主义、实现“两个一百年”奋斗目标、实现中华民族伟大复兴的“中国梦”不断努力，这就为社会主义核心价值观教育各项工作指明了方向。社会主义核心价值观教育的各层次目标、各具体任务、实践方式等必须与这个大方向相一致，保证社会主义核心价值观教育朝着实现共产主义的方向努力。

（2）目标提供动力

社会主义核心价值观教育是在教育主体、教育中介、教育环境等要素共同

① 《马克思恩格斯选集》(第4卷)，人民出版社2012年版，第253页。

作用下构成的实践系统。教育主体主要包含教育者与受教育者，他们相互影响、共同发展。教育主体的积极与否，影响着社会主义核心价值观教育的效果。社会主义核心价值观教育目标的动力作用体现为根本目标的动力作用与具体目标的动力作用，根本目标的动力作用主要体现为总方向的把握与引领，具体目标的动力作用体现为具体目标的实现与重置。由于具体目标往往具有阶段性，同时具有局限性，一方面，在各方共同参与下进行社会主义核心价值观教育实践，达到社会主义核心价值观教育阶段性目标，这本身是对于教育成效的一种肯定，另一方面，在上一阶段的目标实现的基础上，设定下一阶段的目标，也是对社会主义核心价值观教育本身的一种挑战，在不断进行解决新的问题与挑战中，转化成教育实践的动力。具体说来，社会主义核心价值观教育的各种因素的转变具有激励作用，例如，对于教育者来说，根本目标的存在与具体目标的不断重设促进教育者能力的提升；例如，对于受教育者来说，教育目标即为对于受教育者的各方面素质特别是理想信念、理论知识的要求，对于受教育者具有引导与提升的作用；再如，对于教育载体来说，教育目标的存在与重置决定着教育载体的更换与创新，对教育载体的创新发展具有促进作用。

(3) 目标提供依据

社会主义核心价值观教育目标是衡量社会主义核心价值观教育成效的基本尺度，开展社会主义核心价值观教育是为了实现一定的目标。判断社会主义核心价值观教育是否具有成效或者成效的程度如何，其依据就在于社会主义核心价值观教育目标。是否有效的判断标准在于：有助于实现社会主义核心价值观教育目标的活动即为有效的，反之则为无效的。判断成效大小的标准在于：受教育者在教育过程中的学习成长的变化幅度，如果全体受教育者的理想信念坚定、道德素养提高、爱国主义情感浓厚等，即教育成效良好；反之则教育成效较差。社会主义核心价值观教育目标是社会发展的要求与教育主体发展需求的产物，目标的完成情况反映着社会发展与个人需求的满足程度，所以将社会主义核心价值观教育目标作为相应依据是符合事宜的。

(二) 社会主义核心价值观教育的任务

社会主义核心价值观教育的任务，是指社会主义核心价值观教育需要完成的特定责任，以达到社会主义核心价值观教育的目标。社会主义核心价值观教育目标的达成、功能的发挥，都有赖于社会主义核心价值观教育任务的完成。

社会主义核心价值观教育的任务，是一个不同层次任务共同构成的体系。社会主义核心价值观教育任务从纵向上可以划分根本任务和主要任务，不同层次任务相互联系、相互影响。根本任务是指社会主义核心价值观教育需要达到的整体状态，贯穿社会主义核心价值观教育的不同时期，规定着不同时期的社会主义核心价值观教育的主要任务与具体任务；主要任务在根本任务的影响下，不断调整与确定，促进根本任务的完成与实现。

1. 社会主义核心价值观教育的根本任务和主要任务

(1) 社会主义核心价值观教育的根本任务

社会主义核心价值观教育的根本任务是社会主义核心价值观教育的中心内容，全部的社会主义核心价值观教育活动必须围绕这一中心展开，在任何时候，坚持这一根本任务不能动摇。“社会主义核心价值观是面对世界范围内思想文化交流交融交锋形势下引领中华民族复兴的航标灯塔，是面对市场经济条件下，思想意识呈现多元多样多变的新特点情况下保障中国梦实现的指路明灯。”[①]社会主义核心价值观教育的根本任务是社会主义核心价值观教育在社会主义现代化建设过程中所需完成的最重要的任务，也是社会主义核心价值观教育所需要完成的最基本的工作。与培育和践行社会主义核心价值观的指导思想相一致，社会主义核心价值观教育的根本任务在于：促进人的全面发展。

促进人的全面发展是人类社会发展的客观要求。人类社会的发展遵循着从低级向高级、从生产力低下到生产力高度发达的发展规律，人类社会的发展体现为生产力发展与文明发展，生产力的发展为人的全面发展提供基础性条件，人的文明素养的提升即为全面发展的表现之一。马克思的人的全面发展的理论指出，人的全面发展主要体现在三个方面：一是人的活动特别是人的劳动活动的全面发展，以及人的需要和能力的全面发展，二是人的社会关系的全面丰富、社会交往的普遍性和人对社会关系的全面占有与共同控制，三是人的素质的全面提高和个性的自由发展。[②] 马克思关于人的全面发展的学说认为，人的全面发展只有社会发展到一定的阶段才有可能实现。我国当前处于社会主义初级阶段，社会主义消灭了剥削制度，社会化大生产具有了一定的规模，为人的全面发展创造了一定的条件，这也需要社会主义核心价值观教育这一实践活动，从而促进人的全面发展。社会主义核心价值观教育致力于人的全面发展，既符合马克思主义学说，又符合社会发展的要求。

促进人的全面发展是党和国家政策的内在要求。人的全面发展是社会主

① 杨志刚、费聿辉：《新时代中华孝敬文化的发展路径解析》，《理论探讨》2018 年第 4 期，第 56 页。

② 吴向东：《论马克思人的全面发展理论》，载《马克思主义研究》2005 年第 1 期，第 31-32 页。

义核心价值观教育的目标，也是党和政府不断努力的方向，这不仅体现在《中国共产党章程》中，同时体现在五年规划及教育政策的制定中。十八大修改的《中国共产党章程》总纲中，在“在生产发展和社会财富增长的基础上不断满足人民日益增长的美好生活需要”之后，加上了“促进人的全面发展”。[①] 在《中华人民共和国国民经济和社会发展第十三个五年规划纲要》指导思想中，明确指出必须遵循坚持人民主体地位的原则，“人民是推动发展的根本力量，实现好、维护好、发展好最广大人民根本利益是发展的根本目的。必须坚持以人民为中心的发展思想，把增进人民福祉、促进人的全面发展作为发展的出发点和落脚点。”[②] 这是“十三五”规划的核心理念。《国家中长期教育改革和发展规划纲要（2010～2020年）》将促进学生的全面发展作为战略主题之一，坚持全面发展，全面加强和改进德育、智育、体育、美育，促进教育内容各方面的有机融合，促进学生成为全面发展的社会主义事业建设者和和接班人。[③] 将人的全面发展作为社会主义核心价值观教育的根本任务，既是党和政府的工作要求，也是教育发展的需求，把握好社会主义核心价值观教育的根本任务，有利于促进教育事业以及党和政府相关工作的开展。

促进人的全面发展是社会进步发展的必然要求。随着经济的发展，社会不断进步，人们的物质生活水平持续改善，但伴随而来的是价值观多元化、道德滑坡问题、各种思潮的影响等，这就需要社会主义核心价值观教育。当代世界，社会主义与资本主义的合作交流不断加深，在网络媒体与文化交流“庇荫”下，西方资本主义腐朽落后的价值观渗透到经济、文化等领域，造成人们特别是青年大学生群体理想信念动摇、价值观念模糊等问题，阻碍思想政治教育工作的开展。面对这种价值观较量、思想交锋的现象，我们应当重视并尽快有效地处理。中华民族优秀传统文化是社会发展的基石，但当前存在轻优秀传统文化重西方文化，如优秀传统文化所倡导的爱国情怀、社会理想、人格境界被忽略甚至遭到恶搞，利己主义盛行，诚信意识薄弱，道德防线下降等。此外，各种社会思潮的盛行阻碍意识形态工作的开展，给人们的思想认知带来巨大冲击，历史虚无主义对于英雄先烈事迹与积极正面形象的恶搞、民族主义对战争劣行的美化与否

① 《中国共产党章程》，人民出版社2017年版，第8页。

② 《中华人民共和国国民经济和社会发展第十三个五年规划纲要》，http://www.xinhuanet.com//politics/2016lh/2016-03/17/c_1118366322.htm，2016年3月17日。

③ 教育部思想政治工作司：《加强和改进大学生思想政治教育重要文献选编（1978～2014）》，知识产权出版社2015年版，第402页。

认、新自由主义对中国特色社会主义经济制度的怀疑与否定等，造成人们认知偏差、怀疑现状等问题的产生。以上这些问题的产生，需要加强社会主义核心价值观教育，对其进行教育引导，抵制错误思想对于人们的影响。

（2）社会主义核心价值观教育的主要任务

“社会主义核心价值观是目标选择、判断依据和标尺准绳。”①要解决社会主义核心价值观教育过程中存在的主要问题，就要设定社会主义核心价值观教育的主要任务。社会主义核心价值观教育的主要任务包括，对人们价值观的正确引导，提升人们的道德文化素养，加强意识形态工作。同时，“突出强调党的意识形态工作，是新形势下保持党的先进性、纯洁性的迫切要求，也是广泛凝聚社会共识，统一思想，凝心聚力，攻坚克难的迫切要求，还是有效抵制西方意识形态西化，坚定我国主流意识形态的迫切要求。”②

加强对于人们价值观的正确引导。坚持以问题为导向，对于人们在价值观方面存在的问题进行分析，寻找对策；坚持以人为本，注重社会主义核心价值观教育的主要对象与教育内容，注重理论灌输，为正确价值观的养成打下良好基础。在社会发展大环境中，积极拓展实践途径，在工作、实践中，加强正确价值观的引导，揭露错误价值观的危害与影响，构建相应实践机制。注重在全社会范围内加强社会主义核心价值观宣传工作，构架良好的网络宣传阵地，营造风清气正的网络环境；注重对于主流媒体的管理监督，在主流媒体中真正做到弘扬主旋律、传播正能量。此外，通过社会实践活动强化价值观引导，依据传统文化节日、志愿服务活动、道德实践活动等载体，促进人们价值观念完成从内化到外化的阶段，不断传播社会主流价值，引领文明风尚。

传承优秀传统文化，提升道德素养。社会主义核心价值观的基本内容包括24个字，是对于中国优秀传统文化的凝练与发展，“富强、民主、文明、和谐”的奋斗目标是中华民族一贯追求的和谐理念的凝练，“自由、平等、公正、法治”是在马克思主义为指导思想的基础上对中华民族古代“大同”思想的升华，“爱国、敬业、诚信、友善”是对中华民族优良传统的传承。③ 优秀传统文化在社会主义现代化建设过程中具有重要指导作用，是民族发展的灵魂，是中国特色社会主义

① 杨志刚、费聿辉：《新时代中华孝敬文化的发展路径解析》，载《理论探讨》2018年第4期，第56页。

② 赵长芬：《转型期党的社会凝聚力研究》，中国社会科学出版社2017年版，第87页。

③ 刘蕴莲：《论新形势下加强大学生社会主义核心价值观教育》，载《思想理论教育导刊》2014年第5期，第107页。

文化发展的合理内核。面对当前存在的盲目贬低优秀传统文化的现象，社会主义核心价值观教育需要注重挖掘与弘扬中国优秀传统文化，培养人们对优秀传统文化的认同，在提升自身道德素养的基础上，传承优秀传统文化。

加强意识形态工作，促进社会稳定。习近平在全国宣传思想工作会议讲话中指出，意识形态工作是党的一项极端重要的工作，在培育和践行社会主义核心价值观的过程中，注重用社会主义核心价值观引领社会思潮，在教育、宣传、实践等工作中，客观全面分析社会思潮、“普世价值”等存在的根本性问题与表现，帮助人们认清资本主义带来的思想冲击，正确阐释中国特色社会主义发展理念、历史与过程，促进人们思想趋于稳定。教育引导人们正确理解社会主义核心价值观的基本内容，结合中国实际国情，全面深入学习，提升思想认知，坚定理想信念，在学习与实践过程中，坚持马克思主义的指导，巩固马克思主义在意识形态领域中的指导地位，从而巩固人们团结奋斗的共同思想基础。

2. 完成社会主义核心价值观教育任务的要求

社会主义核心价值观教育的根本任务为明确社会主义核心价值观教育的主要任务与具体任务指明了方向，社会主义核心价值观教育的主要任务与具体任务都要以人的全面发展为指向。社会主义核心价值观教育任务的完成，不论是任务的哪一层次，都需要遵循一些基本要求。

(1) 坚持以马克思主义为指导

马克思主义在中国的革命、建设、改革发展过程中，指导中国共产党带领人民群众走向独立、自主、富强、文明的道路。在社会主义现代化建设过程中，马克思主义的指导地位不能丢。社会主义核心价值观提炼的过程离不开马克思主义的指导，中华民族优秀传统文化、革命文化、社会主义现代化建设文化等中国实际的、特殊的文化精神，在与马克思主义结合的过程中更具有生命力。社会主义核心价值观的内容不仅体现着中国特色，也体现着马克思主义的指导。在社会主义核心价值观教育过程中，应当引导人们认真学习马克思主义列宁主义、毛泽东思想、中国特色社会主义理论体系，特别是习近平新时代中国特色社会主义思想，用发展着的马克思主义来武装人们的头脑。

加强用发展着的马克思主义武装人们的头脑。首先，一方面要引导人们学习马克思列宁主义、毛泽东思想，鼓励人们学习马克思主义经典著作，深入学习马克思主义经典著作的思想来源、思想内容与当代价值，完整、准确地把握马克思主义的精神实质。另一方面，引导人们学习中国特色社会主义理论体系，学习马克思主义中国化的最新成果。把握好重点教育内容与教育对象，如将青少年、党员干部作为教育的主要对象，提升他们的思想认知。带领广大人民群众深入学习理论知识，加深对于中国特色社会主义核心价值观的认同。其次，注重发挥实践作用，坚持理论联系实际，分析历史、立足现在，分析社会主义社会当前存在的问题与不足，对于错误认知与模糊认知不断澄清，提高人们的认知自觉、理论自觉，提高人们践行社会主义核心价值观的动力，提高运用马克思主义的立场与方法来分析问题、解决问题，提升社会主义核心价值观教育的实效。

（2）弘扬中华民族优秀传统文化

中华民族优秀传统文化是在中华民族发展史上，经过不同时代的持续积累，摒弃其中存在的具有历史局限性的糟粕的内容，留存下来的文化精华的部分。例如，“先天下之忧而忧，后天下之乐而乐”的爱民情怀，“国而忘家，公而忘私”的奉献精神，“天下兴亡，匹夫有责”的爱国主义，“富贵不能淫，贫贱不能移，威武不能屈”的立身情操等，都是中华民族优秀传统文化。党和政府历来重视精神文明建设，党的十九大报告中强调坚定文化自信，不断推动社会主义文化繁荣兴盛，指出社会主义核心价值观是当代中国精神的集中体现，凝结着全体人民共同的价值追求。要深入挖掘中华优秀传统文化蕴含的思想观念、人文精神、道德规范，结合时代要求继承创新，让中华文化展现出永久魅力和时代风采。[①] 社会主义核心价值观教育是弘扬中华民族优秀传统文化的应有之义，对于完成社会主义核心价值观教育的根本任务，全面提高人们的思想素质、价值认同等，具有重要的现实意义。

中华民族优秀传统文化如何弘扬，如何通过社会主义核心价值观教育进一步深化发展，这是在实践过程中需要思考的问题。社会主义核心价值观教育的内容主要源于中华民族优秀传统文化，真正做好社会主义核心价值观教育，这有助于人们形成崇高的理想、坚定的信念、强烈的爱国主义、高尚的道德品质等，总的来说有助于人们道德素养水平的提升。在社会主义现代化阶段，要将弘扬中华民族传统文化真正落到实处、覆盖更多受众人群。因此，教育的方式与载体要得当，促进教育成效的“最大化”；教育主体要在提升自身素养的基础上教育引导他人；受教育者通过接受教育与自我教育相结合，促进自身的快速成长，充分发挥优秀传统文化的教育作用。

① 习近平：《决胜全面建成小康社会　夺取新时代中国特色社会主义伟大胜利》，人民出版社 2017 年版，第 42 页。

二、社会主义核心价值观教育模式的内涵与价值

模式是指事物的标准样式。简单来说，社会主义核心价值观教育模式是指对于社会主义核心价值观教育这一实践的经验概括与理论提升，从而进一步指导社会主义核心价值观教育。社会主义核心价值观教育模式对于社会主义现代化建设、中华民族优秀传统文化的传承发展、全面发展的人的培养具有重要作用。在明确社会主义核心价值观基本内涵、构成要素、特征的基础上，分析社会主义核心价值观教育模式的价值，充分发挥其作用，促进社会主义核心价值观教育效用的最大化。

（一）社会主义核心价值观教育模式的基本内涵

1. 社会主义核心价值观教育模式的概念

什么是社会主义核心价值观教育模式，如何理解社会主义核心价值观教育模式，这是社会主义核心价值观教育模式研究的首要的基本理论问题。对于社会主义核心价值观教育模式的内涵理解，学界大致有以下几种观点。

张丁杰、曾贤贵提出了社会主义核心价值观教育模式的基本内涵，认为教育模式应当包含明确的目标、科学可靠的指导理论、实现目标的操作程序，在此基础上将社会主义核心价值观教育模式定义为：教育工作者在社会主义核心价值观教育的理论指导下，在社会主义核心价值观教育实践的基础上，围绕社会主义核心价值观教育为主要内容，为把受教育者培养成为符合国家价值观、适应时代需求的合格人才所形成的稳定而简明的社会主义核心价值观教育结构理论框架以及具有可操作性的社会主义核心价值观教育实践活动程序或方式，用以指导社会主义核心价值观教育实践。①

徐国媛从模式构建与运行的角度来定义社会主义核心价值观教育模式，这一模式由接受主体（受教育者）、接受客体（教育信息）、接受中介（教育活动）三部分组成，通过方案实施、信息反馈、方案调整、效果评价四个环节的相互影响、相互作用、有序循环，促进接受主体注意信息、保持信息、接受信息、心理内化、改变认知、转变态度、外化行为，达到教育由物理过程向心理过程转化的运行目的。②

---

① 张丁杰、曾贤贵：《论大学生社会主义核心价值观教育模式的构建》，载《四川理工学院学报（社会科学版）》2013 年第 2 期，第 67-75 页。

② 徐国媛：《大学生社会主义核心价值观教育创新模式构建》，西南交通大学出版社 2014 年版，第 96 页。

覃轶珊从社会主义核心价值观培育和践行过程的角度来定义社会主义核心价值观教育模式，指出社会主义核心价值观教育模式是研究“认知—认同—践行”社会主义核心价值观的过程，以及如何根据不同的阶段来进行相应的教育，从中提炼出具有可操作性的模式，从而指导社会主义核心价值观培育和践行的教育实践工作。①

在学界研究的基础上，我们认为社会主义核心价值观教育模式，就是教育者在明确教育目标的基础上，对受教育者开展的以社会主义核心价值观为主要内容的教育活动，将受教育者培养成符合社会发展需要的、全面发展的人的实践的方式，用其指导社会主义核心价值观教育实践活动。

社会主义核心价值观教育模式不是凭空产生的，也不是人为规定的，而是顺应社会发展的需要，由社会的政治、经济、文化、教育诸多因素决定的。社会主义核心价值观教育模式在促进社会进步、优秀传统文化传承、教育进步、人的全面发展过程中具有不可替代的作用。

2. 社会主义核心价值观教育模式的构成要素

社会主义核心价值观教育模式的构成要素是指社会主义核心价值观教育模式在运行和发展的过程中必不可少的、具有基础性作用的构成要件。构成要素对于社会主义核心价值观教育模式具有基础性、决定性的影响。

社会主义核心价值观教育模式的构成要素包括哪些方面，由什么样的要素组成，这是社会主义核心价值观教育模式研究必须明确的问题。关于这一内容，研究者们一方面探讨社会主义核心价值观教育模式的构成要素，另一方面研究构成要素之间的逻辑关系。学界关于社会主义核心价值观教育模式的构成要素的研究主要有以下几种情况。

①“三要素说”。徐国媛认为社会主义核心价值观教育模式主要由接受主体（受教育者）、接受客体（教学信息）和接受中介（教育活动）三部分内容构成，接受主体在教学实践中发挥自身的积极能动作用获取接受客体；同时，接受中介将接受主体和接受客体连接起来，相互影响，相互作用；接受主体在接受信息后将自己所认同的新思想、观念同原来的观念思想整合为一个统一的系统，从而促进社会主义核心价值观教育的开展和教育模式的创新发展。②

---

①　覃轶珊：《大学生社会主义核心价值观培育和践行的过程模式研究》，载《思想教育研究》2014年第4期，第56-60页。

②　徐国媛：《大学生社会主义核心价值观教育创新模式构建》，西南交通大学出版社2014年版，第88-89页。

② “四要素说”。该观点认为构成社会主义核心价值观教育模式的要素主要有四个。张丁杰、曾贤贵认为教育目标、教育基本内容、教学方法载体、教育效果评估体系这四个要素构成教育模式的基本框架，并强调确定教育模式的构成要素是开展教学实践的基本前提。[①] 赵本纲、胡凯从心理学角度出发，指出教学模式应当注重构建“知、情、意、行”四位一体的教育模式，即创新知的教育内容、重视情的融化作用、增强意的自律性、强化行的实践性，并且坚持以理念创新为先导、以情感融化为手段、以理想信念为核心、以实践养成为目标，四个方面相互协调、共同作用，提高大学生社会主义核心价值观教育的实效性。[②]

③ “五要素说”。该观点是在“三要素说”“四要素说”的基础上提出的，是对于这些理论的拓展性研究。刘红明在分析价值观形成一般规律、价值观现状的基础上，提出社会主义核心价值观教育模式包含教育理念、培育体系、形式创新以及学校、家庭、社会相互协同发挥作用，认知、情感、理性和行为“四位一体”的认知目标，在构建当前教育模式中，顺势而为，确保教育模式的良好构建。[③] 宁先圣认为，教育模式的构建需要在遵循价值取向教育规律的前提下，建立渗透机制、服务保障机制和考评激励机制，并且坚持教育形式与方法相结合。[④]

我们认为，社会主义核心价值观教育构成要素包括教育目标、教育者、受教育者、教育中介、教育评估体系五个方面，五个方面相互依存、缺一不可，社会主义核心价值观教育模式在各个方面共同作用下不断创新发展。

3. 社会主义核心价值观教育模式的特征

在探讨社会主义核心价值观教育模式的基本概念和构成要素的基础上，还应当进一步探讨社会主义核心价值观教育模式的特征。社会主义核心价值观教育模式的特征大致有以下几个方面。

① 无可替代的重要性。党的十九大报告、《关于培育和践行社会主义核心价值观的意见》和习近平总书记系列讲话中指出社会主义核心价值观教育的重要意义，积极培育和践行社会主义核心价值观，探索社会主义核心价值观教育

---

① 张丁杰、曾贤贵：《论大学生社会主义核心价值观教育模式的构建》，载《四川理工学院学报（社会科学版）》2013 年第 2 期，第 67-75 页。

② 赵本纲、胡凯：《践行“四维”教育模式　培育大学生社会主义核心价值观》，载《湖北社会科学》2016 年第 11 期，第 183-187 页。

③ 刘红明：《当代大学生社会主义核心价值观培育的“11234”模式研究》，载《职业技术教育》2016 年第 32 期，第 64 页。

④ 宁先圣：《创新高校社会主义核心价值观教育模式的思考》，载《社科纵横》2015 年第 4 期，第 30-32 页。

模式是贯彻落实党和国家各项方针政策的实践活动，实践效果关系到国家发展、社会进步、个人成长。社会主义核心价值观教育模式的构建有助于传承中华民族优秀传统文化，社会主义核心价值观教育立足于中华优秀传统文化之上，教育模式的构建在于帮助人们学习与掌握中华民族优秀传统文化，在此基础上，通过各方力量共同作用，促进社会主义核心价值观内化于心理、外化于实践，最终促进人的全面发展。社会主义核心价值观教育模式的构建有助于促进人的全面发展，培育和践行社会主义核心价值观，引导人们成为社会主义核心价值观的坚定信仰者、积极传播者、模范践行者，帮助人们达到人格、知识、实践等方面协调全面发展的状态。教育模式的构建能够更好地提升社会主义核心价值观教育的实效性，帮助人们在学习与实践中提升价值认知，确定价值标准，进行价值选择，树立正确的价值观。

② 涵盖因素的广泛性。学者们在研究社会主义核心价值观教育模式的过程中，综合考虑教育过程中的各种因素，总体来说，社会主义核心价值观教育模式涵盖因素较为广泛。首先，从教育模式主体方面来说，主要包含高校教师、高校社团组织、高校行政管理者，同时指出党和政府的政策措施、社会模范人物等均为教育主体。其次，从教育模式环境方面来说，主要包含高校教育环境；在此基础上将教育环境拓展到社会教育环境，包括高校周边社区环境、社会活动基地；拓展到家庭教育环境——足以影响个人健康成长和道德人格雏形的发源地。再次，从教育模式内容方面来说，以国家、社会、个人三个层面“24 个字”为主要内容，将理想信念教育、爱国主义教育、革命传统教育、时代精神教育、优秀传统文化教育融入其中。此外，从教育模式载体方面来说，在坚持管理载体、文化载体、活动载体的基础上，积极运用网络载体、大众传播载体，提升教育效果。最后，从教育模式机制方面来说，在领导机制、管理机制的基础上，拓展到制度机制、宣传机制等方面。

③ 发展创新的及时性。社会主义核心价值观教育模式并不是一成不变的，而是依据社会发展、环境变化、学生需求等，不断变革与创新的。近年来，随着社会主义核心价值观教育实践的不断广泛深入推进，新媒体平台被广泛应用到社会主义核心价值观教育过程中，创建新媒体社会主义核心价值观教育模式是一大实践热点。此外，依据不同地区的传统文化与教育传统经验，社会主义核心价值观教育与红色资源教育、典型榜样树立等相结合，形成具有地域特色的社会主义核心价值观教育模式。同时，各个高校结合办学方向、本校特色等，开展大学生社会主义核心价值观教育，与人才培养方向、校园文化建设等相联结，

不断创新与发展既有的大学生社会主义核心价值观教育模式。创新是推进社会主义核心价值观教育的重要动力，是增强社会主义核心价值观教育效果的重要保障。

（二）社会主义核心价值观教育模式的价值

“价值”是指事物或现象对于一定的个人、群体乃至整个社会的生活或活动所具有的积极意义。一种事物或现象（包括物质的、制度的和精神的事物或现象）由于其具有的一定属性，能够满足一定主体的某种需要（物质需要、制度需要或精神需要），对主体具有积极的、肯定的意义，对于该主体就是有意义的即有价值的。[①] 简单来说，价值的大小，就是客观事物满足主体需要程度的大小，客观事物对主体意义的大小。

社会主义核心价值观教育模式的价值是指社会主义核心价值观教育模式对于社会发展、教育进步、个人成长方面的作用和意义。社会主义核心价值观教育模式的价值有哪些，这是构建社会主义核心价值观教育模式的基本前提，能够帮助社会主义核心价值观教育在教育过程中树立明确的目标，提高教育主体的实践自觉性，充分发挥社会主义核心价值观教育模式的积极作用。

社会主义核心价值观教育模式的价值主要体现在以下几个方面。

1. 社会主义核心价值观教育模式的社会价值

社会主义核心价值观教育模式的社会价值是指社会主义核心价值观教育模式通过促进社会主义核心价值观教育，以推动社会发展进步的作用。它的社会价值主要体现在促进社会主义现代化建设，促进社会主义核心价值观的培育和践行。

(1) 社会主义核心价值观教育模式促进社会主义现代化建设

构建良好的社会主义核心价值观教育模式有助于传播社会主义意识形态。教育模式的重要作用在于增强教育的效果，拓宽教育的范围。良好的社会主义核心价值观教育模式有助于将低水平的简单重复的教育模仿转变为高水平的探索创新的教育模式，确保教育成效事半功倍。社会主义核心价值观教育模式是在研究相关理论、探索教育模式的基础上形成的符合自身发展特色的教育实践方式。一方面有助于社会主义意识形态内容的传播。社会主义核心价值观是社会主义意识形态的本质内容，是对社会主义意识形态的

① 徐春光:《马克思主义大辞典》,崇文书局 2017 年版,第 91 页。

凝练概括,社会主义核心价值观教育模式是关于社会主义核心价值观教育的实践探索,目的在于促进社会主义核心价值观更好地践行,这就使社会主义意识形态在教育模式实践过程中得到传播,促进更大范围内人们的认知与把握。另一方面,有助于社会主义意识形态作用的发挥。社会主义核心价值观通过简洁明了、富有感染力的话语来解读社会主义意识形态,有利于社会主义意识形态的深层统一性的强化,同时有助于加强社会主义意识形态的吸引力、凝聚力、说服力、感召力,有助于人们理解、认同,更为积极地传播社会主义意识形态。

构建良好的社会主义核心价值观教育模式有助于社会主义市场经济的发展。构建社会主义核心价值观教育模式的目的在于能够更好地提升社会主义核心价值观教育的成效,促进更多的人接受社会主义核心价值观教育,通过调动人们的积极性,确保经济建设保持社会主义的性质与方向,为社会主义生产力的发展提供精神动力,为经济的发展营造良好的社会环境。社会主义核心价值观教育模式在经济发展过程中,帮助人们遵守社会主义核心价值观三个层面的内容,从而帮助人们树立建设中国特色社会主义的共同理想,帮助人们提高思想觉悟,为建设社会主义现代化不断奋斗,推动我国的经济建设沿着社会主义的方向不断前进。在社会主义核心价值观教育成效不断提升的基础上,促进人的思想认知的不断提升,我们知道,人在经济建设中起主导作用,将劳动生产、科技创造等要素结合起来,充分发挥运用这些要素,推动生产力水平的提高。社会主义核心价值观教育模式在改善社会环境中所承担的作用越来越大,社会主义核心价值观教育模式能够改善人们的思想状况,从而能协调人与人、人与自然、人与社会之间的关系,促进各种关系之间的协调稳定,有助于社会形成稳定、和谐的氛围,为社会主义现代化建设营造良好的社会环境。

社会主义核心价值观教育模式有助于社会主义文化功能的发挥。社会主义核心价值观与社会主义文化关系密切,社会主义核心价值观教育模式是促进社会主义文化建设目标的积极推动力,社会主义核心价值观教育模式的构建与创新,能够帮助我们教育更多的有理想、有道德、有文化、有纪律的公民,切实提高更多人的文化素质和科学素养。此外,社会主义核心价值观教育模式有助于社会主义文化的传播。社会主义文化是在继承中国优秀传统文化的基础上,源于人民大众实践,同时又为人民大众服务的人类优秀精神成果的文化。这种静态的文化成果,通过社会主义核心价值观教育这一实践活动，转化为现实的活跃的文化形态。不同形式的社会主义核心价值观教育模式将社会主义文化形态作用于个人载体，与个人的智慧、意志、情感形成共鸣，将社会主义文化融入人们生活的方方面面，促进人们按照良好的社会规范工作、生活，帮助人们拥有健康的心理状态与积极向上的生活态度。社会主义核心价值观教育模式能够促进人们树立正确的文化观，在面临不同文化的选择中，能够正确选择与吸收，对于文化中的不同成分能够辨别、吸收与舍弃，并结合中国特色进行不断创造与发展，为社会主义现代化建设提供精神力量。

(2) 社会主义核心价值观教育模式促进社会主义核心价值观的培育和践行

如何让社会主义核心价值观真正发挥作用，需要将社会主义核心价值观融入社会生活中，促进人们在实践中进行领悟感知，这是社会主义核心价值观教育模式的效果之一。习近平总书记在中共中央政治局十三次集体学习中强调，“要按照社会主义核心价值观的基本要求，健全各行各业规章制度，完善市民公约、乡规民约、学生守则等行为准则，使社会主义核心价值观成为人们日常工作生活的基本遵循。要建立和规范一些礼仪制度，组织开展形式多样的纪念庆典活动，传播主流价值，增强人们的认同感和归属感。要把社会主义核心价值观的要求融入各种精神文明创建活动之中，吸引群众广泛参与，推动人们在为家庭谋幸福、为他人送温暖、为社会作贡献的过程中提高精神境界、培育文明风尚。要利用各种时机和场合，形成有利于培育和弘扬社会主义核心价值观的生活情景和社会氛围，使核心价值观的影响像空气一样无所不在、无时不有。”[①]注重在日常生活中通过各种教育模式，促进社会主义核心价值观真正落实。

社会主义核心价值观教育模式有助于人们在践行社会主义核心价值观的同时，与西方意识形态渗透做斗争。西方资本主义国家一直将意识形态输出作为长期战略之一，推销“普世价值”是西方资本主义国家和平演变社会主义国家的意识形态征服战略。要做到警惕和阻止西方意识形态的渗透，就需要社会主义核心价值观真正落到实处，帮助人们认识西方意识形态的迷惑与危害。西方资本主义国家故意将社会主义核心价值观中的内容与“普世价值”内容混为一

① 习近平：《把培育和弘扬社会主义核心价值观作为凝魂聚气强基固本的基础工程》，载《人民日报》2104 年 2 月 26 日，第 1 版。

谈，这是错误的，是需要我们明确抵制的。我们需要明白，一个是在社会主义社会中产生的，另外一个则是资本主义国家的产物；一个是在生产资料公有制的所有制中产生的，另外一个是在生产资料私有制中产生的；一个是为了谋求人民的利益为目标的，另一个是为了谋取少数人的利益为目的的，通过构建良好的社会主义核心价值观教育模式，帮助人们认识到践行社会主义核心价值观的重要性，高度警惕西方资本主义国家的意识形态渗透。

2. 社会主义核心价值观教育模式的教育价值

"'教育模式'是在教育理论指导下，抓住特点，对教育过程的组织方式作简要概括，以提供教育实践选择；对教育实践的经验做概括，抓住特点，则可得到个别的教育模式，以丰富教育理论。"①从教育模式的相关定义中可以看出，教育模式的构建不仅具有实践意义，而且具有理论意义。

(1) 社会主义核心价值观教育模式丰富了社会主义核心价值观教育理论

社会主义核心价值观教育模式是在社会主义核心价值观教育实践的基础上，对教育过程的组织方式的概括总结。丰富社会主义核心价值观教育的实践内容，创新社会主义核心价值观教育的实践方法，从而推动新的社会主义核心价值观教育模式的创新与完善，有针对性指导社会主义核心价值观教育实践活动，丰富社会主义核心价值观教育相关理论。如在践行社会主义核心价值观中，如何做到真正落小落实、如何在大学生群体中更好地开展社会主义核心价值观教育活动。相关实践的开展、相关理论的研究，将促进关于社会主义核心价值观教育的载体论、方法论、机制论等内容。

(2) 社会主义核心价值观教育模式推动了社会主义核心价值观教育实践

社会主义核心价值观教育模式将丰富的教育经验形成理论，并为社会主义核心价值观教育实践给予指导，提升社会主义核心价值观教育的成效。社会主义核心价值观教育模式的建立、创新、发展有助于社会主义核心价值观的传播，以及不断创新社会主义核心价值观教育的方式方法、提升社会主义核心价值观教育的实践效果。同时，社会主义核心价值观教育能够积极影响受教育者，帮助人们树立正确的世界观、人生观和价值观，积极促进人的全面发展，促进社会主义现代化的建设发展，这就是社会主义核心价值观教育的实践意义。此外，社会主义核心价值观教育模式能够促进不同群体、不同个体等具有不同价值追求的人们的价值观念的转变，在快速变动的社会环境中，依据不同群体的价值

① 查有梁：《教育模式》，教育科学出版社 1999 年版，第 1 页。

观念的变化需求，创新发展社会主义核心价值观实践理念与途径，从而创新与完善社会主义核心价值观的教育模式。

3. 社会主义核心价值观教育模式的个体价值

社会主义核心价值观教育模式的个体价值是指社会主义核心价值观教育模式通过作用于社会主义核心价值观教育实践，影响个体的思想观念、行为实践的过程，引导个体遵循客观规律、顺应社会发展，以获得更好的成长发展状态，促进个体的全面发展。

（1）塑造价值

塑造价值是指社会主义核心价值观教育模式在实践中，帮助个体塑造健全的人格的过程。一方面，个体在接受教育的过程中不断解放思想，即不断摆脱传统过时观念的束缚，保持积极适应社会发展的精神状态，不断探索自身的特色，挖掘发挥自身的潜能。另一方面，个体在接受教育的过程中增强主体意识，明确自身在社会主义现代化建设过程中的时代责任和历史使命，正确认识作为社会历史创造者的这一角色，全面认识社会、认识自己，不断提高自己适应与改造客观环境的能力。

（2）引导价值

引导价值是指社会主义核心价值观教育模式在实践中，引导个体的思想和行为与社会发展要求相一致。这种引导作用一般通过两个方面发挥作用，一是宣传引导，向个体宣传党和国家的路线、方针和政策，增强人们对于党和国家、社会等方面的认知，提升思想自觉与理论自觉。二是舆论引导，坚持正确的舆论导向，坚持正面宣传为主，通过鼓励、批评、监督等途径，营造良好的舆论氛围，提高舆论的传播力、引导力、影响力，调节和规范个体的思想行为，引导人们的思想朝着新时代社会主义现代化建设要求的方向发展。

（3）约束价值

约束价值是指社会主义核心价值观教育模式通过传播社会规范，将社会主义核心价值观践行落实到社会发展实践与社会治理中，促使人们的行为符合一定的社会规范。社会主义核心价值观教育模式的约束价值体现在以下几个方面，首先，社会主义核心价值观教育模式有助于人们更好地掌握、理解并遵循社会主义核心价值观的要求，做到讲社会责任、讲社会效益、讲守法经营、讲公平竞争、讲诚信守约。[①] 其次，有助于人们在约束规范自己行为的过程中，明确如

---

① 《十八大以来重要文献选编（上）》，中央文献出版社 2014 年版，第 581 页。

何处理人与自然、人与社会、人与人之间的关系，通过关系的构建与发展，确保这种关系能够更好地促进人的发展，同时促进周围环境的发展变化。最后，促进社会主义核心价值观与社会治理相结合，将社会主义核心价值观内容融入社会治理过程中，构建完善治理机制，强化规章制度实施力度，进一步规范人们的社会行为。

(4) 激励价值

激励价值是指社会主义核心价值观教育模式在教育实践过程中，通过恰当合理的方式，有助于激发、鼓励人们奋发向上、积极进取。在社会主义核心价值观教育过程中，为了确保教育效果，往往将各种教育方式方法融合使用，其中激励方法是不可或缺的，这也就决定了社会主义核心价值观教育模式激励价值的存在。社会主义核心价值观教育模式的激励结果往往体现在两个方面。一是通过树立榜样产生的激励价值，通过身边典型人物的带动，促进更大范围内的人们的积极行动，激励上进心。二是通过奖惩方法来促进激励价值的实现，通过奖励手段，表扬与宣传正面形象、积极行为，号召更多的人向着更好的方向前进。

三、理论灌输与实践教育:社会主义核心价值观教育的常规模式

常规教育模式是在教育过程中，经常性使用、受众面广的教育模式，是使用其他教育模式的基础。在社会主义核心价值观教育模式构建创新过程中，不仅需要不断发展创新的教育模式，更需要的是理论灌输与实践教育这两大常规模式。

(一) 社会主义核心价值观教育常规模式的理论基础

社会主义核心价值观教育常规模式主要是指社会主义核心价值观教育的理论灌输模式与实践教育模式，社会主义核心价值观教育是需要长久坚持、不断发展的实践育人的过程，在实践育人过程中坚持这两大常规教育模式是有一定的理论基础的。

1. 理论灌输教育模式的理论基础

理论灌输教育模式，是指在社会主义核心价值观教育过程中，坚持有计划、有步骤地将社会主义核心价值观内容传播给广大人民群众的教育实践，并将这一实践方式归纳提升，形成一定的教育模式，指导针对不同群体的社会主义核心价值观教育实践。

理论灌输教育模式是以马克思主义的灌输理论为依据的。列宁在《怎么

办?》一文中指出:“工人本来也不可能有社会民主主义的意识。这种意识只能从外面灌输进去。”①“阶级政治意识只能从外面灌输给工人,即只能从经济斗争外面,从工人同厂主的关系范围外面灌输给工人。”②列宁的相关论述说明,在资本主义条件下,工人阶级的阶级意识不是自发产生的,必须依靠灌输的方式才能形成。虽然在社会主义不断建设发展的过程中,工人阶级能够依靠自己的知识分子队伍,不断发展阶级意识,但是理论灌输仍旧是需要的。

理论灌输模式是以思想政治教育学科理论为依据的。“一方面,对于受教育者个体而言,正确的思想和理论也即科学的世界观和方法论,不可能不学而知不教而会,必须通过各种形式的灌输,才能在他们的头脑中扎下根来。另一方面,无论何时何地,人的实践活动总是受到一定的思想、理论支配。正确的思想和理论指导人们以正确的方式认识世界和改造世界,实现自己的目的;错误的思想和理论则支配人们以错误的方式参加社会活动。在当代复杂多变的社会生活面前,人们比以往任何时候更加需要科学的思想和理论来指导自己进行正确的选择和决策,以便更加有效地认识环境,适应环境,发展自己。”③

2. 实践教育教育模式的理论基础

实践教育的教育模式,是指在社会主义核心价值观教育过程中,通过组织受教育者参加各种实践活动,在社会主义核心价值观教育理论学习的基础上,将内化的理论转化为外化的行为的教育模式。

实践教育的教育模式以马克思主义的认识论和实践论为理论依据。马克思在《关于费尔巴哈的提纲》一文中指出:“人的思维是否具有客观的真理性,这不是一个理论的问题,而是一个实践的问题。”④社会实践不仅是将主观同客观联系起来的方式,而且也是主观见之于客观的活动,检验人的思想是否同客观现实及其发展趋势相符合,判断并且检验理论的真理性,也就是马克思主义理论中的实践是检验真理的唯一标准的理论。人们正确思想的形成、发展与检验,都离不开社会实践,都是由社会实践决定的,在实践教育的过程中,人们树立正确的思想、克服错误的思想。社会主义核心价值观教育中的实践教育模式包含多样的实践教育方法,它们不断推动着实践教育方式的改变与创新,丰富社会主义核心价值观实践教育理论。

---

① 《列宁选集》(第1卷),人民出版社2012年版,第317页。
② 《列宁选集》(第1卷),人民出版社2012年版,第363页。
③ 陈万柏、张耀灿:《思想政治教育学原理》,高等教育出版社2007年版,第223页。
④ 《马克思恩格斯选集》(第1卷),人民出版社2012年版,第134页。

实践教育的教育模式可以参考借鉴思想政治教育学科的相关理论，思想政治教育者认为，实践活动是人们形成科学的世界观、人生观、道德观的必由之路，对于培养受教育者的思想品德具有极其重要的作用。通过实践教育，有利于提高人们的思想觉悟和认识能力，有利于形成和巩固言行一致的高尚品德和行为习惯，有利于教育效果的强化。[①] 在开展社会主义核心价值观教育过程中，需要注意实践教育途径要恰当，实践教育需要长久坚持，久久为功。

（二）社会主义核心价值观教育常规模式的实践成效

理论灌输教育模式与实践教育的教育模式在社会主义核心价值观教育过程中具有无可替代的积极成效，通过各种途径对受教育者产生正向引导。社会主义核心价值观教育将这两种教育模式确定为常规教育模式是由历史经验与实际需求所决定的。

1. 现实需求决定社会主义核心价值观教育常规模式

马克思主义认为，认识来源于实践，实践是检验认识正确与否的唯一标准，认识在实践的过程中呈现出螺旋式上升的过程，在原有认识的基础上，不断产生新的认识内容，促进认识的深化和进一步的发展。社会主义核心价值观教育即是在马克思主义的指导下，将认识与实践的辩证统一关系运用到教育的全过程，并不断促进受教育者的理论学习效果的提升。

社会主义核心价值观理论灌输法与思想政治教育中的说理引导法相似，都是指运用马克思列宁主义、毛泽东思想和中国特色社会主义理论体系的力量，对受教育者进行正面说服教育，从提高思想政治品德入手，以理服人，引导受教育者不断提高自己的思想觉悟，以求得各方面的进步。社会主义核心价值观教育实践教育模式是通过有目的、有计划、有组织的实践活动，训练和培养受教育者的优良品德和行为习惯的方法。[②] 在对各种群体开展社会主义核心价值观教育的过程中，理论教育是最基础、最重要的教育途径。社会主义核心价值观教育解决的是人们的思想问题和认识问题，教育的目的在于将社会主义核心价值观的内容“输入”人们的头脑，促进人们思想的成熟与发展，帮助人们树立正确的世界观、人生观、价值观，树立坚定的马克思主义信仰、共产主义理想信念。

社会主义核心价值观教育常规模式是由当前党的伟大事业决定的。社会

① 陈万柏、张耀灿：《思想政治教育学原理》，高等教育出版社 2007 年版，第 224 页。

② 教育部社会科学研究与思想政治工作司：《思想政治教育学原理》，高等教育出版社 2011 年版，第 220-221 页。

主义核心价值观教育必须高举中国特色社会主义旗帜，以邓小平理论、“三个代表”重要思想、科学发展观、习近平新时代中国特色社会主义思想为指导，深入学习贯彻党的十九大精神和习近平同志系列讲话精神，紧紧围绕夺取新时代中国特色社会主义伟大胜利这一主题，紧紧围绕实现中华民族伟大复兴的中国梦这一目标，紧紧围绕“三个倡导”这一基本内容，注重宣传教育、示范引领、实践养成相统一，注重政策保障、制度规范、法律约束相衔接，使社会主义核心价值观融入人们生产生活和精神世界，激励全体人民为夺取新时代中国特色社会主义的新胜利而不懈奋斗。社会主义核心价值观教育理论灌输模式包含多种教育方式，如讲解、报告、谈话、辩论、讨论等，既有单向教育内容，也有双向影响内容，最终促进受教育者在外在的教育与内在的实践中“消化吸收”，提升对社会主义核心价值观的认知，促进社会主义核心价值观的落细、落小、落实。

社会主义核心价值观教育常规模式是由当前人们的思想状况决定的。随着科技快速发展，网络社交平台在人们生活中产生着越来越重要的作用，各种错误思想、非马克思主义错误思潮通过各种渠道特别是网络媒体渠道，不断渗透到人们生活的方方面面，影响着人们思想的健康发展。面对西方意识形态的不断“侵蚀”，社会主义核心价值观需要通过能覆盖最大受众面积的教育方式，来引领社会思潮、凝聚社会共识。通过社会主义核心价值观教育常规模式，通过理论学习、精神宣讲、广泛开展涵养社会主义核心价值观的实践活动，扩大教育的受众面，加深教育的影响力，努力促进社会主义核心价值观像空气一样融入人们的日常生活中，提升人们的思想水平，促进人们全面发展。

社会主义核心价值观教育模式是由当前的教育形式决定的。当前社会需求多样化，不同群体的人接受教育的方式受年龄、喜好、接受途径等影响，同时，当前存在的网络化、碎片化教育趋势，不得不引起我们的重视。网络化教学作为一种教育方式，为包括理论教学的传统教育方式做些补充，这本无可厚非，但是过于依赖网络教育，则会削弱教育的效果。在社会主义核心价值观教育过程中，需要不断加强理论灌输与实践教育这两种传统教育方式的作用，立场要坚定、观点要明确、分析要透彻，这是理论灌输的基本前提。在理论灌输的过程中，确保社会主义核心价值观能够真正走进人们心中，能够用于指导人们的实践活动，这就需要在实践教育过程中将教育内容内化于心、外化于行，避免社会主义核心价值观“挂在墙上，说在嘴上，高高举起，轻轻落下”。因此，坚持社会主义核心价值观教育常规模式，是确保社会主义核心价值观教育成效的需要，也是弥补教育网络化、碎片化的需要。

2. 社会主义核心价值观教育常规模式的实践经验

社会主义核心价值观教育从提出至今时间不长，其常规模式具有一定的实践经验，但追根溯源，其经验可追溯到中国共产党的思想政治教育工作的实践经验当中。中国共产党在长期的革命和建设中，尤其是在改革开放以来的伟大实践中，不断改进和加强思想政治教育，取得了可喜的成就，积累了丰富的开展思想政治教育的宝贵经验，形成了具有中国特色的思想政治教育的优良传统。[①]社会主义核心价值观教育常规模式的实践离不开思想政治教育优良传统的指导，在借鉴与发扬优良传统的基础上，结合现实情况，形成社会主义核心价值观教育常规模式的实践经验。

在新的世情国情党情下，需要不断提升社会主义核心价值观教育的有效性，这就离不开对于社会主义核心价值观常规教育模式实践经验的概括总结。社会主义核心价值观教育自提出至今，形成了一定的常规模式的实践经验，这些实践经验主要有以下几个方面：

坚持高举中国特色社会主义伟大旗帜，以中国特色社会主义理论体系为指导。社会主义核心价值观教育这一实践活动需要科学理论的指导，“没有革命的理论，就不会有革命的运动。”[②]中国特色社会主义理论体系坚持和发展了马克思列宁主义、毛泽东思想，凝结了几代中国共产党人带领人民不懈探索实践的智慧和心血，是马克思主义中国化最新成果，是党最宝贵的政治和精神财富，是全国各族人民团结奋斗的共同思想基础，在改革开放以来的实践中，中国特色社会主义理论体系显示了强大的生命力和巨大的指导作用。[③] 核心价值观在一个民族、国家的发展中具有重要作用，是凝聚社会发展的最核心的东西，是社会发展的方向盘和稳定器，是社会发展的共同的思想基础。社会主义核心价值观教育只有坚持高举中国特色社会主义伟大旗帜，在理论与实践中以中国特色社会主义理论体系为指导，才能坚持正确的方向，帮助人民群众进一步深化对社会主义核心价值观的历史地位、时代背景、科学内涵、精神实质和根本要求的认识，从而帮助人们树立坚定的理想信念。

坚持理论与实践相结合，实事求是，与时俱进。马克思主义认识论要求我们要遵循实践与认识的辩证认识规律去研究社会主义核心价值观教育实践，坚

① 张耀灿：《中国共产党思想政治教育史论》，高等教育出版社 2010 年版，第 380 页。

② 《列宁选集》(第 1 卷)，人民出版社 2012 年版，第 311 页。

③ 《 六个“为什么”——对几个重大问题的回答》，学习出版社 2009 年版，第 18 页。

持理论与实践相结合，能够更好地把握社会主义核心价值观教育。社会主义核心价值观的内容并不是凭空产生的，是在坚持中国共产党的领导下，依据中国国情，坚持实事求是的原则，是在历史积淀与现实发展过程中，不断磨砺，提炼出来的凝聚民族特色、民族精神、民族文化的核心思想。社会主义核心价值观教育要不断完善教学方式、创新教学途径，适应社会变化与人们学习的需求，坚持并推动理论联系实际原则。

坚持以人民为中心的教育原则。社会主义核心价值观教育始终坚持以人民为中心，这体现在教育坚持“一切为了群众，一切依靠群众，从群众中来，到群众中去”的群众路线。这也是中国共产党的优良传统与政治优势，了解群众的实际需求，在教育过程中坚持全心全意为人民服务，真正做到想群众之所想，急群众之所急，依据群众需求开展教育实践。社会主义核心价值观教育始终坚持与人民群众的文化生活需求相结合，不仅要解决人们的物质生活问题，也要解决精神文化需求，将社会主义核心价值观教育融入人们生活的方方面面，融入精神文化活动中，潜移默化影响人们的思想，激励人们积极参与到社会主义现代化建设中，助力中国特色社会主义发展。

3. 社会主义核心价值观教育常规模式的实践效果

社会主义核心价值观教育常规模式对社会主义核心价值观教育的培育与践行、广大人民群众思想道德素养的提升、文明和谐社会的建设具有一定的价值，其实践效果体现在理想信念的树立、中华优秀传统文化的传承、意识形态工作的加强等方面。

(1) 牢固树立坚定理想信念

《关于培育和践行社会主义核心价值观的意见》中指出，培育和践行社会主义核心价值观应当坚持以理想信念为核心，抓住世界观、人生观、价值观这个总开关，在全社会牢固树立中国特色社会主义共同理想，着力筑牢人们的精神支柱。[①] 社会主义核心价值观从国家、社会和个人三个层面做出要求，其内容体现了对每一个社会成员的严格要求。社会主义核心价值观在全社会的培育和践行，一方面，帮助广大人民群众认识到自身努力的方向与为人处世的标准，用“软”标准来严格规范自身思想与行为；另一个方面，在社会快速发展过程中，面对各种价值观念与社会思潮的纷繁复杂、西方意识形态的“攻击”，社会主义核

① 中共中央办公厅：《关于培育和践行社会主义核心价值观的意见》，载《人民日报》2013 年 12 月 24 日，第 1 版。

心价值观的培育和践行有助于传播社会主义主流意识形态。

社会主义核心价值观的培育与践行，始终坚持马克思主义的指导。在社会主义核心价值观教育过程中，帮助人民群众学会用马克思主义的立场、观点、方法发现问题、分析问题、解决问题，正确认识社会思想中的主流与支流，引导人民群众客观全面地看待问题，将以爱国主义为核心的民族精神和以改革创新为核心的时代精神落实到实际行动中，在学习与实践中坚定理想信念。将个人理想与全民族的共同理想融为一体，将个人的奋斗与社会主义现代化事业建设融为一体，以马克思主义理想信念为指引，以中国特色社会主义共同理想为目标，积极投身到社会主义现代化建设的事业中。

(2) 传承中华优秀传统文化

弘扬社会主义核心价值观要以中华优秀传统文化为基础，传承中华优秀传统文化要以社会主义核心价值观为指导。习近平曾对中华优秀传统文化的重要性进行论述，“中华文明源远流长，蕴育了中华民族的宝贵精神品格，培育了中国人民的崇高价值追求。自强不息、厚德载物的思想，支撑着中华民族生生不息、薪火相传，今天依然是我们推进改革开放和社会主义现代化建设的强大精神力量。”①社会主义核心价值观对于中华优秀传统文化的传承，不仅在于内容的传承，也在于话语的传承，如社会主义核心价值观的内容，在中华优秀传统文化的范畴和话语体系中，可以寻找到其历史形态。

社会主义核心价值观教育不仅仅是对中华优秀传统文化的传承，也包含着创新，“社会主义核心价值观作为社会主义意识形态的主导价值体系，其经济基础是以公有制为主体的社会主义经济结构，要与社会主义的政治与法治相适应。因此，它对中华民族优秀传统文化的传承，不论属于哪一种方式都应当是一种创新和超越，都与之有着本质的不同。也就是说，传承不能被简单地理解为承接或继承，而应是一种创新和超越。”②社会主义核心价值观教育不仅帮助人们通过理论学习认识到社会主义核心价值观教育的基本内容，以及对于中华优秀传统文化的认知，在社会主义核心价值观的系列活动中更能体会中华民族优秀传统文化，并将社会主义核心价值观教育的内容外化于行。

(3) 巩固加强意识形态工作

---

① 《习近平谈治国理政》，外文出版社 2014 年版，第 158 页。

② 钱广荣：《论弘扬社会主义核心价值观与传承中华优秀传统文化的辩证统一关系》，载《社会主义核心价值观研究》2016 年第 1 期，第 23 页。

意识形态工作是党的一项极端重要的工作,能否做好意识形态工作,事关党的前途命运。在意识形态工作中,中国共产党始终坚持马克思主义的指导地位,成效显著。但当前也面临复杂形势与严峻挑战,错误思潮暗流涌动,冲击党的精神基础。面对马克思主义与反马克思主义之间、渗透与反渗透之间斗争的长期性、复杂性,加强意识形态工作,加强主流意识形态教育供给侧改革尤为重要。社会主义核心价值观作为当前主流意识形态,通过加强社会主义核心价值观教育常规模式,加强人们对于社会主义核心价值观内容的认知,从而帮助人们坚定主流意识形态,对于净化"噪音"与"杂音",加强意识形态工作,具有积极推动作用。

在社会主义核心价值观教育过程中,以"三个倡导"为主要内容的社会主义核心价值观是马克思主义道德价值理论中国化的重要成果,积极培育和践行社会主义核心价值观,是用马克思主义中国化理论成果武装全党、教育人民的重要内容,是加强党的意识形态工作、推进社会主义精神文明建设的重要举措,尤其是在当前社会群体思想多样和价值多元的条件下,积极培育和践行社会主义核心价值观对促进国家主流价值观的形成和凝聚全党全国人民团结奋斗的共同思想基础具有重要作用。社会主义主流意识形态不断扩大覆盖面,通过社会主义核心价值观教育,将我国意识形态领域中的灰色地带转变为红色地带,将黑色地带不断扫除,不断改善意识形态工作成效,从而加强当前对意识形态工作的领导。

社会主义核心价值观教育常规模式对实践教育产生积极作用,但也面临一些现实挑战,这就影响教育模式效果的发挥。现实挑战有什么,如何应对现实困境,这是接下来将要论述的内容。

（三）社会主义核心价值观教育常规模式的现实挑战

教育模式与教育方法既有区别又有联系。区别在于,教育模式要分析主要矛盾,认识基本特征,教育方法是为了达到一定教育目的而选择的教育方式、途径和手段;教育模式较为概括、抽象,而教育方法则较为实在、具体。联系在于,一种相对稳定、卓有成效的教育模式常常要应用多种教育方法;一种长期稳定适用的教育方法,有自身的特征,则可形成某种教育模式。[①] 社会主义核心价值观教育常规教育模式,其包含的教育方式、教育内容等并不是一成不变的,也不是一直超越于教育实践的过程,随着教育环境的不断变化,常规教育模式也面

① 查有梁:《教育模式》,教育科学出版社 1999 年版,第 4 页。

临着一定的挑战。

1. 学习方式、学习内容的碎片化

随着大数据的不断发展与广泛使用，人们的学习方式与学习内容呈现碎片化状态。大数据时代移动互联网的发展以及新媒体和多元信息的产生，使得学习过程中获得的知识比较零散、不系统，是无序、互不关联的知识碎片。这样的学习方式与学习内容就造成知识结构的碎片化，造成学习者学习能力与思考能力的下降。碎片化的学习看似快速获取知识，但是在相关知识不够完备的情况下，很可能会导致片面化；碎片化的学习往往是对于权威只言片语的向往，容易导致学习者忽视对于学习内容的辨析与批判。

碎片化的学习方式与学习内容给传统的教育方式带来一定的挑战，特别是对社会主义核心价值观教育常规教育模式的挑战。对于学习方式与学习内容的碎片化，社会主义核心价值观教育就需要帮助大家寻找体系化的知识，在碎片化的基础上进行体系化的学习，不仅帮助学习者超越碎片化的学习状态，而且有助于学习者提升学习能力与拓展学习范围。

2. 人们需求的多变性

随着社会主义文化的繁荣，人民精神文化需求日益旺盛，人们思想活动的独立性、选择性、多变性、差异性明显增强。面对文化发展、人们教育需求的多样性，社会主义核心价值观教育常规模式面临挑战，常规教育模式已经不能满足人们多样性需求的发展趋势，从而导致人们对于社会主义核心价值观教育的接受度与受教育成效下降。人们对于社会主义核心价值观表示认同，但是这种认同往往停留在思想层面，并没有做到情感上的融合与行为上的实践。

内在的需求是社会主义核心价值观教育的动力之一，社会主义核心价值观的产生是人们内在需求发展的需要，同样，人的内在发展需求也是社会主义核心价值观教育模式创新发展的动力。人们需求的多变性也是社会主义核心价值观教育发展创新的方向所在，如：新媒体的不断发展，促进社会主义核心价值观网络教育的发展，在实践中不断创新教育途径、增加教育载体、优化教育结构。

3. 教育效果不佳对于教育合力的需求

社会主义核心价值观教育常规模式侧重于对人们理论的教育与实践的锻炼。在常规教育模式的影响下，人们在社会工作与家庭生活中，对于社会主义核心价值观教育接受频率偏少，因此，在教育过程中难以形成全覆盖的效果，这就显现出对于教育合力的需求。

因此，这就需要在社会主义核心价值观教育过程中，构建立体交互式的育人模式，充分发挥各方力量，形成教育合力，将政府要求、理论教育、家庭学习、社会教育、自我教育有机紧密结合，形成全方位覆盖、无缝隙对接的社会主义核心价值观教育体系。

第二章　直面问题,大学生社会主义核心价值观教育的需要:“立体交互式”模式

“立体交互式”大学生社会主义核心价值观教育模式是对原有的大学生社会主义核心价值观教育模式的创新与发展。分析大学生社会主义核心价值观教育既有模式的成效与不足,明确创新社会主义核心价值观教育模式的现实性需求,是构建“立体交互式”大学生社会主义核心价值观教育模式的前提;了解大学生思想现状、价值观现状,是构建“立体交互式”大学生社会主义核心价值观教育模式的基本要求。在此基础上,客观准确定位“立体交互式”大学生社会主义核心价值观教育模式,这是本书的重要内容。

一、大学生社会主义核心价值观教育既有模式的成效与不足

大学生社会主义核心价值观教育模式的优势及缺陷是当前学者研究的重要内容之一。学者们一方面通过归纳教育模式的优势来确定其可推广借鉴的内容,另一方面客观分析现存教育模式的缺陷,借此推动教育模式的进一步完善。

(一)大学生社会主义核心价值观教育模式的优势

大学生社会主义核心价值观教育模式是将教育方式与方法进行提升总结的结果,大学生社会主义核心价值观教育模式的优势主要体现在无可替代的重要性、涵盖因素的广泛性、发展创新的及时性。

1. 无可替代的重要性

无可替代的重要性也可以理解为大学生社会主义核心价值观教育模式的独一无二的特殊价值,主要表现在大学生社会主义核心价值观教育模式有助于新时代坚持和发展中国特色社会主义、有助于传承中华民族优秀传统文化、有助于青年大学生的全面发展。

(1) 新时代坚持和发展中国特色社会主义的实践活动

构建大学生社会主义核心价值观教育模式是有助于新时代坚持和发展中

国特色社会主义的实践活动。党的十九大报告、《关于培育和践行社会主义核心价值观的意见》、习近平总书记系列重要讲话，均指出培育和践行社会主义核心价值观的重要意义。构建大学生社会主义核心价值观模式助推培育和践行社会主义核心价值观重要意义的实现，其中特别要指出的是，构建大学生社会主义核心价值观教育模式对于中国特色社会主义的实践具有重要推动作用。大学生社会主义核心价值观教育模式的构建，推进社会主义核心价值观的广泛实践，使青年大学生对中国特色社会主义的认识，从思想理论、实践运动、社会制度层面，进一步发展到价值理念层面。中国特色社会主义进入新时代，不断创新社会主义核心价值观教育模式，把培育和践行社会主义核心价值观作为一项既具有基础性内在性又具有目标性规定性的重大任务来认识、来落实，才能增强人们的道路自信、理论自信、制度自信、文化自信，确保中国特色社会主义始终沿着正确方向胜利前进，不断展现出更加强大的生命力。①

（2）传承中华民族优秀传统文化的实践活动

大学生社会主义核心价值观教育模式的构建是传承中华民族优秀传统文化的实践活动。社会主义核心价值观教育根植于中华文化沃土，体现着中国独特的文化传统、独特的历史命运、独特的基本国情。当前世界处于大变革大调整的时期，各种思想观念激荡，各种文化交流交锋，西方国家宣扬所谓的“普世价值”，企图诱导青年大学生“以西为美”“唯西是从”，淡化青年大学生对本民族优秀传统文化的认同。这就要求积极创新完善社会主义核心价值观教育模式，推动社会主义核心价值观融入思想道德教育、社会实践的各个环节，体现到校园文化、校风建设之中，体现到高校思想政治教育的全过程。促进青年大学生持续培育和践行社会主义核心价值观，加强在青年大学生群体中传承中华民族传统文化，延续中华民族思想精髓、精神基因、文化血脉。在此基础上，通过构建大学生社会主义核心价值观教育模式，在教育过程中促进社会主义核心价值观创造性转化、创新性发展，不断挖掘中华民族传统文化，结合时代要求，构筑中国精神、中国价值、中国力量，促进中华民族传统文化展现永久魅力与时代风采。

（3）促进高校青年学生全面发展的实践活动

大学生社会主义核心价值观教育模式的构建是促进高校青年学生全面发展的实践活动。习近平总书记在全国高校思想政治工作会议中指出，要坚持不

① 《党的十九大报告辅导读本》，人民出版社 2017 年版，第 322 页。

懈培育和弘扬社会主义核心价值观，引导大学生做社会主义核心价值观的坚定信仰者、积极传播者、模范践行者，将学生培养成为德才兼备、全面发展的人才。[①] 教育模式的构建在于更好地提升大学生社会主义核心价值观教育的实效性，帮助大学生在学习与实践中提升价值认知，确定价值标准，进行价值选择，树立正确的价值观。在开展大学生社会主义核心价值观教育中，将"培养什么样的价值观"和"培养什么样的人"紧密结合起来，培养能担当民族复兴大任的时代新人，能够有自信、尊道德、讲奉献、重实干、求进取，展现新的风貌与新的姿态。[②]

2. 涵盖因素的广泛性

构建大学生社会主义核心价值观教育模式是一项综合性、长期性的工作，不是单个主体或一朝一夕就能完成的，而是各种因素协同作用的结果，总的来说，涵盖因素较为广泛。

（1）主体

从教育模式主体方面来说，主要包含高校教师、高校社团组织、高校行政管理者，此外，党和政府的政策措施、社会模范人物等均为教育模式包含的主体。社会主义核心价值观教育模式涵盖途径多元化，既包括社会教育途径、学校教育途径、家庭教育途径，也包括自我教育途径，因此，大学生社会主义核心价值观教育模式包含教育主体的多样化。

社会主义核心价值观教育模式主体对于大学生社会主义核心价值观教育具有引领带动作用。主体教育的内容与方式，影响大学生社会主义核心价值观教育效果，制约大学生社会主义核心价值观教育模式的实践与发展。如，作为思政课教师，要做好课前预设，允许课中生成，做好课后总结反思。既要充分认识到当今大学生的心理和行为特点，又要熟知社会主义核心价值观内容的内在知识逻辑关系和精神内涵，通过精心准备和自由驾驭，将社会主义核心价值观的精神渗透到课堂教学各个环节。多创造师生、生生互动机会，多鼓励学生参与课堂思考、质疑、讨论，在课堂教学上、相互问辩中、实践作业里达到入心进脑的效果。[③]

---

① 习近平：《把思想政治工作贯穿教育教学全过程　开创我国高等教育事业发展新局面》，载《人民日报》2016 年 12 月 9 日，第 2 版。

② 《党的十九大报告辅导读本》，人民出版社 2017 年版，第 326 页。

③ 王功名：《大学生社会主义核心价值观教育的影响因素及优化策略》，载《教育评论》2014 年第 10 期，第 27 页。

（2）环境

从教育模式环境方面来说，主要包含高校教育环境；在此基础上将教育环境拓展到社会教育环境，包括高校周边社区环境、社会活动基地；拓展到家庭教育环境——足以影响个人健康成长和道德人格雏形的发源地。

大学生社会主义核心价值观教育模式环境因素，对于大学生社会主义核心价值观教育模式的实践、大学生社会主义核心价值观教育效果具有重要影响。"一旦思维习惯、价值观念发生根本性变化，社会结构转型将变得更加深刻，其历史影响也会变得更加深远。"[①]改革开放 40 年，我国社会生产力、综合国力和人民生活水平得到巨大提升，社会发展实现重大转型，随着社会主义市场经济的逐步完善，广大人民群众的自主意识、创新意识大大增加，建构了一大批积极意义上的现代价值观，如民主观、法治观、平等观，这些现代价值观与社会主义核心价值观的精神是吻合的。[②] 这一价值观的大环境有助于大学生学习与接受社会主义核心价值观，在社会环境、学校环境、家庭环境等多维度环境的积极影响下，提升大学生社会主义核心价值观教育模式的成效。

（3）内容

从教育模式教育内容方面来说，以国家、社会、个人三个层面"24 个字"为主要内容，将理想信念教育、爱国主义教育、革命传统教育、时代精神教育、优秀传统文化教育融入其中，将社会价值目标与个人价值目标相统一，突出主流价值导向，符合主流价值观，反映大学生主体价值目标的普遍要求。

陈大勇、刘清才指出，在社会主义核心价值观教育中，要将宏观指导性和现实针对性相结合，作为凝聚全民族共识的"最大公约数"，社会主义核心价值观在宏观上指导着大学生如何做人、怎样做事。要把这一宏观指导性落到实处，还必须在教育内容上体现极强的针对性和现实感，能够和大学生的成长成才需求相结合。在教育内容上，要在社会主义核心价值观和大学生利益需求之间建立起既合情又合理的解释，让大学生感觉到既充饥解渴，又营养丰富。[③] 在学习社会主义核心价值观教育全面内容的基础上，大学生结合自身发展需求，在实践中践行社会主义核心价值观，实现自身、群体、社会、国家的全面发展。

（4）机制

---

① 赵长芬：《转型期党的社会凝聚力研究》，中国社会科学出版社 2017 年版，第 60 页。

② 郭维平：《社会主义核心价值观生成与认同研究》，学习出版社 2016 年版，第 245 页。

③ 陈大勇、刘清才：《增强大学生社会主义核心价值观的实效性研究》，载《思想理论教育导刊》2014 年第 11 期，第 115 页。

从教育模式机制方面来说,与社会主义核心价值观教育机制相似,在领导机制、管理机制的基础上,拓展到制度机制、宣传机制等方面。因此,要想使一种核心价值观在社会各个方面中真正扎下根来,能够被人们从内心向往、追求、信仰,自觉遵守履行,就一定要依据核心价值观形成和发展的基本规律来行动,从多个方面寻找突破点、着力点,科学地进行积极引导,制度建设,使大众的道德选择行为得到一定制度的引导。①

关于社会主义核心价值观教育机制研究是在国民教育体制和精神文明建设体制的基础上,进一步的深化与研究,在符合社会主义核心价值观内在机制的前提下,完善社会主义核心价值观教育的外在机制。如注重马克思主义的科学指导,通过马克思主义理论教育,引导大学生成长成才,强化认同,构建学习教育机制。再如,通过各种形式的社会实践活动,增强大学生在日常行为和生活学习中对社会主义核心价值观的认同感,注重养成,构建行为实践机制。又如,坚持了解学生、服务学生,针对不同特点的学生开展社会主义核心价值观教育,在分析重难点的基础上,将社会主义核心价值观具体化为学校规定和学生文明公约,构建全员、全过程、全方位的社会主义核心价值观教育格局,联系实际,构建激励保障机制。同时,通过加强社会主义核心价值观教育的环境改善,培养良好的社会风气,积极发挥校园文化作用,加强建设,构建环境育人机制。

3. 发展创新的及时性

当前,大学生社会主义核心价值观教育模式的构建与创新实践更加丰富,主要包括大学生社会主义核心价值观教育模式的构建、大学生社会主义核心价值观教育模式的创新、新媒体环境下大学生社会主义核心价值观教育模式的研究。根据不同学校及专业特色,探讨高职院校大学生社会主义核心价值观教育模式、民族高校大学生社会主义核心价值观教育模式、政法公安类高校大学生社会主义核心价值观教育模式。此外,依据高校公寓管理、党建工作、微媒体建设等方面,构建特殊化教育模式。基于对教育模式重要性统一认知的基础上,依据不同环境,不同情况,不断创新与发展既有教育模式,促进大学生社会主义核心价值观教育工作的良好开展。

移动互联网的发展,加剧了社会信息的传播。新媒体在信息内容、传播途径、覆盖范围等方面具有其他媒体无可比拟的优势,大学生易于接受新事物与新媒介,新媒体在社会核心价值观教育中承担重要角色。从传播形式来看,增

① 邱国勇:《社会主义核心价值观教育研究》,人民出版社 2014 年版,第 205 页。

强了社会主义核心价值观的黏合程度；从传播范围来看，扩大了社会主义核心价值观的辐射范围；从传播效果来看，增强了社会主义核心价值观教育的实效性。虽然新媒体的发展给传统教育模式带来了一定的挑战，但是也为社会主义核心价值观教育带来了一定的机遇。大学生社会主义核心价值观教育要抓住这一机遇，积极创新，能动作为。加强内容建设，丰富大学生社会主义核心价值观内容供给；夯实网络阵地，构筑大学生社会主义核心价值观培育载体；强化队伍建设，提高大学生社会主义核心价值观教育质量；提升媒介素养，增强大学生社会主义核心价值观内化能力；把握舆论导向，提升大学生社会主义核心价值观教育水平。①

此外，将社会主义核心价值观教育融入日常生活全过程，确保大学生社会主义核心价值观教育成效。大学生社会主义核心价值观教育“生活化”强调通过生活而进行的教育，实现大学生社会主义核心价值观教育“生活化”需要引导大学生学会正确认识当前的生活世界，要切实贴近作为教育对象的大学生的生活实际，充分发挥大学生践行社会主义核心价值观的能动性，扎实推进大学生社会主义核心价值观教育进教材、进课堂、进头脑，在社会主义核心价值观教育生活化的进程中，帮助大学生内化于心、外化于行。②

红色资源是中国共产党和全国人民在长期的革命斗争中形成的历史遗存，体现了中国共产党的革命精神和优良传统，是党和国家的宝贵财富。红色资源与社会主义核心价值观有着紧密的内在联系，对于大学生社会主义核心价值观教育有着重要的现实意义。红色资源对大学生社会主义核心价值观教育有价值引领、道德教化、榜样激励等积极作用。因此，要将红色资源渗透到思想政治理论课课堂教学，努力做好进教材、进课堂、进头脑；将红色资源融入高校的校园文化建设，充分发挥环境育人功效；将红色资源纳入大学生的社会实践，切实发挥实践育人功能。③

大学生社会主义核心价值观教育是一项长期的、复杂的、系统的工程，大学生社会主义核心价值观教育要依据对象的不同、时期的变化、环境的转变等因

① 李丽鹏、王峰：《论互联网视阈下大学生社会主义核心价值观教育》，载《思想教育研究》2016 年第 9 期，第 91-92 页。

② 郑金鹏：《大学生社会主义核心价值观教育“生活化”的内涵、原则与路径》，载《中国成人教育》2016 年第 4 期，第 96-98 页。

③ 胡建、冯开甫：《红色资源：大学生社会主义核心价值观教育的重要载体》，载《思想理论教育导刊》2016 年第 1 期，第 101-103 页。

素进行变化，在教育实践中积极调整教育方式。少数民族大学生对社会主义核心价值观认同的程度对在少数民族地区传播、践行社会主义核心价值观，具有深远影响。因此，要通过高校开展"毛泽东思想与中国特色社会主义体系概论"课程，不断拓展教育内容，改进教育方式，优化教育者结构，深化社会主义核心价值观教育成效。高校辅导员是大学生社会主义核心价值观培育工作最直接有效的力量源泉、最高效的队伍保障和最前线的战斗先锋，辅导员在日常的思想政治教育过程中，需要做到融通一、二课堂，扩展核心价值观培育的主阵地；重视制度建设，巩固核心价值观培育的主要保障；深入社会实践，拓宽核心价值观培育的主渠道；把关网络宣传，建设核心价值观培育的主空间；注重总结提升，确保核心价值观培育的实效性。[①] 此外，结合不同学校、学科的特点，各单位要积极开展社会主义核心价值观教育模式的创新与发展，努力培养全面发展的大学生。

（二）大学生社会主义核心价值观教育模式的缺陷

大学生社会主义核心价值观教育模式有着独特的优势，但是由于社会主义核心价值观教育模式构建的滞后性，难以与大学生社会主义核心价值观教育的实践活动完全同步，因此，当前的大学生社会主义核心价值观教育模式存在着一定的局限性。

1. 将大学生社会主义核心价值观教育等同于高校社会主义核心价值观教育

大学生社会主义核心价值观教育与高校社会主义核心价值观教育是两个相互关联、相互区别的概念。

就教育主体而言，大学生社会主义核心价值观教育主体包括高校教师、行政管理者，包括政府教育部门、家庭教育主体、社会教育主体；而高校社会主义核心价值观教育的主体主要是指高校教师与行政管理者。

就教育对象而言，大学生社会主义核心价值观教育对象为大学生；而高校社会主义核心价值观教育对象既包括高校大学生，也包括高校教职员工。

就教育环境而言，大学生社会主义核心价值观教育环境是由社会、家庭、学校共同构成的教育环境系统，是影响大学生社会主义核心价值观教育的所有外部因素总和；而高校社会主义核心价值观教育环境则主要为校内环境，广泛来讲包含高校周围社区环境以及校外社会实践环境。

① 丁莉婷：《"五位一体"辅导员工作机制构建——辅导员视角下大学生核心价值观培育模式探析》，载《高教学刊》，2016 年第 11 期，第 28-29 页。

就教育影响而言，大学生社会主义核心价值观教育不仅仅局限于影响大学生在校时期，在大学生走出校园走向社会之后对其也存在影响；而高校社会主义核心价值观则主要体现为在校时期的社会主义核心价值观教育的影响，对于高校学生及教职员工在校外的影响较弱，对于毕业后的高校学生影响较小。

2. 构建模式多为平面的、单向度的教育模式

当前的大学生社会主义核心价值观教育模式多为平面性、单向性教育模式。一方面体现在平面性，平面性主要是指构成大学生社会主义核心价值观教育模式的因素未形成合力，仅限于各自发挥作用。例如，大学生社会主义核心价值观的教育主体系统包括高校教师、高校教育管理者、社会主体、家庭主体等，主体间尚未形成良好的立体效用，大部分研究者较为注重对于高校主体的研究，而忽略校外三大主体的作用。另一方面体现在单向性。大学生社会主义核心价值观教育模式的构建是一个不断发展与调整的过程，发展源于不断适应外部环境的需要，调整源于大学生自身的现实需求，但是，当前较为注重的是外在因素的影响，而忽视了大学生对于教育模式的内在适应与反向需求作用，尚未构成双向性的教育模式。

3. 理论性强，实践性弱

当前的大学生社会主义核心价值观教育模式多为在理论层面的探讨与推导，依据某一学校或某一专业得出的实践模式偏少，这就容易产生教育模式的说服力不强的问题。同时，当前提出的大学生社会主义核心价值观教育模式尚未在教育实践中得到应用发展与不断调试，仅仅停留在理论层面。实践是检验理论正确与否的根本途径，如果大学生社会主义核心价值观教育模式局限于理论层面的研究与探讨，则说明在研究与实践过程中没有坚持马克思主义辩证法。

大学生社会主义核心价值观教育中呈现部分问题，主要表现在，一是重理论宣传，轻主题实践活动。在开展社会主义核心价值观教育实践活动中，轻视活动载体的创新，只是在创新创业、社会实践、文体竞赛、志愿服务等传统学生活动中简单"冠名"社会主义核心价值观，与社会主义核心价值观直接相关的主题实践活动开展得少。二是重形式指令，轻深入学生实际。在开展社会主义核心价值观教育引导活动中，习惯以行政指令、会议讲话、文件要求等形式要求学生学习、认同并践行社会主义核心价值观，活动形式简单，内容空泛，难以达到

深度认同、主动践行的育人效果。①

大学生社会主义核心价值观教育模式的构建与创新是社会发展的要求，是教育发展的体现，是学生发展的需求。虽然当前大学生价值观现状主流是积极的，但是面临外在的因素影响，大学生社会主义核心价值观教育需要不断加强。

大学生社会主义核心价值观教育不是简单的、高校内可以解决的事情，而是需要各方面形成合力。基于此，在原有大学生社会主义核心价值观教育基础上，我们提倡"五位一体"全方位育人模式——"立体交互"式育人模式。

这一育人模式的基本理念为：凸显学生主体地位，显性教育与隐性教育深度融合，创新利用各种载体，教学主体与对象之间积极交流互动，全方位、全过程、立体化育人。这一模式的基本目标为：培育学生的全面发展，包括政治素质、理论素养、道德修养和心理素质等方面的发展。

在"五位一体"的育人模式中，政府为主导，学校为主体，社会为支撑，家庭为依托，自我教育是关键。搭建网络育人新平台，如打造红色育人主题互动网站、手机联动及时互通平台、学校联动育人平台等线上线下无缝隙立体化育人。

在基本模式搭建的基础上，构建教育效果评估体系。在坚持导向一致性原则、动态性原则、系统完整性原则、可操作性原则的基础上，坚持宏观与微观相结合的指标方式，综合采用多种评价方法，形成全方位、立体化运行模式。

二、大学生社会主义核心价值观教育对教育模式创新的现实需求

大学生社会主义核心价值观教育是依据历史条件的变化，不断发展变化的教育实践过程。大学生社会主义核心价值观教育模式依据教育环境、教育主体、教育客体、教育介体等变化，依据党和国家教育政策、社会发展需要、学生成长需求，不断创新发展。

（一）大学生社会主义核心价值观教育模式创新的可行性分析

大学生社会主义核心价值观教育模式创新是当前大学生社会主义核心价值观教育的一项重要任务。青年大学生是社会主义现代化建设的中坚力量，加强大学生社会主核心价值观教育，创新大学生社会主义核心价值观教育模式，用社会主义核心价值观引领大学生树立坚定理想信念、辨别社会思潮、整合多样化的社会价值观，是当前的一项重要工作。

---

① 鲍硕来、陈俊：《社会主义核心价值观内化为大学生修身教育的路径思考》，载《思想理论教育导刊》2015年第1期，第128-129页。

1. 大学生社会主义核心价值观教育模式的理论依据

核心价值观是核心价值体系的抽象提炼、高度概括和"总纲领",是核心价值体系的"核心",核心价值体系是核心价值观的存在基础、展开形态和重要载体,两者相互依存、相互作用、相辅相成、有机统一。核心价值体系是一个社会的价值体系中最重要的组成部分,处于价值体系的统摄和支配地位,是一个社会倡导和主导的价值体系,引领一个社会各种不同的价值取向、价值追求、价值尺度和价值原则沿着一定的方向发展。核心价值观是一个社会中居统领地位、起支配作用的价值理念,是一种社会制度、社会形态长期普遍遵循、相对稳定的根本价值准则,是一个社会的价值观、价值体系和核心价值体系的灵魂。一个社会的核心价值观,以一个社会的价值观、价值体系和核心价值体系为基础,是对价值观、价值体系和核心价值体系的高度概括和抽象提炼,是价值观、价值体系和核心价值体系的核心。价值观、价值体系和核心价值体系,都必须围绕核心价值观,体现核心价值观,以核心价值观为引领和主导。①

社会主义核心价值体系是大学生社会主义核心价值观教育模式创新的理论基础。党的十六届六中全会《中共中央关于构建社会主义和谐社会若干重大问题的决定》,明确提出要构建社会主义核心价值体系,并指出社会主义核心价值体系涵盖四个方面的基本内容,马克思主义指导思想、中国特色社会主义共同理想、以爱国主义为核心的民族精神和以改革创新为核心的时代精神、社会主义荣辱观。社会主义核心价值体系是一个有机整体,马克思主义指导思想是社会主义核心价值体系的灵魂,中国特色社会主义共同理想是社会主义核心价值体系的主题,以爱国主义为核心的民族精神和以改革创新为核心的时代精神是社会主义核心价值体系的精髓,社会主义荣辱观是社会主义核心价值体系的基础。社会主义核心价值体系为社会主义核心价值观教育提供丰富的理论支撑,帮助社会主义核心价值观教育模式创新的实践发展。

心理接受机制为大学生社会主义核心价值观教育模式创新提供了理论支持。接受一词是指对事物的容纳不拒绝,体现作为主体的人对与自身发生联系的事物的基本态度。从德育范畴来讲,接受标志着人们对语言象征符号表征出来的思想文化客体信息的选择、解释、理解和整合以及运用的认识论关系和实践关系。从心理学角度来看,接受就是指受教育者主动寻找外来信息,接受外

① 戴木才:《论社会主义核心价值观与核心价值体系的辩证关系—中国特色社会主义核心价值观探索之一》,载《南昌航空大学学报》(社会科学版)2011 年第 2 期,第 5 页。

来信息，并按一定的心理结构进行内化的过程。[①] 教育主体对大学生社会主义核心价值观教育模式进行创新，应注意把握在大学生社会主义核心价值观教育过程中接受客体在接受中介的作用下，与接受主体的相互作用中，所呈现的心理变化、心理运动和心理接受的特点、规律。

大学生社会主义核心价值观教育接受是在接受主体即大学生自身观念、心理结构、外界环境的影响下，顺利进行的接受过程。大学生在接受社会主义核心价值观的过程中，受外界以及自身的影响，往往会产生一定的心理接受限度。从主观方面来说，人的肉体状况、精神状况是阻碍主体接受的主要因素；从客观方面来说，人所在的社会历史条件是阻碍主体接受的直接原因。大学生社会主义核心价值观接受限度在现实中主要表现在，初始阶段的"认知闭合"——无情感掺杂的排斥接受、自我防御、价值质疑、无意识从众；发展阶段的"理解偏差"，即随着对新知识、新观念的接触与了解，逐步判断与选择信息、重新构建主体知识、观念结构的过程中表现出来的接受内容与接受客体不相符的现象；反复阶段的"情感抵触"——这种"情感抵触"是指大学生在接收到社会主义核心价值观信息后表现出来的负面态度和行为倾向；成熟阶段的"知行脱节"——大学生社会主义核心价值观接收过程中出现的认识与行为不符合的状况，是一种"虚假"接受的现象。[②] 面对限度的问题，如何使大学生社会主义核心价值观超越接受限度，是大学生社会主义核心价值观教育模式的重点工作。超越的途径包含渐进式与及时性相结合，内生性与外塑性相结合，知识性与价值性相结合等途径，以实现大学生接受限度的超越。

2. 大学生社会主义核心价值观教育模式的既有优势

大学生社会主义核心价值观教育模式反映大学生主体价值目标的普遍要求。社会主义核心价值观与大学生主体价值目标是普遍与特殊、一般与个体的关系，虽然大学生是具有多样性、差异性、变动性的群体，但是社会主义核心价值观的内容涵盖了大学生思想、学习、生活、工作的方方面面。大学生群体可以用社会主义核心价值观来指导自己、教育自己、要求自己，通过大学生社会主义核心价值观教育模式，更好地进行教育，确保教育的可行性与有效性。

大学生社会主义核心价值观教育模式坚持社会价值目标与个体价值目标

① 徐国媛，等：《大学生社会主义核心价值观教育创新模式的构建》，西南交通大学出版社 2014 年版，第 79 页。

② 高地：《中国共产党社会主义核心价值观教育研究》，东北师范大学 2011 年博士论文，第 67-73 页。

的一致性。随着社会的不断发展，当代大学生价值观呈现一些特点，如价值本位向主体倾斜、价值观念呈现出分化性与多元性等。创新大学生社会主义核心价值观教育模式是一个动态的过程，是与大学生价值观的塑造相适应的过程，模式创新的目的在于为大学生价值观的教育与塑造提供更多的可能性。在模式创新的过程中，结合当代大学生价值观领域的变化特点，有的放矢，促进大学生社会主义核心价值观的内容为大学生普遍认同、自觉实践，增加大学生实现价值目标的可能性。

大学生社会主义核心价值观教育模式突出当代中国社会主流价值导向。价值导向是被社会群体或个人确定为追求方向的价值取向，任何国家和社会都有自己的主流价值导向。高校是培养合格的社会主义建设者和接班人的重要阵地，按照一定社会要求和人才培养规律，有计划有组织地对大学生施加定向影响，形成国家要求与社会发展的主流价值观。新的历史条件下，大学生社会主义核心价值观教育需要坚定正确的意识形态立场，在大学生社会主义核心价值观教育过程中，让全部学生了解社会主义核心价值观，让绝大多数大学生对社会主义核心价值观认同并具有社会主义思想，树立坚定的社会主义、共产主义信仰，能够运用马克思主义立场、观点、方法分析问题和解决问题。

大学生社会主义核心价值观教育模式注重将客观的价值体系转化为当代大学生主观的自觉追求。习近平总书记在 2014 年 5 月 4 日同北京大学师生座谈会讲话中指出，社会主义核心价值观体现了社会主义本质要求，继承了中华优秀传统文化，吸收了世界文明有益成果，体现了时代精神，青年应当自觉践行社会主义核心价值观。① 大学生社会主义核心价值观教育模式创新目标在于，促进青年大学生加强学习社会主义核心价值观理论知识，加强道德修养，注重道德实践，明辨社会思潮与社会现象，坚持在学习社会主义核心价值观理论的基础上，将社会主义核心价值观要求变为日常的行为准则。

3. 大学生社会主义核心价值观教育模式的参考借鉴

大学生社会主义核心价值观教育模式创新不仅是继承中国共产党社会主义核心价值观教育的历史经验，也是对国外核心价值观教育优点的借鉴。立足于中国共产党九十多年对社会主义核心价值观及教育的认识与实践，总结中国共产党社会主义核心价值观教育的历史经验，主要包括以下几个方面。第一，

① 习近平:《青年要自觉践行社会主义核心价值观　与祖国和人民同行努力创造精彩人生》，载《人民日报》2014 年 5 月 5 日，第 1 版。

中国共产党坚持服从和服务于党的中心任务。中国共产党在不同的历史时期，核心价值观教育具有相应的教育目标、教育内容、教育方式等，这些方面又具有根本的继承性与连续性，始终围绕不同历史时期的中心任务展开，这是当前开展社会主义核心价值观教育的一条重要历史经验。第二，中国共产党始终坚持思想政治工作的"生命线"地位。大学生社会主义核心价值观教育是大学生思想政治教育的重要方面，社会主义核心价值观教育关系到中国共产党的生死存亡，是保存党得以生存和发展的决定性因素，社会主义核心价值观教育的成效关系到党和广大人民群众改造世界的成效。第三，中国共产党始终坚持以马克思主义中国化最新理论成果为指导。中国共产党历代领导集体注重发挥马克思主义理论知识在社会主义核心价值观教育中的基础性作用，明确马克思主义理论只有随着中国革命和建设的丰富实践不断发展，才能充分发挥确立人们社会主义核心价值观的重要作用。没有深厚的理论认识作基础，即使价值观在大学生的头脑中树立起来，也是浅层次的感性认识。第四，中国共产党始终坚持社会主义核心价值观教育与不断满足人民物质生活需求相结合。全心全意为人民服务是中国共产党的宗旨，相信人民、依靠人民，诚心诚意为人民谋利益，想群众之所想，急群众之所急，是中国共产党长期坚持的宗旨。

大学生社会主义核心价值观教育模式的创新，需要借鉴国外教育的先进经验，对国外价值观教育方法进行多维判断、检验与选择，进而自觉寻找国外核心价值观教育模式的有益借鉴。首先，在教育方法方面，借鉴西方注重实际时效的教育方法，借鉴其他国家将教育内容与现实生活世界对接的做法，力求社会主义核心价值体系内容对现实的关照和对生活世界的回归；吸收当代发达国家灵活多样的核心价值观隐性教育方法，力求社会主义核心价值观教育的有效性；启迪人们对共同选择确定的核心价值理念的认同。[①] 其次，在教育内容方面，坚持群体性导向与个人价值追求相一致的原则。在大学生社会主义核心价值观教育过程中，需要改革传统的形而上学的纯理论演绎和解读的教育模式，将教育的相关内容、方法、途径等与大学生接受特点结合、与大学生成长成才规律相一致，关照大学生需求，将社会主义核心价值观融入到大学生学习生活的方方面面。在借鉴国外教育模式的同时，应当注意几点内容。在借鉴过程中，应看到不同国家价值观教育的相同性，在深化教育规律和本质特征认识的基础上，平等、客观了解国外教育模式的优势与特色，大胆借鉴好的经验与理论；充

① 邱国勇：《社会主义核心价值观教育研究》，人民出版社 2014 年版，第 93-96 页。

分认识我国社会主义核心价值观教育模式的优越性，避免过度美化与推崇国外核心价值观教育模式；注重在学习中超越，学习借鉴国外核心价值观教育模式优秀经验的目的在于实现我国社会主义核心价值观教育的完善与创新，从而形成本土特色。在社会主义核心价值观教育中实现超越，形成既有中国特色同时又有国际交流价值的社会主义核心价值观教育模式。

（二）大学生社会主义核心价值观教育模式创新的需求性分析

大学生社会主义核心价值观教育模式创新是教育客体的需求，是创新模式本身的诉求，需要坚持一定原则，促进大学生社会主义核心价值观教育模式的创新发展。

1. 不同主体对于大学生社会主义核心价值观教育模式创新的需求

坚持党的意识形态工作领导权，是中国共产党的历史经验，也是当前需要继续坚持的重要工作。社会主义核心价值观教育工作属于意识形态工作的重要组成部分。当前，大学生社会主义核心价值观教育模式的构建面临着严峻挑战，西方意识形态渗透与“推广”，目的在于推行西方价值观，近些年，最为显著的则为“普世价值”。对于“普世价值”，我们不仅要认清其本质，更要坚持社会主义核心价值观，也就是说，一方面应当坚决反对普世价值论，另一方面坚持马克思主义为指导，用历史唯物主义和辩证唯物主义看待历史，认清事实。因此，大学生社会主义核心价值观教育模式创新要坚持社会主义核心价值观的中心地位，结合中国社会主义的性质，基于中国基本国情以及历史文化传统，认识社会主义核心价值观，践行社会主义核心价值观。大学生社会主义核心价值观教育模式的创新应当符合党和国家大政方针的需求。

大学生社会主义核心价值观教育模式应当符合社会发展的需求。随着经济的快速发展，人们的生活水平实现了较大程度的提升，但是人们的道德素养与精神文明建设相对滞后。当前道德建设面临困境，中国人的价值素养与个人文明一次次经受拷问。当前，中国社会的文明、和谐与进步，需要健康向上的公民品格，这就需要社会主义核心价值观指导与引领每一位社会成员，能够良好地处理人与人、人与社会、人与自然之间的关系，重新建构道德范式。大学生是社会群体中的重要特殊群体，创新大学生社会主义核心价值观教育模式是社会价值秩序纠偏的需要。

新的历史条件下，世情国情党情发生了深刻变化，高校的校园环境与校园文化发生着一定的变化，各种非主流价值对于主导价值观的干扰、冲击不断，影响大学生思想观念、行为趋向等。高校正在经历多元价值观较量的考验，在这种环境中，创新大学生社会主义核心价值观教育模式，加强大学生社会主义核心价值观教育，提高大学生社会主义核心价值观教育成果，显得尤为重要。

在认同和践行社会主义核心价值观的过程中，家庭对于大学生的影响至关重要。家庭环境、家长教育通过日常生活起居、待人接物的行为潜移默化地影响大学生。家庭成员的思想与行为影响大学生人格的形成，从而影响大学生对于社会主流价值观的认同与践行。习近平总书记在上海考察时曾指出，要注意把社会主义核心价值观日常化、具体化、形象化、生活化，让理论回归生活，促进认识走向实践。家庭是社会的组成单位，是个人成长的重要环境，在家庭中开展社会主义核心价值观教育有助于全方位培养大学生，促进大学生社会主义核心价值观教育的成效，这也是创新社会主义核心价值观教育模式需要考虑的因素。

习近平总书记2014年在北京大学考察时指出，青年的价值取向决定了整个社会未来的价值取向，青年处在价值观形成和确立时期，抓好这一时期的价值观养成十分重要。处于世界观和价值观形成重要时期的大学生，思想呈现多样、多元和多变的特点，他们对于各种问题的见解存在差异是不可避免的。在纷繁复杂的环境中，坚定理想信念，充分学习马克思主义理论知识，科学客观地对待重大事件，是大学生社会主义核心价值观教育模式创新需要考虑的因素。

2. 大学生社会主义核心价值观教育既有模式对于创新模式的需求

大学生社会主义核心价值观教育既有模式对社会主义核心价值观教育具有积极的成效，但自身也存在着一定的不足，创新的目的在于弥补存在的缺陷，促进大学生社会主义核心价值观教育开展。

（1）教育模式的平面化要求立体化模式的创新

传统的大学生社会主义核心价值观教育模式已经无法满足当代大学生的需求。面对新时代社会主义核心价值观教育环境的深刻变化，将"封闭型"传统教育模式改变为"开放型"，"单向型"转变为"多向型"，"平面型"转变为"立体型"，构建新型大学生社会主义核心价值观教育模式是转变教育困境、增强教育实效的重要途径。大学生社会主义核心价值观教育系统是社会大系统中的一部分，涉及教育过程中的方方面面。大学生主体、宏观环境、微观环境、教育介体、教育主体等是大学生社会主义核心价值观教育中的基本要素，通过建立立体化的教育模式，多角度、多渠道、全方位地开展教育，实现大学生社会主义核心价值观教育资源的优化配置，全面覆盖大学生学习与生活空间，提升教育成效。

平面化的教育模式是传统社会主义核心价值观教育采取的教育模式，是以大学生为中心、各教育主体分别对大学生施加有积极影响内容的教育过程，是各教育主体对教育客体的单方面教育，忽略教育客体的接受程度与接受效果，严格地说，并没有完成大学生社会主义核心价值观教育全过程。这就需要构建并创新大学生社会主义核心价值观教育模式，构建立体交互式教育模式，优化大学生社会主义核心价值观教育内容、教育资源。通过社会实践、社会学习等方式，将大学生社会主义核心价值观理论教育与实践教育有效结合；通过传统教育方法与网络教育方式相结合，实现多种教育方式共同作用，形成立体化教育方式；通过大学生自身，将各类教育主体与教学客体相联系，共同作用于大学生本身。

(2) 实践检验推动着教育模式创新

马克思主义认为，实践是检验认识正确与否的唯一标准，并且推动着认识的进一步发展，从而促进新的实践。大学生社会主义核心价值观教育模式的创新就体现着实践与认识辩证关系原理，实践检验与推动着大学生社会主义核心价值观教育模式的创新。大学生社会主义核心价值观教育模式的构建是大学生社会主义核心价值观教育实践经验的总结，是对于实践经验的理性升华，同时又指导着新的教育活动，当教育模式不再适应新时期的教育主客体的需要，教育模式就面临着创新任务，因此，实践检验与推动着教育模式的创新。

大学生社会主义核心价值观教育模式在实践中接受检验与评估，应当做到以下几个方面：在教学内容安排上，应当注重将社会主义核心价值观包含的内容融入学习的全过程；在教学方式上，改变单一的灌输模式，多种教学方式共用，激活课堂，在师生对话、教师激励中讲授内容，帮助大学生树立社会主义核心价值观；延伸传统的教学平台，大学生社会主义核心价值观教育不仅要在学校中开展，还要在家庭中开展，更要在社会中开展，为传统教学环节进行有效补充，全方位加强大学生社会主义核心价值观教育。大学生社会主义核心价值观教育模式力促在教育过程中，坚持教育主体与教育客体之间的平等性、民主性、互动性，大学生不再是被动地接受角色，而是积极主动参与到教育全过程。激发大学生的主体性，通过实践推动教育模式创新，取得更大的教育成效。

3. 大学生社会主义核心价值观教育模式创新坚持的原则

(1) “以生为本”原则

在大学生社会主义核心价值观教育以及教育模式构建的过程中，坚持大学生的主体性原则，注重将大学生作为教育与模式构建的中心。这一原则要求，在教育过程中，在理论教育内容、教学方法的选择、教学手段的运用以及教学评价的践行方面，都应当体现大学生主体的参与性、选择性和自主性，体现出"以生为本"。

（2）系统性原则

大学生社会主义核心价值观教育模式的构建讲求系统性，每个人的价值观均来源于其所生活的社会，它是一定社会生活方式、文化传统潜移默化地濡染和塑造的结果。因此，当代大学生社会主义核心价值观教育也不是"高校专属"，它应当是一项系统工程，社会各界都应积极参与，为社会主义核心价值观教育合力打造有利外部环境。各级政府应发挥好政策导向作用，公共传媒要积极营造良好的社会舆论氛围，家长的行为示范和良好的家风也是直接影响社会主义核心价值观教育效果的重要因素。此外，社会主义核心价值观教育还需要充分整合社会资源，构建大学生志愿服务、联合培养等社会实践平台，如企事业单位应积极给大学生提供更好、更多的见习实习机会，让他们通过参加各种社会实践活动提高服务社会的责任意识，增强改造社会的胆识能力，从而更好地提升社会主义核心价值观教育的成效。①

（3）以理想信念教育为核心的原则

大学生社会主义核心价值观教育模式的构建始终注重教育内容应当坚持将理想信念作为核心。理想信念是价值观的最高层次和核心内容，是人类价值意识的高级形式。理想信念的形成标志着人们的价值观从感性层面上升到了理性层面，形成了一个完整、自觉的观念和形象系统，同知识和理智紧密地结合在一起，成为指导和推动实践活动的精神力量源泉。中国特色社会主义理想信念是社会主义核心价值观的核心。理想信念从根本上保证了社会主义核心价值观认同及践行的持久性、稳定性。若脱离了社会主义信念共产主义理想，大学生社会主义核心价值观教育必定是苍白和无力的。在当代中国，任何一名大学生都要有坚定的中国特色社会主义理想信念，因此要将理想信念教育置于大学生社会主义核心价值观培育的核心位置，贯穿于全过程，只有这样才能做到"形"与"魂"的统一。

（4）开放性原则

开放性教育是针对传统封闭式、灌输式的教育模式而言的，是指以寻求大学生的自主学习为中心，以提高大学生学习效果和培养人的全面发展为目的，

① 仉媛：《如何加强大学生社会主义核心价值观教育》，载《光明日报》2016年8月13日，第7版。

通过营造开放、民主、平等、自由、互动、和谐的师生关系及教育氛围，优化各种教育资源和环境，借助社会力量与现代科技成果和手段构筑起来的新型教育模式。① 坚持开放性原则，有助于大学生社会主义核心价值观教育的各种教育要素和资源得到优化，多种教学信息得到多向互动交流，实现教育主体与教育客体之间相互关系的统一。坚持开放性原则，有助于中介机制将社会环境中正面影响尽可能转向现实的教育信息，在开放的环境中增强大学生社会主义核心价值观教育的实效性。

(5) 发展性原则

大学生社会主义核心价值观教育模式创新是一项持久性工作，不是一蹴而就的，需要持之以恒，久久为功。大学生社会主义核心价值观教育模式的创新与构建应当坚持常态化，依据教育因素的变化进行不断调整，避免"拒改变""一阵风"现象的出现，善于运用创新思维，推动教育模式的创新。例如，高校思想政治理论课是社会主义核心价值观教育的主渠道，可以通过推进教育形式的创新，实施思想政治理论课建设体系创新计划，深化课程综合改革，建设大学生真心喜爱、终身受益的思想政治理论课。可以从比较具体的切入点抓起，由近及远、由浅入深，持续把社会主义核心价值观教育融入教学、精神文明建设和校园文化建设的全过程。同时，还可以根据每个学生的个性差异，细分不同阶段的心理特点和成长规律，对教育内容和方法进行合理安排与选择创新。②

三、"立体交互式"大学生社会主义核心价值观教育模式的内涵与理念

"立体交互式"大学生社会主义核心价值观教育模式是顺时、顺势产生的，正确全面把握"立体交互式"大学生社会主义核心价值观教育模式的内涵有助于大学生社会主义核心价值观教育工作的开展。在当前研究大学生社会主义核心价值观教育模式的论文和著作中，较少关于"立体交互式"大学生社会主义核心价值观教育模式的定义，其中的观点尚未将"立体交互式"大学生社会主义核心价值观教育模式内容阐述清晰完整。深入"立体交互式"大学生社会主义核心价值观教育模式的基本前提是将其内涵阐述清楚，明确"立体交互式"大学生社会主义核心价值观教育模式的内涵与外延，从而促进大学生社会主义核心

① 曾长秋、杨增岽：《论开放性思想政治教育模式的构建》，载《思想政治教育研究》2006 年第 4 期，第 4 页。

② 仉媛：《如何加强大学生社会主义核心价值观教育》，载《光明日报》2016 年 8 月 13 日，第 7 版。

价值观教育这一实践活动的开展。

（一）"立体交互式"大学生社会主义核心价值观教育模式的内涵

界定"立体交互式"大学生社会主义核心价值观教育模式的内涵，首先要理解"立体交互式"一词的基本含义。《汉语大词典》中，"立体"是指上下多层次的，包括各方面的；"交互"是互相的意思。《辞海》关于"立体主义"描述是，它由法国现代美术中产生，"立体主义"创作的主要特征是，在画面上将一切物体形象破坏和肢解，然后再加上主观的拼凑、组合，以求所谓立体地表现出物体的不同侧面。当前，关于"立体交互式"大学生社会主义核心价值观教育模式的研究不多，但具有一定的借鉴价值。

界定"立体交互式"大学生社会主义核心价值观教育模式的内涵，离不开对已有成果的借鉴与分析。林晶认为，高校单一、封闭、平面的传统思想政治教育模式已无法满足受教育主体的需求。面对新时期大学生思想政治教育背景的深刻变化，改变传统模式的"封闭型"为"开放型"，"单向型"为"多向型"，构建立体化模式是大学生思想政治教育摆脱困境、提高实效的根本出路。[①]鲁华山认为，交互式教学模式就是以交际法为理论基础，强调以学生为中心，教师是促成者或者独立的参与者，注重提高学生的交际能力和培养学生语言应用的能力，并强调学习是一个认知交互的过程，并强调个体与所知觉环境之间的交互作用。[②]裴春秀、杨春英认为，交互式教学模式，是以现代教学理论为指导，综合运用各种教学资源和手段，通过教学主体与教学条件、课程理论与实际运用、学习与创新、个体发展与社会环境等交互途径，激发教学潜力，深化教学理论，拓展教学能力，提升教学价值的教学模式，是一种顺应激烈市场竞争环境的新型教学模式。[③]

在了解与借鉴理论界对"立体交互式"大学生社会主义核心价值观教育模式理论的基础上，我们认为，"立体交互式"大学生社会主义核心价值观教育模式是在多重教育主体的共同作用下，综合运用各种教育手段与教育资源，在教育实践中，通过交互途径，深化大学生社会主义核心价值观认知，深入践行社会主义核心价值观，提升教育价值的教学模式。该含义的要点包括以下几个方面：一是大学生社会主义核心价值观教育的目标在于促进大学生个人或群体的

---

① 林晶：《构建大学生思想政治教育立体化模式》，载《光明日报》2017年5月30日，第5版。

② 鲁华山：《交互式教学模式及其在课堂教学中的应用》，载《中国成人教育》2010年第14期，第164页。

③ 裴春秀、杨春英：《交互式教学模式研究》，载《湖南科技学院学报》2007年第5期，第137页。

成长，大学生在教育模式指导下在接受教育过程中进行理论学习与社会实践，培养与提升政治素养、文化修养、道德情操等，适应社会发展变化要求。二是"立体交互式"教育模式是大学生社会主义核心价值观教育与社会发展不断调整适应的过程，适应社会发展的主流趋势，促进教育主体与教育客体共同进步发展。三是"立体交互式"大学生社会主义核心价值观教育模式的构建是动态发展的实践过程。四是"立体交互式"大学生社会主义核心价值观教育模式具有整体系统性，教育模式的构成要素具有系统性，教育模式创新的过程具有整体性，其实践过程贯穿于教育过程始终。

（二）理解"立体交互式"大学生社会主义核心价值观教育模式的五个着力点

理解"立体交互式"大学生社会主义核心价值观教育模式的内涵，需明确内涵的核心概念，明确内涵需要区别与把握的相关概念。

1. "立体交互式"大学生社会主义核心价值观教育模式的根本属性——实践性

"立体交互式"大学生社会主义核心价值观教育模式的实践性是其根本属性。"立体交互式"大学生社会主义核心价值观教育模式的实践性，一方面表现在"立体交互式"大学生社会主义核心价值观教育模式的构建是一个实践过程，"立体交互式"大学生社会主义核心价值观教育模式的价值观念、政治理论、道德观念等形成的基础是实践，另一方面表现在检验教育模式成效也必须依靠行为实践。具体来说，"立体交互式"大学生社会主义核心价值观教育模式途径主要为知识教育、实践锻炼，学校课堂教学以及其他校外理论教育形式，教育本身即为一种实践形式；"立体交互式"大学生社会主义核心价值观教育模式指导大学生在理论知识内化的基础上，外化为行为实践，外化的过程同样为实践过程。

"立体交互式"大学生社会主义核心价值观教育模式区别于之前所过分强调的单一化、平面化的教学模式，它们忽视作为根本属性的实践性的状态。"立体交互式"大学生社会主义核心价值观教育模式更强调的是教育与实践过程中大学生的理论学习与实践活动以及对社会发展的影响。首先，"立体交互式"大学生社会主义核心价值观教育模式要求联系社会实际，在社会化过程中应当把握宏观实际与微观实际。宏观方面立足于我国处于社会主义初级阶段这一基本情况，从服务于中国特色社会主义事业的发展角度开展实践；微观方面立足于社会发展与主体发展的实际，在模式构建过程中丰富实践内容、创新实践方式、增强实践效果。其次，"立体交互式"大学生社会主义核心价值观教育模式在融入宏观实际与微观实际的过程中，需要坚持以问题为导向。不仅要解决大学生存在的思想问题,更要解决实践性问题,本着关心学生、理解学生、爱护学生的原则,综合运用各种教育载体形式,解决实际问题,激发大学生在社会主义核心价值观学习与实践过程中的热情,增强“立体交互式”大学生社会主义核心价值观教育模式的实际成效。最后,“立体交互式”大学生社会主义核心价值观教育模式的效果如何受到相应环境的制约,但是“立体交互式”大学生社会主义核心价值观教育模式构建这一实践活动可以优化宏观以及微观环境。在模式构建与实践过程中,教育主客体能充分利用良好的环境因素,将消极不利环境因素转化为积极因素,促使“立体交互式”大学生社会主义核心价值观教育的自觉实践,营造良好实践氛围。应当注意的是,“立体交互式”大学生社会主义核心价值观教育这一实践过程中,大学生在适应社会发展过程中的作用主要是积极方面的,但不可忽略其产生的副作用,主要表现在思想行为与社会发展的错位,阻碍当前社会的某一方面或整体的前进。对于错误的、不当的价值观念、行为实践,应当及时矫正,确保“立体交互式”大学生社会主义核心价值观教育实践过程与社会发展方向相一致。

2. “立体交互式”大学生社会主义核心价值观教育模式的根本任务——大学生全面发展

“立体交互式”大学生社会主义核心价值观教育模式的根本任务在于促进大学生个人或集体的社会化,其作用的第一步在于促进人们从自然人向社会人的转变。大学生作为教育客体与自然人是两种不同的发展状态,自然人是大学生社会主义核心价值观教育客体的起始点,是大学生社会主义核心价值观教育客体的基本属性。弗洛伊德将人格划分为“本我”“自我”“超我”三个阶段。“本我”主要是指人处于自然人的时期,在这一时期,人仅仅具有与生俱来的属性,这里的“自然人”是相对于“社会人”而言的。“超我”主要体现为人在社会环境中、接受教育的条件下,转变人们思想和行为方式的阶段,这一阶段正是社会主义核心价值观教育对大学生产生影响的时期,在这一阶段,大学生不断调整思想状态、行为方式等,使之与社会发展要求相协调。“自我”处于“本我”与“超我”的中间阶段,具有过渡性作用。

大学生社会主义核心价值观教育在“超我”阶段促进人的个性的健全与发展。“人的本质不是单个人所固有的抽象物,在其现实性上,它是一切社会关系的总和。”[①]大学生处于纷繁复杂的社会关系之中,他们与社会之间具有相互影

① 《马克思恩格斯选集》(第 1 卷),人民出版社 2012 年版,第 135 页。

响作用,一方面,大学生处于社会之中,社会对于大学生的发展具有导向作用,社会塑造大学生,大学生的发展遵循社会发展方向。另一方面,大学生反作用于社会,良好的实践行为推动社会发展。社会主义核心价值观教育是大学生社会化过程中的重要环节。首先,在传承优秀文化、延续社会生活过程中,大学生与社会不断选择与能动调整,将价值观念内化。其次,大学生在内化价值观念的同时,应当注重社会中他人对自身的期望,将自身的发展与他人积极的期望结合起来,根据社会中他人或集体的一般期望不断调整思想与行为;其中,社会中的他人涵盖面广泛,包含家人、教师、同学等个体或集体,大学生应当注重判断他人期望是否是积极向上、符合社会发展、符合自身实际的,这样才能优化社会主义核心价值观教育的进程与效果。最后,大学生应当明确自身在社会发展过程中所承担的角色,了解自身在社会结构或社会群体中的地位,领悟与遵循社会角色义务,维持与发展社会结构。① 三个方面的内容相互依存、相互融通,以上论述主要侧重于社会主义核心价值观教育过程中社会对于大学生的要求,即社会主义核心价值观的教育与传授知识方面的内容,也是培养全面发展与能力提升的大学生目标的基本任务。

3. "立体交互式"大学生社会主义核心价值观教育模式的主体定位——教育主体与教育客体

准确认识"立体交互式"大学生社会主义核心价值观教育模式主体定位是开展"立体交互式"大学生社会主义核心价值观教育的基本前提。之前的含义中对于"立体交互式"大学生社会主义核心价值观教育模式主体的定位偏向于教育者与受教育者两个方面,缺乏对于教育者与受教育者之间的辩证统一关系的探讨。这一辩证统一关系表现在三个方面:第一,两者定位不同,教育者在大学生社会主义核心价值观教育过程中承担传授知识与技能的角色,依据社会发展的需求,调整教育内容与教育方式;受教育者有选择地学习与接受理论和实践,将其内化为自己的思想、外化为自己的行为。第二,教育者与受教育者构成社会主义核心价值观教育主体体系,教育者在受教育者的教育影响下能动实现自身的社会化,受教育者将相关信息反馈给教育者促进其改变,两者相互促进,思想行为逐渐趋同。第三,大学生社会主义核心价值观教育主体与教育环境相互影响,在不同的社会化环境中,教育者与受教育者地位及职能互换,更好地促进大学生社会主义核心价值观教育模式的构建。

① 郑杭生,等:《社会学概论新编》(第3版),中国人民大学出版社2003年版,第83页。

大学生社会主义核心价值观教育的主体定位是教育者与受教育者共同构成的体系，对于这一体系的理解着重从教育者、受教育者与环境之间的作用关系来理解。首先，社会环境对于主体体系具有导向作用，社会环境为个体与群体的发展指明方向，教育者与受教育者明确自身实际与环境要求存在的差距，明确思想提升目标、行为改善路径等，促进主体受教育的进程。其次，主体体系在大学生社会主义核心价值观教育大环境的要求下，注重弥补自身存在的不足之处。教育者在主体体系中处于主导地位，在教育过程中，教育者一方面从受教育者的角度分析可能出现的对受教育者思想行为产生影响的因素，并尽可能地增强或削弱这些因素的影响；另一方面，教育者以身试行，提高自身对于社会大环境要求的感受力，增强自身对相应规范要求的理解，从而促进主体体系最大改善。最后，大学生社会主义核心价值观教育主体体系应当在社会大环境中发挥更大的效用。一方面，教育者拓展大学生社会主义核心价值观教育范围、创新大学生社会主义核心价值观教育方式、丰富大学生社会主义核心价值观教育内容，另一方面，受教育者在大环境和教育者等众多因素的影响下，不断增强信息的感受力、实践的能动力等，在两者相互作用下，推动大学生社会主义核心价值观教育。

4. "立体交互式"大学生社会主义核心价值观教育模式的作用对象——大学生个体与群体

大学生社会主义核心价值观教育作用对象既包含个体也包含群体，相较于之前的大学生社会主义核心价值观教育对象个体化更为全面。大学生社会主义核心价值观教育不仅仅指大学生个人的教育，同时包含群体的教育，大学生社会主义核心价值观教育的过程是个人、群体、民族、国家之间相互作用的过程。大学生社会主义核心价值观教育的对象是人，包含对于单个大学生的政治、道德、文化等方面的教育与培养；也包含对于重点教育对象群体的教育与培养。

大学生社会主义核心价值观教育积极推动作用不仅体现在对于大学生个体的发展方面，而且体现在对社会、民族、国家的积极效用方面。首先，大学生社会主义核心价值观教育作用于大学生个体，助力于大学生正确价值观的形成、正确行为的规范。在社会改革发展过程中，大学生社会主义核心价值观教育要求并推动个体社会角色意识的塑造。个体在接受教育过程中明确自身的政治角色、道德角色、技能角色，理解自身社会角色，遵循社会角色规范，在实践过程中不断调整自身与社会规范不符的相关行为，促进自身社会角色与相关角色行为的转型。其次，大学生社会主义核心价值观教育作用于社会，服从与服务于社会发展的全过程。大学生参与到社会实践过程中，形成一定的社会结构、社会关系，大学生个体与群体在大学生社会主义核心价值观教育实践过程中，共同成长、相互作用，践行社会道德规范、推动社会各方面的建设发展。最后，大学生社会主义核心价值观教育作用于民族和国家，大学生社会主义核心价值观教育有助于国家人民思想水平的提升、有助于民族文化的发展繁荣、有助于意识形态工作的开展。从这几个主要方面细化发展到民族国家工作的各个部分，增强发展凝聚力、实践凝聚力，提升人们对于国家发展的政治认同、情感认同、行为认同，积极融入民族国家发展的过程中。

5.“立体交互式”大学生社会主义核心价值观教育模式的系统特征——构成因素的整体化

“立体交互式”大学生社会主义核心价值观教育模式是各个因素有机组成的系统，既包括整体的系统化，也包括大学生社会主义核心价值观教育过程中某一环节或部分的系统化。从整体系统方面而言，“立体交互式”大学生社会主义核心价值观教育模式包含的内容构成系统化的整体，各个部分之间相互依存、相互配合、共同作用，促进大学生社会主义核心价值观教育的良好实现。每一个子系统在“立体交互式”大学生社会主义核心价值观教育模式中不可或缺，缺少其中的任何一部分，就不是完整的“立体交互式”大学生社会主义核心价值观教育模式，大学生社会主义核心价值观教育的效果也将大打折扣。

在大学生社会主义核心价值观教育的过程中，需要坚持马克思主义的全面的、联系的观点看问题，在坚持大学生社会主义核心价值观教育是整体系统的原则下，明确“立体交互式”大学生社会主义核心价值观教育模式各个子系统的构成及相互作用，充分发挥“立体交互式”大学生社会主义核心价值观教育模式的整体功能。“立体交互式”大学生社会主义核心价值观教育模式的根本任务、主体体系在上文已经论述，这里主要阐述运行机制系统化、媒介系统化和评估方式系统化。首先，运行机制的系统化。大学生社会主义核心价值观教育这一实践活动的顺利开展，离不开教育过程中各种社会力量的支持。在教育过程中，应当注意避免各个部门组织之间孤立化，力促合力化，充分发挥大学生社会主义核心价值观教育效用。其次，媒介的系统化。“立体交互式”大学生社会主义核心价值观教育模式媒介方式多种多样，按照类型可以划分为直接媒介和间接媒介。直接媒介中包含语言媒介、行为媒介、符号媒介等，间接媒介包含新兴媒体、社会实践等方式。直接媒介的几个方面之间可以共同发挥作用，间接媒介包含的几个方面亦是如此；同时，直接媒介与间接媒介可以交叉使用，并且在大学生社会主义核心价值观教育不断发展过程中，直接媒介与间接媒介不断创新发展，顺应社会发展大方向。最后，评估方式的系统化。一方面，"立体交互式"大学生社会主义核心价值观教育模式是对于主体体系进行的评价，剖析其中存在的不足，明确改善方向，对于主体体系的评估有助于加快大学生社会主义核心价值观教育进程及强化其效果；另一方面，对"立体交互式"大学生社会主义核心价值观教育模式产生的社会效益评估，通过评估，将前一阶段"立体交互式"大学生社会主义核心价值观教育过程中存在的问题与不足呈现出来，将这些反馈的信息加以整改，促进下一阶段的大学生社会主义核心价值观教育进程。

（三）认识"立体交互式"大学生社会主义核心价值观教育模式的三重维度

理解和认识"立体交互式"大学生社会主义核心价值观教育模式的理论意蕴和实践要求，需要着眼于历史源流、理论支撑、社会规定三重维度。

1."立体交互式"大学生社会主义核心价值观教育模式的历史源流

"立体交互式"大学生社会主义核心价值观教育模式之所以有着丰富的内涵与实践经验，在于阶级社会产生以来，不同社会形态在不同历史阶段均存在价值观教育的思想与实践。夏商时期，价值观教育已初具雏形，内容丰富，包括礼法观念、王权思想、神法观念等；价值观教育途径多样，如贵族学校教育、百姓宗教祭祀、宗教礼仪教化等，虽有明显阶级性，但同时主张多种方式教育臣民，与社会的发展相适应。儒家学派主张学习经学、封建纲常等，通过礼仪规范教育与道德楷模教育达到内外兼修成效，使人们自觉接受与适应社会发展要求。孙中山主张教育需要进行全面的人才教育，注重对于青年与妇女的教育工作，他所提出的国民教育内容包括思想品德教育、科学教育、军事教育，强调德、智、体的全面发展，满足国家实际发展需要。这些核心价值观教育的思想与实践虽然带有一定的历史局限性，但是其中优秀的思想内容与实践方式具有一定的借鉴价值。

在奴隶制时期的欧洲，一些国家注重对于贵族子弟的政治、行为规范与生活准则的教育，同时注重对于平民的教育，但内容主要为如何做"顺民"，顺从统治。中世纪的欧洲，价值观教育主要通过宗教活动开展，内容主要包括教条教规、顺从君主统治，其受教育群体为全体社会成员。资产阶级的产生促进价值观教育内容与实践的进一步改变，内容主要包括政治民主、思想道德、宗教教义，但是资本主义国家核心价值观教育方式更加隐蔽，价值观教育方式主要以隐性渗透为主，在政治教育中、日常生活中、情感交流中，力求最大程度地、最大范围地影响人们的思想行为。世界上第一个社会主义国家苏联强调对于社会全体成员的共产主义教育，主张将理论与实践相结合，注重受教育主体间的相互协调配合。这就说明了每一个国家在不同的历史阶段都致力于核心价值观教育这一实践工作，也说明了核心价值观教育致力于全体成员的思想、道德、行为的改变过程，是与社会需求相互协调、相互适应的。

2. "立体交互式"大学生社会主义核心价值观教育模式的理论支撑

科学社会主义的诞生、丰富的马克思主义经典著作、中国共产党的不断探索与实践，为我国大学生社会主义核心价值观教育提供有效理论支撑。"人的本质不是单个人所固有的抽象物，在其现实性上，它是一切社会关系的总和。"①这里的人是在社会中生存、受社会关系影响的人，是社会化的人。如何使在社会关系中生存的人具备理论知识，指导社会实践？列宁提出灌输理论，并指出"我们应当既以理论家的身份，又以宣传员的身份，既以鼓动员的身份，又以组织者的身份'到居民的一切阶级中去'。"②只有把马克思主义理论传输到社会各个阶级中去，形成符合社会发展的思想，才能推动俄国革命的发展。

中国共产党自成立以来，就注重广大人民群众的价值观教育工作。中国共产党成立初期，就注重对党员、学生、工人、农民进行教育，通过报刊、宣讲、开办夜校等方式，传播马克思列宁主义，宣传中国共产党的主张，吸引与凝聚广大人民群众参与到中国革命实践中。中华人民共和国成立后，毛泽东指出"要加强政治工作。不论文武，不论工厂，农村，商店，学校，军队，党政机关，群众团体，各方面都要极大地加强政治工作，提高干部和群众的政治水平。"③随着改革开放、经济发展、社会变革，大学生社会主义核心价值观教育的环境不断变化，大学生社会主义核心价值观教育模式不断创新，因此要提升大学生社会主义核心价值观教育成效，确保大学生能够适应社会发展、促进社会发展。

3. "立体交互式"大学生社会主义核心价值观教育模式的时代规定

"立体交互式"大学生社会主义核心价值观教育模式着重强调大学生社会主义核心价值观教育与社会环境之间的辩证关系，大学生社会主义核心价值观教育是在一定的社会环境中进行的，受社会环境的制约；大学生社会主义核心

---

① 《马克思恩格斯选集》(第1卷)，人民出版社2012年版，第135页。

② 《列宁选集》(第1卷)，人民出版社2012年版，第366页。

③ 《毛泽东著作专题摘编》，中央文献出版社2003年版，第1480页。

价值观教育对于社会环境具有一定的能动作用。马克思认为："社会——不管其形式如何——是什么呢？是人们交互活动的产物。"[①]大学生社会主义核心价值观教育能动作用于社会环境。社会在发展，社会文化在丰富，社会风气在变化，对大学生社会主义核心价值观教育的方方面面产生影响，其中包括有益于大学生社会主义核心价值观教育的因素，也包括阻碍大学生社会主义核心价值观教育发展的因素，特别是面临问题与挑战，大学生社会主义核心价值观教育在与其斗争的过程中不断发展。

当前大学生社会主义核心价值观教育面临外在挑战与内在不足两大问题。西方意识形态的渗透削弱大学生社会主义核心价值观教育的效果，当前西方国家的意识形态渗透呈现借助互联网工具、传播方式隐蔽化、渗透途径立体化等特点，通过宣扬"普世价值"、传播西方节日文化等，影响人们对于西方文化的正确判断，腐蚀人们的思想观念、价值追求以及理想信念，削弱大学生社会主义核心价值观教育的效果。当前大学生社会主义核心价值观教育存在"去社会化"现象，大学生社会主义核心价值观教育的范围缩小到以高校思想政治教育社会化为主阵地，高校外的社区、家庭等教育社会化成效较低，这是值得注意和深思的现象。此外，社会上呈现的老人摔倒无人搀扶现象、车辆撞人碾压后路人冷漠等现象，是社会主义核心价值观教育效果不足的表现。这也就从反面说明大学生社会主义核心价值观教育与社会规定之间存在错位的现象，是需要今后不断改善与加强的工作方向。

① 《马克思恩格斯选集》(第4卷)，人民出版社2012年版，第408页。

第三章 "立体交互式"大学生社会主义核心价值观教育模式的理论建构

"立体交互式"大学生社会主义核心价值观教育模式是否为科学的理论，是否能够促进大学生社会主义核心价值观教育工作的开展，取决于其理论建构的内容及过程。本章主要探讨"立体交互式"大学生社会主义核心价值观教育模式的理论建构。

一、"立体交互式"大学生社会主义核心价值观教育模式的原则

"立体交互式"大学生社会主义核心价值观教育模式的原则，是指人们依据"立体交互式"大学生社会主义核心价值观教育模式的内在规律，在总结实践经验的基础上，对相关教育活动制定的准则，为大学生社会主义核心价值观教育规定基本标准，对于高校大学生社会主义核心价值观教育具有重要意义。"立体交互式"大学生社会主义核心价值观教育模式的原则，是一个由多种原则共同组成的有机系统，这一系统包含多种具体的原则，种类繁多。其中，方向性原则、民主性原则、实践性原则、渗透性原则、发展性原则是"立体交互式"大学生社会主义核心价值观教育需要注重坚持的原则。

（一）方向性原则

方向性原则是指"立体交互式"大学生社会主义核心价值观教育模式坚持正确的政治方向不动摇，始终与社会主义发展方向相一致，这是构建"立体交互式"大学生社会主义核心价值观教育模式的本质要求，也是根本原则。

1. 方向性原则的基本内涵

"立体交互式"大学生社会主义核心价值观教育模式坚持方向性原则，主要是指坚持社会主义的立场，坚持中国共产党的领导，坚持党的路线、方针和政策，切实维护党中央权威和集中统一领导。中国共产党的初心和使命是为中国人民谋幸福、为中华民族谋复兴，我国当前的社会主要矛盾已经转变为人民日益增长的美好生活需要同不平衡不充分的发展之间的矛盾。社会主要矛盾的

转变为党的工作指明新的方向，为党和国家工作提出了许多新的要求。党的根本目标是实现共产主义，近期目标是实现“两个一百年”，坚持全心全意为人民服务，这反映了社会发展的要求与人民的期望。“立体交互式”大学生社会主义核心价值观教育模式就是要坚持这一政治方向，以培养担当民族复兴大任的时代新人为着眼点，强化教育引导、实践养成、制度保障，发挥社会主义核心价值观的引领作用，将社会主义核心价值观融入大学生全面发展的各个方面，将这一价值观转化为大学生的情感认同、政治认同和行为认同。

2. 方向性原则所具有的意义

坚持方向性原则对于“立体交互式”大学生社会主义核心价值观教育模式具有重要意义。第一，坚持方向性原则，保证“立体交互式”大学生社会主义核心价值观教育的中国特色。中国开展的社会主义核心价值观教育与其他任何国家开展的价值观教育是不同的，一方面在于政治方向不同，另一方面在于教育内容不同。它是对社会主义核心价值体系的高度凝练与概括总结，是具有中国特色的教育内容与教育方式。坚持方向性原则，就能确保大学生社会主义核心价值观教育的中国特色。第二，坚持方向性原则，有助于将大学生的思想与行动统一到新时代中国特色社会主义建设上来。“青年兴则国家兴，青年强则国家强。青年一代有理想、有本领、有担当，国家就有前途，民族就有希望”①，这是对青年大学生的重要性的阐述，也体现了大学生在新时代中国特色社会主义建设的过程中，坚定理想信念、脚踏实地学习与工作的重要性，坚持方向性原则，是这一切工作的基础。第三，坚持方向性原则，有助于实现大学生社会主义核心价值观教育的根本目标。“立体交互式”大学生社会主义核心价值观教育效果如何，是要以方向性原则坚持和贯彻的方向来说明的。

3. 坚持方向性原则的几个着力点

坚持方向性原则，首先要坚持将马克思列宁主义、毛泽东思想、邓小平理论、“三个代表”重要思想、科学发展观、习近平新时代中国特色社会主义思想作为指导思想。马克思主义解释了人类社会发展的基本规律，代表了无产阶级和广大人民群众的根本利益。坚持这一指导思想，将马克思主义基本原理始终与中国实际相结合，坚持科学性、实践性、自觉性的有机统一，坚持中国特色社会主义道路，不断推进中国特色社会主义的发展。

---

① 习近平：《决胜全面建成小康社会　夺取新时代中国特色社会主义伟大胜利》，人民出版社 2017 年 10 月版，第 70 页。

其次，要自觉贯彻方向性原则的自觉性。党的十九大提出“培养担当民族复兴大任的时代新人”，他们应当在有自信、尊道德、讲奉献、重实干、求进取等方面，有着新的风貌、新的姿态。这就具体要求大学生要坚定“四个自信”，对于实现“两个一百年”奋斗目标以及实现中华民族伟大复兴的中国充满信心；要求大学生要具有善良的道德情感、正确的道德判断、自觉的道德实践；要求大学生具有国家意识、民族意识、责任意识，主动担当民族复兴的历史责任；要求大学生要坚持实践第一、知行合一，求真务实、有善有为；要求大学生始终保持昂扬向上的姿态，勤于学习、勇于开拓，以新的实践创造成就中华民族的伟大梦想。[①]

最后，坚持方向性原则，强化社会主义核心价值观的引领作用，需要围绕高校立德树人的根本任务，将社会主义核心价值观融入思想道德教育、文化制度教育和社会实践教育等各个环节，体现在高校思想政治教育工作的全过程。面对多种价值观冲突、各种思想观念的碰撞，对于当代大学生的价值观造成的冲击，坚持方向性原则，对应对挑战，分析问题、解决问题具有重要的意义。

（二）民主性原则

“民主集中制是中国共产党的根本组织原则，是保障党内政治生活正常开展的重要制度”，[②]“民主集中制不是民主和集中的简单相加，而是民主与集中紧密联系，互相依存，互相制约，互为促进。”[③]这一论述对我们思考社会主义核心价值观教育中的民主性原则有重要启发意义。民主性原则是指“立体交互式”大学生社会主义核心价值观教育模式中，坚持“以生为本”，切实尊重受教育者的主人翁地位，尊重受教育者的权利，积极创造条件，促进大学生表达自己的想法、意见。

1. 民主性原则的具体内涵

“立体交互式”大学生社会主义核心价值观教育模式坚持民主性原则，是指在构建模式与大学生社会主义核心价值观教育的过程中，要始终坚持体现大学生的主人翁地位，尊重大学生，保障大学生的权利，并且在教育过程中培养大学生的民主精神，为涵养社会主义核心价值观创造良好的条件。“相较于以往，当下的学生心智更加成熟，主体意识更加凸显，完全能够与教师进行有效互动和真实交往，教师自然应当自觉摒弃传统的主体性思维，确认并尊重学生的主体

① 《党的十九大报告辅导读本》，人民出版社2017年版，第326页。

② 张立梅：《民主集中制思想研究》，载《中国高校社会科学》2018年第4期，第74页。

③ 张立梅：《民主集中制思想研究》，载《中国高校社会科学》2018年第4期，第75页。

性和能动性,以主体间性的思维和方式开展意识形态教育。”[①]在“立体交互式”大学生社会主义核心价值观教育模式中坚持民主原则,是由多方面的因素决定的。从宏观层面来说,这是由我国的社会主义制度决定的,社会主义制度从本质上来说是一种民主制度,发展民主是社会主义的本质要求,社会主义的根本属性决定了在开展大学生社会主义核心价值观相关教育的过程中,要坚持民主、平等的原则,在构建教育模式和开展教育活动的过程中,坚持大学生为主体,强调教育者与受教育者双向交流。作为教育者如果“只凭片面获取的材料或者虚假不真实的材料去研究分析问题”[②],不和学生深度交流互动,难以做出切合实际的科学的教育方案。从中观层面来说,这是由社会主要矛盾所决定的。当前社会主要矛盾已经转变为人民日益增长的美好生活需要和不平衡不充分的发展之间的矛盾,人民美好生活需要日益广泛,不仅对物质文化生活提出了更高要求,而且在民主、法治、公平等方面的要求日益增长,这就决定了社会工作的方方面面要围绕人民的需求开展。大学生社会主义核心价值观教育工作也应当注重民主性原则,满足大学生自身发展的需要。从微观层面来说,这是由大学生社会主义核心价值观教育工作的规律决定的,大学生作为教育客体,只有调动大学生的积极性、主动性、创造性,大学生社会主义核心价值观教育工作才能产生实效,这一规律要求大学生社会主义核心价值观教育工作坚持民主原则,在工作中尊重和维护大学生的主人翁地位,才能营造一种民主的环境和氛围,促进大学生社会主义核心价值观教育工作的开展。

2. 民主性原则的贯彻实施

“立体交互式”大学生社会主义核心价值观教育模式坚持民主性原则,应当注意做到三点。一是高校教师、行政工作人员等,自身具备民主意识,在此基础上把握和运用民主原则,在构建和运用“立体交互式”大学生社会主义核心价值观教育的过程中,充分发挥民主精神。应当指出的是,“青年教师是高校教师队伍的重要组成部分,是推动高等教育事业科学发展、办好人民满意教育的重要力量”,[③]因此青年教师要更加注意平等与大学生进行交流,摒弃高高在上的思维,切实俯下身来,了解大学生、关心大学生、服务大学生,切实维护大学生的民主权利。

---

① 吴永生:《意识形态教育中师生的主体间性论析》,载《高教探索》2017 年第 10 期,第 20-21 页。

② 张立梅:《民主集中制思想研究》,载《中国高校社会科学》2018 年第 4 期,第 75 页。

③ 孙海英:《新形势下高校青年教师立德树人观念的提升策略》,载《思想理论教育导刊》2017 年第 11 期,第 155 页。

二是要通过各种具体措施，营造民主氛围，发扬民主精神。按照主体间性理论，“主体间性的意识形态教育应当追求渐趋平衡的师生互动”。[①] 在构建“立体交互式”大学生社会主义核心价值观教育模式、开展大学生社会主义核心价值观教育的过程中，要鼓励大学生敢于发表意见、讲真话，在平等的基础上与大学生进行沟通交流，了解社会主义核心价值观教育工作开展的情况，发现不足，从而有针对性地开展工作，对大学生开展正确的引导，促进大学生全面发展，增强大学生社会主义核心价值观教育工作实效性。“高校青年教师思想活跃，精力充沛，并且活跃在一线教学上”，[②]要多出实招，以平易近人的方式方法引导大学生树立社会主义核心价值观。

三是坚持民主与集中辩证统一。坚持民主与集中辩证统一，“既充分发扬民主，又善于集中统一，是毛泽东一贯倡导的原则”，[③]也是中国共产党的优良传统，对于大学生社会主义核心价值观教育工作具有重要推动作用。如果不讲民主，大学生社会主义核心价值观教育工作就会出现简单、粗暴、强迫学习等现象，有可能侵犯大学生的民主权利；如果对于大学生中存在的不良思想倾向于错误做法，放任不管，不是真正的民主原则。因此，只有全面认识民主原则，坚持民主与集中地辩证统一，才能真正在大学生社会主义核心价值观教育工作中运用好这一原则。继而达到“师生在影响对方的同时也体现了他们自我批判、自我提升的勇气和担当，进而实现了教育机制由单项灌输、历时传递到双向互动、共识交流的转变，乃至走向日渐良性的多向联动和共同进步。”[④]

（三）求实性原则

“实事”就是客观存在着的一切事物，“是”就是客观事物的内部联系，即规律性，“求”就是我们去研究。[⑤] 这是毛泽东在《改造我们的学习》中对实事求是的基本阐述，也是“立体交互式”大学生社会主义核心价值观教育模式构建及创新过程中需要坚持的原则。在开展大学生社会主义核心价值观教育工作过程中，要坚持求实性原则，这也就是立足于社会发展的规律，在开展大学生社会主义核心价值观教育过程中，梳理大学生社会主义核心价值观教育的各方面联

① 吴永生：《意识形态教育中师生的主体间性论析》，载《高教探索》2017 年第 10 期，第 22 页。

② 孙海英：《新形势下高校青年教师立德树人观念的提升策略》，载《思想理论教育导刊》2017 年第 11 期，第 156 页。

③ 张立梅：《民主集中制思想研究》，载《中国高校社会科学》2018 年第 4 期，第 76 页。

④ 吴永生：《意识形态教育中师生的主体间性论析》，载《高教探索》2017 年第 10 期，第 22 页。

⑤ 毛泽东选集(第 3 卷)，人民出版社 1991 年版，第 801 页。

系，探寻大学生社会主义核心价值观教育的规律，在此基础上，不断地运用规律，顺应规律，而不是违背规律。立足于实际情况，切实有效开展大学生社会主义核心价值观教育，不断完善发展“立体交互式”大学生社会主义核心价值观教育模式。

1. 坚持“求实性”原则的基本依据

“立体交互式”大学生社会主义核心价值观教育模式坚持求实性原则，是多方面原因共同作用的结果。首先，求实性原则集中体现了辩证唯物主义的科学的世界观和方法论。辩证唯物主义认为，客观世界是不以人的主观意志为转移的，有着自身的运行规律，人们只有对实际情况去认识与把握，才能够达到改造客观世界的目的。这也就要求大学生社会主义核心价值观教育者在正确的指导思想指导下，寻找大学生社会主义核心价值观教育的内在联系与规律，从而作为行动的向导。其次，求实性原则是中国共产党长期实践的优秀历史经验，中国共产党将马克思主义与中国具体实际相结合，立足中国实际，不断开创马克思主义中国化的新局面，这其中就离不开求实性原则。中国共产党历代领导人强调求实性原则，在中国共产党的发展历史中，正反两方面的经验也告诫我们，当前开展工作应当坚持求实性原则，只有在工作中坚持求实性原则，才能促进大学生社会主义核心价值观教育工作的良好开展。再次，坚持求实性原则，有助于避免工作的主观性与盲目性，“当前高校青年教师大多是‘80 后’，甚至已有‘90’后加入了教师队伍，她们与当前大学生在年龄、经历、思维方式上相对更接近”，[①]有利于坚持从大学生群体的实际出发，了解大学生群体的学习情况、兴趣爱好、生活状况和发展特点，在社会主义核心价值观教育过程中，更好地贴近大学生的思想需求、行为需求。如果没有坚持求实性原则，仅仅是盲目地、空泛地开展工作，将会导致大学生社会主义核心价值观教育工作的失效，导致“自说自话”，难以产生效果甚至产生负面效果。因此，只有从大学生群体的实际出发、从社会实际出发，按照大学生的思想觉悟与认知水平，运用多种形式相结合的教育方式，才能促进大学生社会主义核心价值观教育的开展，才能构建科学的“立体交互式”大学生社会主义核心价值观教育模式。

2. 落实“求实性”原则的基本措施

“立体交互式”大学生社会主义核心价值观教育模式坚持求实性原则，要求

---

① 孙海英:《新形势下高校青年教师立德树人观念的提升策略》，载《思想理论教育导刊》2017 年第 11 期，第 156 页。

在实际工作中做到以下几个方面：

第一，社会主义核心价值观教育工作者具备求实精神。社会主义核心价值观教育工作者是教育主体，引导着教育客体的成长与发展，教育工作者应当做到坚持用马克思主义理论、方法、观点，看待问题、分析问题、解决问题，做到不唯上、不唯书、只唯实，主动了解社会发展趋势、大学生群体需求，深入实际，开展调查研究，努力探寻大学生社会主义核心价值观的实际情况，将社会主义核心价值观教育要求与大学生的实际情况结合起来，制定良好的教育政策，采用大学生易于接受的教育方法，切实摆脱主观主义、形式主义的束缚，避免表面文章和“花把式”，努力追求“立体交互式”大学生社会主义核心价值观教育模式的实效。

第二，坚持理论与实际相结合。坚持理论与实际相结合，既是学习马克思主义理论应当坚持的学风，也是“立体交互式”大学生社会主义核心价值观教育模式应当坚持的原则。马克思主义唯物辩证法要求我们在开展大学生社会主义核心价值观教育过程中，坚持主观与客观相统一、认识与实践相结合，因地制宜、因时制宜、因事制宜、因人制宜。在实际工作中，应当反对教条主义和思想僵化，每个高校开展大学生社会主义核心价值观教育，应当注重立足本校实际，按照社会主义核心价值观教育的要求，分层次、分类别，有步骤、有条件的开展，只有这样，才能提升大学生社会主义社会主义核心价值观教育的效果。

第三，坚持发展创新。坚持将求实性原则贯穿大学生社会主义核心价值观教育的全过程，在开展调查研究过程中，获取和分析大学生群体的思想信息时，应当注重资料的翔实和调查资料的一手性，坚持从整体的事实情况出发，把握大学生群体思想状况的整体性，而不是从个别学生、个别事例出发，只有这样，才能拥有真实丰富的事实资源。在大学生社会主义核心价值观教育过程中，要注重社会的不断发展变化、大学生群体的发展变化，依据此不断调整大学生社会主义核心价值观教育的内容、形式和方法等，力求与不断发展变化的实际情况相协调。此外，大学生社会主义核心价值观教育工作者应当注意透过现象看本质，抓住主要方面，在实际工作中，有的放矢、主动出击，不断创新与发展，促进“立体交互式”大学生社会主义核心价值观教育模式的完善发展。

（四）层次性原则

层次是构成某一事物的各要素的组合方式，大学生社会主义核心价值观教育模式是一个系统，由各个部分按照一定的次序构成。“立体交互式”大学生社会主义核心价值观教育模式的层次性原则不仅体现在大学生的层次性上，而且体现在工作实践的层次性上。

1. 层次性原则的内涵

层次性原则是指“立体交互式”大学生社会主义核心价值观教育模式应当从实际出发，观察特点、注重特色、承认差异，依据大学生的思想情况、专业特色等，因材施教，分层次地开展大学生社会主义核心价值观教育。在中国古代的教育中，层次性原则已被广泛运用，经过几千年教育的发展，层次性原则依旧具有重要作用。层次性原则并非按照优劣标准划分，而是依照大学生的自身特色进行区分，从纵向来说，可以将大学生区分为高年级学生、低年级学生、新生等，从横向来说，可以将大学生区分为理工科专业学生、医学专业学生、文科类专业学生和艺术类学生等。不同年级、不同专业、不同地区等因素交叉融合，形成不同特色的学生，依据学生特色不同，结合学生需求的变化，有针对性地开展大学生社会主义核心价值观教育，将广泛性与专业性结合、鼓励先进与照顾多数结合。

2. 坚持层次性原则的基本依据

“立体交互式”大学生社会主义核心价值观教育模式坚持层次性原则，既源于大学生自身发展需求，也是应对社会主义核心价值观教育中存在问题的需求，同样也是培养全面发展人才的现实需求。首先，坚持层次性原则是新时代大学生发展的需求，中国特色社会主义进入新时代，这是我国发展的新的历史方位，新时代的大学生多为“95后”，呈现出思想更加开放、思想多元，行为更为复杂化等特点，这一方面是社会经济不断发展，使大学生的思想观念、价值取向、生活方式等更加多样化；另一方面，网络技术的不断发展，大学生的交流渠道与交流方式依赖于网络，获取知识的途径呈现网络化，导致知识碎片化现象产生。社会发展越迅速，大学生的层次性就愈加明显，这就要求在大学生社会主义核心价值观教育中坚持层次性原则。但是要注意，这里的层次性是一个相对变化的标准，而不是片面的层次化，更不是绝对化。其次，坚持层次性原则是应对大学生社会主义核心价值观教育中存在问题的需求。多数高校在开展大学生社会主义核心价值观教育时，往往采取“一刀切”，不分专业、不分年级，忽略大学生发展需求，要求高、实践少等，往往欲速则不达。因此，区分层次显得尤为重要，正视大学生的实际，重视对于先进大学生群体的教育，但是不能忽视多数大学生群体；重视低年级学生的教育，但是不能忽视高年级学生的教育；重视相关专业学生的教育，但是不能忽视非专业学生的教育。再次，坚持层次性原则是大学生全面发展的需要，习近平总书记在全国思想政治工作会议上指出，要坚持把立德树人作为中心环节，把思想政治工作贯穿教育教学全过程，实现全程育人、全方位育人。① 有层次性地开展大学生社会主义核心价值观教育，帮助大学生树立正确的世界观、人生观、价值观，在此基础上，促进大学生的个性、兴趣、爱好等方面得到充分和谐发展，促进大学生综合素养的提升。

3. 层次性原则的贯彻落实

“立体交互式”大学生社会主义核心价值观教育模式坚持层次性原则，应当做到以下三点。

第一，深入调查研究，准确了解大学生的层次性特征。大学生的层次性是客观存在的，随着社会的发展、环境的变化不断地变化。想要准确了解大学生的层次性，就要调查法、观察法、访谈法等相结合，在一定的历史条件下，准确把握大学生的思想变化与行为变化。只有这样，才能了解大学生的发展特色和成长需要，才能够有针对性地开展工作。

第二，营造良好环境。为促进大学生群体的层次性的展示与发展，需要在学校中积极营造生动、活泼、民主、和谐的校园环境，满足大学生群体发展个性、展现爱好、展示特长的需要，这有利于把握大学生的层次性，从而为大学生的全面发展营造良好条件。

第三，制订层次性工作计划。对于不同层次的大学生，应当制订不同的工作计划，整体上提升大学生社会主义核心价值观学习能力与效果。如针对专业相关、共产党员、先进分子等大学生，应当强调高标准、严要求，不仅要学习社会主义核心价值观的系列内容，而且要求大学生将其内化于心、外化于行。对于其他群体的学生，应当要求坚持理想信念、艰苦奋斗、刻苦学习等，倡导在不同专业中融入社会主义核心价值观，促进社会主义核心价值观像空气一样，真正融入高校各方面工作。

（五）渗透性原则

“立体交互式”大学生社会主义核心价值观教育模式具有渗透性原则，坚持将社会主义核心价值教育融入教育工作、管理工作、后勤工作中，结合高校各项具体事宜进行。

1. 渗透性原则的基本内涵

“立体交互式”大学生社会主义核心价值观教育模式坚持渗透性原则，是指这一教育模式倡导在大学生社会主义核心价值观教育过程中，努力将教育内容

① 《习近平谈治国理政》(第 2 卷)，外文出版社 2017 年 10 月版，第 376 页。

融入大学生学习、生活、工作中，结合各项具体学生工作开展。青年大学生的大部分时间是在校园里度过的，但同时社会、家庭、朋友、同学对于大学生的影响也在一定程度上存在，这种影响是渗透性的，因此，应当特别注重在校园中开展渗透性社会主义核心价值观教育。社会主义核心价值观教育只有渗透到大学生学习、生活、工作的各个方面，才能真正融入大学生群体中，更好地满足大学生群体的需求，对于教育中呈现出来的问题，及时发现、尽快解决，增强大学生社会主义核心价值观教育的实效性，促进大学生的全面发展。

2. 坚持渗透性原则的基本依据

“立体交互式”大学生社会主义核心价值观教育模式坚持渗透性原则有着一定的依据。首先，事物是普遍联系的，普遍联系的事物之间相互影响、相互作用、相互制约，大学生社会主义社会主义核心价值观教育作为大学生培养的一项重要工作，是与大学生教育培养的其他工作相关联的。大学生社会主义核心价值观教育应当积极主动融入其他教育活动中去，与之紧密结合、相互促进，这样才能形成大学生社会主义核心价值观教育的综合作用，切实避免大学生社会主义核心价值观教育“漂浮”。其次，坚持渗透原则，有助于形成大学生社会主义核心价值观教育的合力。大学生社会主义核心价值观教育要渗透到高校社会主义核心价值观教育的各项工作中，渗透到社会、家庭、学生自我教育的各个方面，这就意味着大学生社会主义核心价值观教育的主体要良好互助，联动发挥作用，摒弃“独角戏”的做法，形成大学生社会主义核心价值观教育的合力。再次，坚持渗透性原则是社会发展的必然要求。一方面，随着国内外环境的不断变化，大学生的思想观念等深受影响，呈现出组织观念弱化、服从意识减弱、政治意识弱化等问题，大学生不再满足于被动接受来自学校、社会、家庭、同学的教育，而是主动去探索、发现，要求独立判断与做出决定，这就需要社会主义核心价值观教育不断调整方式方法，将教育内容渗透到各方面的工作中；另一方面，随着网络媒体的不断发展，接受新事物能力很强的大学生群体“沉溺”其中，面对网络内容的传播，传统的教育“鞭长莫及”，因此，渗透性教育的弥散特征等弥补着大学生社会主义核心价值观教育的盲区。

3. 渗透性原则的贯彻落实

“立体交互式”大学生社会主义核心价值观教育模式需要通过以下几个方面贯彻落实渗透性原则。

第一，大学生社会主义核心价值观教育主体应当具备渗透意识，能够在工作中达到自觉将社会主义核心价值观教育渗透到其他工作中，使社会主义核心价值观教育真正围绕大学生，实施全方位的教育。如果社会相关部门、家庭人员、高校工作人员以及学生自身没有渗透意识，或者渗透意识不强，大学生社会主义核心价值观教育就难以融入其他具体工作中开展，大学生社会主义核心价值观教育工作成效难以显现。

第二，大学生社会主义核心价值观教育主体应当齐抓共管，形成合力。大学生社会主义核心价值观教育仅仅依靠高校开展系列教育活动是难以完成的，这就需要社会、家庭、高校、学生个人发挥各自的作用。社会要积极营造大学生社会主义核心价值观教育的氛围，让大学生群体秉持坚持学习、积极践行的态度；家庭应当在实际生活中倡导社会主义核心价值观，学习优秀传统文化，在实际生活中践行社会主义核心价值观，帮助大学生真正将社会主义核心价值观内化于心、外化于行；高校要充分发挥思想政治教育理论课、校园文化建设、学生学习管理等方面的作用，扩大社会主义核心价值观教育的覆盖面，帮助学生从理论上深入认知大学生社会主义核心价值观；大学生群体发挥朋辈教育作用，互相帮助，共同学习，切实从大学生角度开展系列学习、实践活动，促进大学生社会主义核心价值观教育的落地。

第三，“立体交互式”大学生社会主义核心价值观教育模式在坚持渗透性原则时应当注意把握渗透性原则的使用范围。渗透性原则本身具有覆盖面广、潜移默化的功能，但是渗透性原则却无法代替传统教育方式所发挥的作用、适用的工作范围。一旦过于使用渗透性原则，将会导致大学生社会主义核心价值观教育效果下降。此外，应当防止片面认识渗透性原则，避免将渗透性原则等同于“寓教于乐”，避免用低俗化的事例或方式来“娱乐”大学生群体，如果不能正确认识渗透性原则，这一原则就形同虚设，无法达到大学生社会主义核心价值观教育的预期效果。

应当明确的是，“立体交互式”大学生社会主义核心价值观教育模式的原则是一个有机整体，共同作用于大学生社会主义核心价值观教育工作，偏重其一、忽略其一，都难以达到良好效果。因此，在实际工作中，应当注重将方向性原则、民主性原则、求实性原则、层次性原则、渗透性原则统一起来，提升大学生社会主义核心价值观教育水平。

二、“立体交互式”大学生社会主义核心价值观教育模式的方法

“方法”是指关于解决思想、说话、行动等问题的门路、程序等。“立体交互式”大学生社会主义核心价值观教育模式的方法，就是为了实现教育的目标、开

展教育活动、传播教育内容，教育工作者所采用的工作方法。“立体交互式”大学生社会主义核心价值观教育模式的方法，对于实现教育目标、完善教育模式、确保教育效果具有重要意义。在这里，我们主要探讨几种常用的基本方法。

（一）协同教育法

“立体交互式”大学生社会主义核心价值观教育模式的协同教育法，是指坚持社会、高校、家庭、学生等方面相互协作、相互渗透，坚持以生为本，全员参与，综合运用多种具体教育方法，提升大学生学习和践行社会主义核心价值观的效果，真正促进社会主义核心价值观入脑入心。协同教育法并不是各个部分的具体教育方法的简单相加，更不是各种单项教育方式孤立开展，而是倡导各种方法相互联系、相互配合、相互协调，有主次序列，也有轻重缓急。

1. 协同教育法的依据

“立体交互式”大学生社会主义核心价值观教育模式运用协同教育法，既是新时代发展的必然选择，是中国共产党思想政治工作经验，也是高校立德树人根本任务的要求，更是大学生全面发展的需要。

（1）协同教育法是新时代发展的需要

中国特色社会主义进入了新时代，我国发展处于新的历史方位，只有把培育和践行社会主义核心价值观作为一项既有基础性内在性又有目标性规定性的重大任务来认识、来落实，才能增强人们的道路自信、理论自信、制度自信、文化自信，确保中国特色社会主义始终沿着正确方向胜利前进，不断展现出更强大的生命力。[①] 习近平总书记在党的十九大报告中阐述了新时代中国共产党的历史使命，进行伟大斗争、建设伟大工程、推进伟大事业、实现伟大梦想，实现“四个伟大”，就需要深培厚植、广泛践行体现社会主义本质要求、传承中华优秀传统文化、凝结时代精神和广泛共识的社会主义核心价值观，只有这样，才能筑牢理想信念、坚守价值追求、凝合磅礴之力，不断推进中国特色社会主义的发展。在全社会加强社会主义核心价值观教育的大背景下，青年大学生更应加强社会主义核心价值观教育。扩大大学生社会主义核心价值观教育的覆盖面、增强大学生社会主义核心价值观教育的成效，这些都需要各方面的协同教育，只有将各方面教育主体相结合，才能构建全方位的教育机制、制定全面的教育计划。

中国特色社会主义进入新时代，我国在中国特色社会主义建设过程中，取

① 《党的十九大报告辅导读本》，人民出版社 2017 年版，第 322 页。

得了良好成果，但也面临着问题与挑战。世界范围内各种观念不断碰撞，各种文化交流交融交锋不断加剧，西方国家不断推销"普世价值"，意识形态领域无硝烟的斗争仍在继续，这就不利于大学生的全面成长发展。面对外在的障碍与阻力，大学生社会主义核心价值观教育应当构建完整的教育体系，各方面应当相互结合，全方位促进大学生社会主义核心价值观教育的开展。

（2）协同教育法是中国共产党思想政治工作的优良经验

中国共产党在开展思想政治工作的过程中，强调各工作部门相互配合、共同作用。毛泽东强调，"思想政治工作，各部门都要负责任。共产党应该管，青年团应该管，政府主管部门应该管，学校的校长教师更应该管。"①邓小平指出，促进思想政治工作开展，应当不断创新思想政治工作方法，坚持"两手抓、两手都要硬"，切实增强思想政治工作成效。江泽民指出，"要紧密结合社会精神文化生活的新发展，努力探索出一套行之有效的方式、方法、手段、机制，不断提高思想政治工作的感召力和渗透力。"②胡锦涛指出，"把加强和改进大学生思想政治教育工作作为提高党的执政能力、巩固党的执政地位的一项重要工作，摆在更加突出的位置，切实担负起政治责任。要把社会各方面的力量动员起来，把社会各方面的资源整合起来，使他们充分发挥作用、密切配合，积极营造大学生健康成长的良好社会环境。"③

党的十八大以来，以习近平同志为核心的党中央，始终重视高校思想政治工作，强调高校思想政治工作的重要性，特别是对于在大学生群体中落实落细落小社会主义核心价值观做出系列部署。"要切实把社会主义核心价值观贯穿于社会生活方方面面。要通过教育引导、舆论宣传、文化熏陶、实践养成、制度保障等，使社会主义核心价值观内化为人们的精神追求，外化为人们的自觉行动。"④促进青年大学生学习社会主义核心价值观，践行社会主义核心价值观，既需要社会营造氛围，提供支持，也需要家庭做出努力，需要高校教师、行政人员以及青年大学生自身等共同努力。

（3）协同教育法是学生全面成长的需要

马克思主义关于人的全面发展的学说，是我们确定教育方针、教育目的和

① 《毛泽东著作专题摘编》，中央文献出版社2003年版，第1480页。

② 《江泽民文选》（第3卷），人民出版社2006年版，第92-93页。

③ 胡锦涛：《进一步加强和改进大学生思想政治教育工作 大力培养造就社会主义事业建设者和接班人》，载《人民日报》2005年1月19日，第1版。

④ 《习近平谈治国理政》，外文出版社2014年版，第164页。

思想政治教育任务、目标的重要理论依据。[①] 人的全面发展学说，对于指导大学生社会主义核心价值观教育工作的开展，同样具有重要作用。马克思、恩格斯在《德意志意识形态》等著作中，阐述“人的全面发展”学说，使得人们成为“全面发展、能够通晓整个生产系统的人。”[②]中国共产党将马克思主义人的全面发展的学说与中国实际情况相结合，在推进社会生产力不断发展的同时，培养全面发展的人才。

高等教育坚持培养全面发展的大学生，为中国特色社会主义的发展培养合格的建设者和接班人。《国家中长期教育改革和发展规划纲要（2010～2020年）》明确指出要提高人才培养质量，牢固确立人才培养在高校工作中的中心地位，着力培养信念执着、品德优良、知识丰富、本领过硬的高素质专业人才和拔尖创新人才。[③] 习近平总书记在全国高校思想政治工作会议中指出，思想政治工作从根本上说是做人的工作，必须围绕学生、关照学生、服务学生，不断提高学生思想水平、政治觉悟、道德品质、文化素养，让学生成为德才兼备、全面发展的人才。[④] 高校大学生的全面成长发展，离不开各方面教育力量的协同合作。

2. 协同教育法的具体方式

协同教育法的具体方式是多种多样的，按照教育的主体划分，有社会教育、高校教育、家庭教育、自我教育；按照教育的途径划分，有理论灌输教育、社会实践教育等。在这里，我们主要探讨以下几种常用的教育方式。

（1）理论教育法

“立体交互式”大学生社会主义核心价值观教育模式的运用，离不开在大学生社会主义核心价值观教育中坚持理论教育。理论教育主要是指在大学生社会主义核心价值观教育中，教育主体有目的、有计划地向大学生群体进行社会主义核心价值观内容的教育。

理论教育法是大学生社会主义核心价值观教育的基本教育方法，贯穿教育过程的始终。一方面，教育主体通过讲解、讲授基本概念、理论知识，向受教育者进行语言灌输。在讲解讲授过程中，要注意讲解内容的科学性、系统性、全面

① 陈万柏、张耀灿：《思想政治教育学原理》，高等教育出版社 2015 年版，第 36 页。

② 《马克思恩格斯选集》（第 1 卷），人民出版社 2012 年版，第 308 页。

③ 《加强和改进大学生思想政治教育重要文献选编：1978～2014》，知识产权出版社 2015 年，第 405 页。

④ 习近平：《把思想政治工作贯穿教育教学全过程 开创我国高等教育事业发展新局面》，载《人民日报》2016 年 12 月 9 日，第 1 版。

性，讲解的引导性、启发性，避免填鸭式和注入式教育。另一方面，开展社会主义核心价值观教育专题理论学习与研讨。通过集体学习与个人自觉学习，注重理论与实践相结合，解决思想问题与理论问题；通过理论研讨，增加交流，深化学习。此外，随着工业化、信息化的强势推进，我国社会结构分化加速，社会流动愈演愈烈，以信息网络技术为中心的新兴媒体快速崛起。‘碎片化’社会、信息化社会的到来，要求我们的宣传思想工作要积极搭载新兴媒体，积极主动进行网上舆论引导，形成网上正面舆论强势。[①] 运用大众传播媒介特别是新媒体平台，宣传社会主义核心价值观内容，有效扩大宣传教育的覆盖面，增强宣传教育的持续效果。

在使用理论教育法的过程中，教育主体与大学生群体应当注重全面准确理解理论知识，避免断章取义、只言片语等片面性行为；坚持理论联系实际，避免教条主义、一刀切等武断行为，针对不同大学生开展有针对性的教育；坚持创新教育形式，提高大学生群体的学习兴趣，避免形式主义的教育。

(2) 实践育人法

“立体交互式”大学生社会主义核心价值观教育模式坚持实践育人法，是指教育主体组织、引导、教育大学生积极参加各种形式的社会实践活动，不断提升思想认识、实践技能的方法，鼓励大学生在改造主观世界的同时改造客观世界。实践的观点是马克思主义认识论的基本观点，认识来源于实践，实践是检验认识正确与否的唯一标准。大学生的世界观、人生观、价值观的形成与确定，离不开社会实践。社会主义核心价值观教育帮助大学生全面发展，帮助大学生坚持用马克思主义的立场、观点、方法认识问题、分析问题、解决问题，这些都离不开社会实践教育法。

实践育人法具有多种具体的教育方式，对于大学生社会主义核心价值观教育工作来说，主要有以下几种教育形式。首先，参观考察是大学生走出校园、认识社会的重要方法，走进博物馆、走进主题展览会、走进纪念馆等，通过先进的事迹、榜样的力量，感化学生、影响学生。其次，社会实践是大学生运用专业知识，开展劳动生产、服务人民群众的主要方法，帮助大学生体会专业知识的魅力，发现专业学习的不足，同时提升自身服务人民群众的积极性，增强奉献意识和服务意识。

在运用实践育人法的过程中，应当注意坚持真正的实践态度，做到有组织、

① 赵长芬：《转型期党的社会凝聚力研究》，中国社会科学出版社 2017 年版，第 89 页。

有计划、有创新，符合大学生实际需求，避免漫无目的走形式的实践；开展大学生社会主义核心价值观实践育人系列活动的过程中，应当对实践效果进行评估，反思实践开展的内容、形式等，及时发现不足，适时调整实践方案，对于实践经验进行总结归纳，确保实践育人的实际效果。

(3) 环境优化法

大学生社会主义核心价值观教育是在一定的环境里开展的，大学生社会主义核心价值观教育环境是指在对大学生社会主义核心价值观教育工作以及大学生思想认识发展的影响因素的总和。环境的优劣对于大学生社会主义核心价值观教育的影响是客观的，不可忽视的。良好的教育环境有助于大学生社会主义核心价值观工作的开展，提升大学生学习与实践的兴趣，确保教育效果；不良的环境则会阻碍大学生社会主义核心价值观教育工作开展，致使大学生产生消极情绪，削弱教育效果。

大学生社会主义核心价值观教育环境，按照不同的标准可以划分为不同的类型，简单来说，可以划分为宏观环境和微观环境。优化大学生社会主义核心价值观教育环境，即教育主体充分利用环境中的积极有效因素，并将环境中的消极因素转化为积极因素，促使环境向有利于大学生社会主义核心价值观教育的方向发展。优化大学生社会主义核心价值观教育宏观环境，主要是指优化社会环境的过程，如优化政治环境、经济环境、文化环境等；优化大学生社会主义核心价值观教育微观环境，主要是指优化家庭环境、校园环境、生活环境等。

环境优化法有助于大学生社会主义核心价值观工作的开展，有助于“立体交互式”大学生社会主义核心价值观教育模式的创新构建。在运用环境优化法过程中，应当注意环境优化目标的一致性，各方面共同发挥作用，形成推动大学生社会主义核心价值观工作开展的合力。环境优化并非个人主观意愿的结果，而是要有客观的依据，环境的优化与重构是大学生社会主义核心价值观教育工作的外在需要与内在需求的结果，并非是为了改善而改善以及追求表面工作的做法。

3. 协同教育法的主要内容

“立体交互式”大学生社会主义核心价值观教育模式坚持的协同教育法，是开展大学生社会主义核心价值观教育工作不可缺少的方法。在使用这一方法的过程中应当注意几点内容，一是坚持以生为本。协同教育法的任何一种方式的使用与创新，都要紧紧围绕大学生的全面发展，为大学生成长成才服务。二是坚持构建合力。社会教育、高校教育、家庭教育、自我教育等，在大学生社会主义核心价值观教育工作中,相互联系,缺一不可,不断加强各单项教育系统的配合力、结合力、融合力,达到全员育人的效果。三是坚持发展创新。在不同的社会阶段,协同教育的方式不同,当前依托网络平台的不断发展,创新教育主体协同教育的方式,提高大学生参与度,扩大教育覆盖面,增强教育效果。

(二) 自我教育法

自我教育法是受教育者按照思想政治教育的目标和要求,主动提高自身思想认识和道德水平以及自觉改正自己错误思想和行为的方法,简单地说就是人们自己教育自己,自己做自己的相关教育的方法。① "立体交互式"大学生社会主义核心价值观教育模式坚持自我教育法,倡导在开展大学生社会主义核心价值观教育工作中,积极开展个人自我教育和群体自我教育,充分发挥大学生的主观能动性,按照社会发展要求、自身发展需求,主动学习社会主义核心价值观、践行社会主义核心价值观,将自我教育贯穿到社会、学校、家庭教育的全过程。

1. 自我教育法的依据

"立体交互式"大学生社会主义核心价值观教育模式坚持使用自我教育法,既是时代发展的要求,也是大学生个体发展的内在需要。

(1) 时代发展的要求

时代在发展,社会在进步,随着信息化、网络化的发展,大学生社会主义核心价值观教育主体与大学生群体,能够同时接受学习内容,这就将早期闻道在先的教育主体的优势削弱。开展大学生社会主义核心价值观教育过程中,大学生不仅是教育客体,也是自身的教育主体,能够独立学习、自我教育、自我调节、自我提升。因此,大学生应当发挥出自我教育的潜力和主动性,随着时代的发展变化要求自己,提升自己。

(2) 大学生个体发展的内在需要

马克思主义哲学认为,内部矛盾是事物发展的根本原因,外部矛盾是事物发展的重要原因,外因通过内因产生作用。中国特色社会主义进入新时代,社会主要矛盾转化,人们对于美好生活的需求越来越高,特别是对于精神层面的追求。为了满足自身精神层面的追求,大学生群体必然要学习社会主义核心价值观,不断践行社会主义核心价值观,奋力实现理想目标,享受精神层面的获得感。

---

① 郑永廷:《思想政治教育方法论》,高等教育出版社2010年版,第144页。

2. 自我教育法的具体方式

自我教育法的具体方式可以分为自我认识、自我要求、自我践行、自我调节等四个具体方式。

(1) 自我认识

自我认识是自我教育的前提。大学生进行自我剖析,分析自身思想道德结构、行为善恶结构,在自我分析的过程中,不断了解自身品行的优缺点,能够正确地评价自己。这是大学生进行社会主义核心价值观教育的重要前提,是大学生提升自身修养的必要环节。大学生通过自我鉴定、自我小结,发现不足、改正错误,不断克服缺点错误,提升自身综合素养。

(2) 自我要求

自我要求是自我教育的指向。没有自我要求的自我教育,是不完整的教育,是盲目的教育,自我教育的过程就会中断。对于大学生社会主义核心价值观教育来说,其具体要求在于促进学生坚定理想信念,促进大学生的全面发展,鼓励大学生坚持不懈为实现中华民族伟大复兴的中国梦努力奋斗,在大学生实现自我教育的同时,提升高校育人成效。

(3) 自我践行

自我践行是自我教育的关键。如何践行自我要求的具体内容,是自我教育的重要一环,主要通过自我强制、自我监控、自我调节来实现。大学生对于自己的思想、情感以及言行进行约束和管控,坚定信念、坚持目标,面对外界的刺激与变化,能够始终保持冷静、沉着、理智的态度,确保自我教育目标的实现。

(4) 自我评价

自我评价是自我教育的深化。自我评价决定自我教育下一个循环周期的工作方向,包括选择标准、分析自己、改造自己。大学生依据社会、高校标准,在学习与实践过程中,自觉发挥主观能动性,主动进行自我分析、自我肯定、自我批评,不断调整自己的思想与行为,确保自身的思想意识朝着正确的方向发展。

3. 自我教育法的主要内容

“立体交互式”大学生社会主义核心价值观教育模式坚持自我教育法,应当注意两点内容。一是不能将自我教育与他人教育分裂开来,不能认为他人教育是主要的教育途径,而忽视自我教育的开展。自我教育贯穿于大学生社会主义核心价值观教育的始终,是大学生学习与实践的重要方法。二是开展大学生社会主义核心价值观教育,是大学生全面发展的重要工作。社会教育、高校教育、家庭教育等,外在的教育是通过自身教育发挥作用的,从而帮助大学生内化于心、外化于行，改变大学生的思想观点，促进大学生的成长成才。

（三）网络教育法

网络社会的崛起为大学生社会主义核心价值观教育带来巨大变迁，随着互联网技术的创新发展、高校网络的建设，大学生社会主义核心价值观教育经历了发展与创新。互联网技术的不断发展为大学生社会主义核心价值观教育带来新鲜的内容与形式，但同时也带来一定的问题与挑战。“立体交互式”大学生社会主义核心价值观教育模式坚持的网络教育法，是为了提升大学生社会主义核心价值观教育的效果，充分运用网络平台，形成的各种具体方式的总称。

1. 网络教育法的依据

随着互联网的快速发展，乐于接受新鲜事物的大学生极易接受互联网信息。中国互联网络信息中心（CNNIC）发布的第 41 次《中国互联网络发展状况统计报告》中指出，截至 2017 年 12 月，我国网民规模达 7.72 亿，互联网普及率为 55.8%，网民中学生群体规模最大，达到 25.4%。[①] 网络成为大学生社会主义核心价值观教育的重要场所，建设一个积极向上的网络环境至关重要。大学生通过微博、微信、微视频等接收信息，也通过校园网平台了解校园信息，了解内容多为轻松化、娱乐化、文学化，这一方面说明大学生对于网络的依赖程度，另一方面说明高校大学生社会主义核心价值观教育缺乏吸引力，这是通过网络教育法加强大学生社会主义核心价值观教育工作的重要考虑内容。

“立体交互式”大学生社会主义核心价值观教育模式坚持网络教育法，由于它的覆盖面广、时效性强、形式丰富等特点，对于大学生社会主义核心价值观教育具有推进作用。为了促进落细、落小、落实社会主义核心价值观，大学生社会主义核心价值观教育主体应当积极作为、把握机遇，变革与调整大学生社会主义核心价值观教育的传统与常规方法，自觉主动地运用新兴网络载体，在集成优良传统教育方法的基础上，创新教育理念、教育方法、教育机制、教育模式等，促使大学生社会主义核心价值观教育与网络发展同步。

2. 网络教育法的具体方式

大学生社会主义核心价值观教育主体应当充分认识和运用网络信息技术，促进大学生社会主义核心价值观教育提高工作实效性、扩大教育覆盖面、增强育人影响力。网络教育法的具体方式包括以下四个方面。

---

① 中国互联网络信息中心：第 41 次《中国互联网络发展状况统计报告》，http://www.cac.gov.cn/2018-01/31/c_1122347026.htm，2018 年 3 月 5 日。

(1) 优化网络育人环境

大学生社会主义核心价值观教育的环境，是一种现实环境与网络虚拟环境密切联系，共同组成的环境。大学生社会主义核心价值观教育工作需要从网上网下相结合的角度看待网络育人环境，自觉主动深入网络发挥作用。网络作为意识形态斗争的重要阵地，一方面，网络提供着丰富多样的信息，顺应人们日益增长的精神文化需求；另一方面，这些信息良莠复杂、正反交错。[①] 这就需要不断优化网络育人环境，营造风清气正的网络空间。优化网络育人环境，首先要维护网络安全，加强对网络的法制化、规范化治理。近年来，国家相应出台系列法律法规，《中华人民共和国网络安全法》《国家网络空间安全战略》《通信网络安全防护管理办法》等，高校、社会相关部门应当依据国家法律法规，出台相应管理办法，针对低俗信息、错误信息进行处理，提升信息的真实性与可信度。其次，要加强正面宣传，旗帜鲜明地坚持正确政治方向、舆论导向、价值取向，推进网上宣传理念、内容、形式、方法、手段等创新，把握好时度效，构建网上网下同心圆，更好凝聚社会共识。[②] 加强网络正面教育与引导，发挥正面教育的示范与带动作用，促进大学生不断学习与提升。

(2) 构建网络舆论引导队伍

网络舆论引导队伍，对于在新时代能否占领网络意识形态阵地至关重要。作为网络舆论引导的主力军，网络舆论引导队伍在维护网络意识形态安全、构建清朗的网络空间方面具有不可替代的作用。网络舆论引导队伍应当把正面舆论引导和正面宣传放在首位，运用人们易于接受的话语体系，引导人们特别是大学生群体透过现象看本质、抓住主流，有针对性地解疑释惑，增强网络舆论引导的主动性、针对性、实效性，增强吸引力、感染力和影响力。构建网络舆论引导队伍离不开相应机制的建设，建设与完善联动工作机制、社群互动机制与通报考核机制，多维度、多抓手做好网络舆论引导，宣传社会主义核心价值观、弘扬网络正能量、引导社会热点问题认识，构建良好网络舆论生态。其中，需要特别指出的是，要积极构建大学生网络管理队伍，培养网络舆论“领头羊”，选拔政治立场坚定、理论素养高的大学生，通过校园媒体、官方微博、微信平台等，把握正面宣传教育的主权，通过学生引导学生、教育学生，提高大学生对社会主义

① 冯刚：《高校思想政治教育创新发展研究》，中国人民大学出版社 2009 年版，第 158 页。

② 习近平：《敏锐抓住信息化发展历史机遇 自主创新推进网络强国建设》，载《人民日报》2018 年 4 月 22 日，第 1 版。

核心价值观的认识。

（3）创新网络教育方式

“立体交互式”大学生社会主义核心价值观教育模式坚持网络育人法，只有顺应时代发展需求、满足大学生发展需要，运用先进的科学技术、保持先进的教育思想，才能保持“立体交互式”大学生社会主义核心价值观教育模式的吸引力和自身的生命力。一方面，要树立大学生社会主义核心价值观教育的开放式的观念，开展开放式的大学生社会主义核心价值观教育，有针对性地帮助大学生认识问题、解决问题。另一方面，强调大学生的主体性，创建网络学习平台，积极构建互动式的学习方式，这种学习方式不仅提供给大学生积极向上的信息内容，而且促进教育主体与大学生之间的沟通交流，引导大学生独立思考与自我教育。如通过中国大学 MOOC 等在线教育方式，扩大教育覆盖面，提升教育实效。

3. 网络教育法的主要内容

优化网络育人环境需要注重社会、高校、家庭、学生等各方面的积极配合、通力合作。网络环境不是一个教育主体所能解决的，需要各教育主体自觉落实践行相关法律法规，批判错误思想，引导正确舆论，全方位优化网络环境。此外，需要增强忧患意识。网络具有多边性与不可控性，这就需要教育主体具备忧患意识，面临突发网络问题能够及时有效解决，自觉主动占领网络阵地制高点，切实引领大学生学习践行社会主义核心价值观。

三、“立体交互式”大学生社会主义核心价值观教育模式的途径

途径即路径，是指完成预期目的、到达成功的必由通道。要加强大学生社会主义核心价值观教育、构建“立体交互式”大学生社会主义核心价值观教育模式，需要寻找一定的途径。宣传教育途径、理论澄清途径、法治途径三种途径，是我们主要探讨的“立体交互式”大学生社会主义核心价值观教育模式的途径。

（一）宣传教育途径

宣传是指对群众说明讲解，使群众相信并跟着行动。宣传工作是指党和国家向人们解释说明党的路线、方针、政策，引导正确方向，传播正面信息，广泛地、细致入微地开展系列宣传工作，帮助人们形成正确思想与行为的工作方式。教育一词具有两种词性，名词和动词，这里主要是动词的含义，指按照一定的要求有道理地说服人们遵循一定的规范与指示去做。这里的教育主要是指社会主义核心价值观教育，是社会和社会群体运用社会主义核心价值观对社会成员

进行有计划、有组织、有目的的影响，促使人们形成符合中国特色社会主义发展的价值观的社会实践活动。社会主义核心价值观教育工作与宣传工作密不可分，我们将宣传工作与教育工作共称为宣传教育工作。在大学生中，深入开展社会主义核心价值观宣传教育，帮助大学生形成与确立正确的价值观，教育引导大学生坚持用马克思主义的立场、观点、方法认识问题、分析问题、解决问题，形成价值共识。

1. 宣传教育是培育和践行社会主义核心价值观的必然要求

宣传教育是马克思主义经典作家重视的教育途径，也是马克思主义政党的优良经验。马克思恩格斯指出，他们组织共产主义通讯委员会和共产主义者同盟的目的在于“借以讨论学术问题，评论流行的著作，并进行社会主义宣传。”① 列宁认为，“工人本来也不可能有社会民主主义的意识。这种意识只能从外面灌输进去，各国的历史都证明：工人阶级单靠自己本身的力量，只能形成工联主义的意识，即确信必须结成工会，必须同厂主斗争，必须向政府争取颁布对工人是必要的某些法律，如此等等。”②毛泽东强调，“我们要在人民群众中间，广泛地进行宣传教育工作，使人民认识到中国的真实情况和动向，对于自己的力量具备信心。”③中国特色社会主义不断发展，在新的历史时期，习近平总书记重视宣传教育工作，“做好党的新闻舆论工作，事关旗帜和道路，事关贯彻落实党的理论和路线方针政策，事关顺利推进党和国家各项事业，事关全党全国各族人民凝聚力和向心力，事关党和国家前途命运。必须从党的工作全局出发把握党的新闻舆论工作，做到思想上高度重视、工作上精准有力。”④

加强社会主义核心价值观宣传教育，是大学生社会主义核心价值观教育的必然要求。各教育主体凝聚力量，深入开展中国特色社会主义和中国梦宣传教育，增强大学生“四个自信”；将社会主义核心价值观教育纳入大学生学习计划中，纳入高校思想政治理论课授课内容中，纳入社会主义核心价值观宣讲体系中；坚持正面宣传教育为主，发挥各类主体、各种方式的宣传教育功能，形成合力，促进大学生社会主义核心价值观的培育和践行。

2. 坚持中国特色社会主义宣传教育

社会主义核心价值观是社会主义核心价值体系的内核，体现社会主义核心

---

① 《马克思恩格斯全集》（第 47 卷），人民出版社 2004 年版，第 366 页。
② 《列宁选集》（第 1 卷），人民出版社 2012 年版，第 317 页。
③ 《毛泽东选集》（第 4 卷），人民出版社 1991 年版，第 1131 页。
④ 《习近平谈治国理政》（第 2 卷），外文出版社 2017 年版，第 331-332 页。

价值体系的根本性质和基本特征，反映社会主义核心价值体系的丰富内涵和实践要求，是社会主义核心价值体系的高度凝练和集中表达。[①] 社会主义核心价值观的宣传教育，应当立足中国特色社会主义这一背景下，思考宣传什么、如何宣传，教育什么、如何教育。中国特色社会主义宣传教育，首先要坚持党性原则，坚持党对中国特色社会主义宣传教育的领导。在大学生社会主义核心价值观教育过程中，宣传教育的思想和行为应当同党中央保持高度一致，结合党的要求、体现党的意志、反映党的主张；此外，宣传教育应当坚持以生为本，切实为大学生服务，结合大学生发展特点、大学生成长需求，创新发展宣传教育的形式与内容。其次，坚持正面宣传教育为主方针。正面教育是一种强调健康积极向上、主流价值取向的思想政治教育，强调在教育过程中坚持用马克思主义的理论进行必要的灌输，同时做到实事求是，坚持群众路线，自觉运用科学有效的教育引导方法，引导人们思想观念的转化和思想道德水平的提升。[②] 做好正面宣传教育，有利于增强大学生社会主义核心价值观教育的吸引力和感染力。做好正面宣传教育并不是只做正面的、良好的宣传，也要直面丑恶现象、错误思想；既要发挥正面宣传教育的示范、带动作用，也要善于利用反面案例的劝阻与警示作用。最后，构建良好的舆论生态，新闻媒体要发挥传播社会主义核心价值观的主渠道作用，弘扬主旋律，传播正能量，不断巩固壮大积极健康向上的主流思想舆论。[③] 净化网络舆论环境，推进新时代良好网络舆论生态建设，提高网络综合治理能力，不断创新网上宣传理念、内容、形式、方法和手段。

坚持中国特色社会主义宣传教育，是大学生社会主义核心价值观教育的内在需要，有助于大学生坚定理想信念，继承和弘扬中华优秀传统文化，加强社会主义核心价值观的理解与认同。在各个层面、各个领域加强培育和践行社会主义核心价值观，加大宣传教育力度，让每个大学生能够切身感觉到社会主义核心价值观与自己有着密切联系，促进社会主义核心价值观内化于心、外化于行。

3. 强化大学生社会主义核心价值观宣传教育

强化大学生社会主义核心价值观宣传教育，大力传播先进思想，营造文明健康、蓬勃向上的舆论氛围，使社会主义核心价值观在整个社会占据主导地位，

① 中共中央办公厅：《关于培育和践行社会主义核心价值观的意见》，载《人民日报》2013 年 12 月 24 日，第 01 版。

② 张耀灿、郑永廷、吴潜涛，等：《现代思想政治教育学》，人民出版社，2006 年版，第 369 页。

③ 中共中央办公厅：《关于培育和践行社会主义核心价值观的意见》，载《人民日报》2013 年 12 月 24 日第 02 版。

促使社会主义核心价值观在人们思想中扎根。[①] 强化大学生社会主义核心价值观宣传教育，一方面，要坚持马克思主义的指导地位，引导学生坚持用马克思主义的理论、观点、立场，认识问题、分析问题、解决问题，特别是辨别正确思想与错误思想，分析与批判错误思想，从而坚定理想信念，补充好精神上的"钙"。另一方面要坚持贴近生活、贴近大学生、贴近实际，增强教育的亲和力、感染力，并且对于社会中不断出现的新领域、新空间等，应当主动及时地加以重视与利用。此外，强化大学生社会主义核心价值观宣传教育，有助于大学生在新时代中国特色社会主义实践中积极作为。习近平总书记在党的十九大报告中指出，"青年兴则国家兴，青年强则国家强。青年一代有理想、有本领、有担当，国家就有前途，民族就有希望。……广大青年要坚定理想信念，志存高远，脚踏实地，勇做时代的弄潮儿，在实现中国梦的生动实践中放飞青春梦想，在为人民利益的不懈奋斗中书写人生华章。"[②]加强大学生社会主义核心价值观宣传教育，培养有自信、尊道德、讲奉献、重实干、求进取的新时代大学生，以新的风貌和新的姿态，在新的实践创造中成就民族复兴的伟大梦想。

新时代强化大学生社会主义核心价值观宣传教育，必须自觉地以习近平新时代中国特色社会主义思想为指导，要把习近平新时代中国特色社会主义思想作为主心骨、定盘星、度量衡，贯彻到培育和践行社会主义核心价值观全过程、各方面，切实增强大学生的政治认同、思想认同、情感认同。[③] 强化大学生社会主义核心价值观不仅是新时代应当注意的内容，而且是长期需要坚持的一项重要工作，这有助于大学生的全面成长发展，促进大学生社会主义核心价值观教育因时而进、因势而为。

（二）理论澄清途径

"澄清"具有形容词与动词两种词性，这里主要是指弄清楚问题与认识等。在大学生社会主义核心价值观教育过程中，面临各种错误思想挑战，各教育主体应当坚持马克思主义立场，批判澄清错误理论思想，促进大学生认识错误思想的本质，阐明正确的理论观点，提升大学生的价值思维。错误思想是意识形态斗争的一种表现形式，通过偷换概念、"宣传"内容，迷惑大学生。这就需要通

① 陈先达：《坚持马克思主义在意识形态领域指导地位研究》，经济科学出版社 2015 年版，第 277 页。

② 习近平：《决胜全面建成小康社会 夺取新时代中国特色社会主义伟大胜利》，人民出版社 2017 年版，第 70 页。

③ 《党的十九大报告辅导读本》，人民出版社 2017 年版，第 324 页。

过理论宣讲、理论研究、学术论坛等途径，对错误思想进行批判与澄清。

1. 理论澄清是坚持马克思主义指导地位的必然要求

坚持马克思主义指导地位具有历史必然性和现实必要性。马克思主义的理论是科学的理论，是无产阶级的行动指南，科学揭示了人类社会发展规律、创立了人民实现自身解放的思想体系、指引着人民改造世界的行动。中国共产党自成立以来，始终坚持把马克思主义作为自己的指导思想，并创造性地将马克思主义与中国具体实践相结合，促进民族独立、人民解放、社会发展，形成毛泽东思想、邓小平理论、“三个代表”重要思想、科学发展观、习近平新时代中国特色社会主义等理论，丰富与发展马克思主义理论。习近平总书记在纪念马克思诞辰200周年大会上的讲话中指出，“历史和人民选择马克思主义是完全正确的，中国共产党把马克思主义写在自己的旗帜上是完全正确的，坚持马克思主义基本原理同中国具体实际相结合、不断推进马克思主义中国化时代化是完全正确的！”①随着市场经济的发展，中国社会发展不断转型，特别是近年来网络科技的快速发展等，给马克思主义带来一些挑战，如价值观念的多样多变，造成一部分人的理想信念动摇、思想道德滑坡等问题；再如意识形态无硝烟的斗争一直持续等，各种反马克思主义、非马克思主义思想通过各种渠道渗入大众生活，削弱马克思主义的指导地位。面对这些问题与挑战，我们必须要澄清错误理论，宣传正确思想，巩固马克思主义的指导地位。

“坚持以马克思主义为指导，是当代中国哲学社会科学区别于其他哲学社会科学的根本标志，必须旗帜鲜明加以坚持。”②理论澄清是中国特色哲学社会科学的重要工作，哲学社会科学工作者要真学真信真用马克思主义，批判分析错误思潮，拓展马克思主义研究，加强马克思主义宣传，切实推动马克思主义传播。

2. 坚持正确方向，积极主动引导

“高举旗帜、引领导向，围绕中心、服务大局，团结人民、鼓舞士气，成风化人、凝心聚力，澄清谬误、明辨是非，联接中外、沟通世界。”③习近平总书记在党的新闻舆论工作座谈会上的这一讲话内容，同样适用于大学生社会主义核心价值观教育工作。在大学生社会主义核心价值观教育工作中，必须把政治方向摆

---

① 习近平：《在纪念马克思诞辰200周年大会上的讲话》，载《人民日报》2018年5月5日，第2版。

② 习近平：《结合中国特色社会主义伟大实践 加快构建中国特色哲学社会科学》，载《人民日报》2016年5月18日，第1版。

③ 《习近平谈治国理政》（第2卷），外文出版社2017年版，第332页。

在第一位，坚定马克思主义的立场，工作的理念、方式、途径等要始终同党中央保持一致。积极主动引导正确的理论认知，要在工作实践中不断践行落实，在深化马克思主义理论研究的基础上，对于错误言论、思潮等，要敢于发声、勇于亮剑，坚持用马克思主义的立场、方法、观点，认识、分析错误思想、思潮的本质，揭示其错误本源。特别是要注意网络舆论的引导和网络生态的构建，当前，别有用心的一类人，利用网络鼓吹推翻国家政权，煽动宗教极端主义，宣扬民族分裂思想，教唆暴力恐怖活动等等，对此要坚决制止并予以打击。要加强网上正面宣传，旗帜鲜明坚持正确政治方向、舆论导向、价值取向，用新时代中国特色社会主义思想和党的十九大精神团结、凝聚亿万网民，深入开展理想信念教育，深化新时代中国特色社会主义和中国梦宣传教育，积极培育和践行社会主义核心价值观，推进网上宣传理念、内容、形式、方法、手段等创新，把握好时度效，构建网上网下同心圆，更好凝聚社会共识，巩固全党全国人民团结奋斗的共同思想基础。①

在积极主动引导时，一方面，不断澄清错误理论，加强正确理论宣传；另一方面，要提升理论研究能力，提升理论的彻底性与说服性。因此，要不断深入地、全面地用马克思主义指导工作，并与中国最新的实际情况相结合，形成最新科学理论成果，不断完善教材体系、学科体系等，促进大学生全面学习，为宣传提供理论素材，增强宣传成效。

3. 加强理论澄清，凝聚价值共识

我们一般说，价值共识是指不同主体对公共价值达成基本或根本一致的看法、观点、态度。在精神生活中，人们思想活动的自主性、选择性、多变性和多样性不断增强，人们的价值观念发生了十分复杂而深刻的变化，呈现出多样和多变的趋势。② 在我国，社会主义核心价值观是凝聚社会共识的“最大公约数”，加强理论澄清，有利于打牢共同思想基础，有利于汇集科学发展的强大力量，有利于培育安静团结、和谐向上的良好氛围，有利于加强道德建设，最终汇集建设中国特色社会主义的强大精神力量，奋力实现社会主义现代化和中华民族伟大复兴。③ 因此，要坚持马克思主义指导地位，更要坚持马克思主义理论学习，特别是加强马克思主义中国化最新理论成果的学习，帮助大学生树立坚定的理想信

① 习近平：《敏锐抓住信息化发展历史机遇 自主创新推进网络强国建设》，载《人民日报》2018年4月22日，第1版。

② 赵长芬：《转型期党的社会凝聚力研究》，中国社会科学出版社2017年版，第81页。

③ 郭建宁：《核心价值观：社会共识“最大公约数”》，载《人民论坛》2014年第8期下，第24-25页。

念,真正信仰马克思主义,真信真懂真用。加强马克思主义的学习,促进大学生群体掌握马克思主义理论,引导大学生学会运用马克思主义的基本立场、观点和方法,坚定马克思主义理想信念,增强大学生的思想免疫力。

社会主义核心价值观是中国人独特的精神支柱,是当代中国精神的集中体现,凝聚着中国力量的思想道德基础,凝结着全体人民共同的价值追求。大学生落实和践行社会主义核心价值观,有助于大学生群体凝聚价值共识,这也就要求大学生群体,一方面不断学习理论知识,坚定理想信念,形成良好的道德品质;另一方面,要自觉践行社会主义核心价值观,以国家富强、人民幸福为己任,在实践中坚持爱国、励志、求真、力行,以社会主义建设者和接班人的使命担当,为全面建成小康社会、全面建设社会主义现代化强国而努力奋斗。

(三)法治途径

"依法治国,是党领导人民治理国家的基本方略,是发展社会主义市场经济的客观需要,是社会文明进步的重要标志,是国家长治久安的重要保障。"①习近平总书记曾指出,"要发挥政策导向作用,使经济、政治、文化、社会等方方面面政策都有利于社会主义核心价值观的培育。要用法律来推动核心价值观建设。各种社会管理要承担起倡导社会主义核心价值观的责任,注重在日常管理中体现价值导向,使符合核心价值观的行为得到鼓励、违背核心价值观的行为受到制约。"②"立体交互式"大学生社会主义核心价值观教育模式的法治途径,是指将社会主义核心价值观教育与法制相结合,为社会主义核心价值观教育提供合理的法制保障。一方面,积极贯彻执行《社会主义核心价值观融入法治建设立法修法规划》,将社会主义核心价值观融入法律法规的立改废释全过程,确保各项立法导向更加鲜明、要求更加明确、措施更加有力。③ 另一方面,充分运用法律规范,治理错误思想与错误行为,为促进大学生社会主义核心价值观教育更好的开展保驾护航。

1. 大学生社会主义核心价值观工作须强化依法治理

"依法治国是坚持和发展中国特色社会主义的本质要求和重要保障,是实现国家治理体系和治理能力现代化的必然要求。我们要实现经济发展、政治清明、文化昌盛、社会公正、生态良好,必须更好发挥法治引领和规范作用。"④依法

① 《十五大以来重要文献选编》,人民出版社 2003 年版,第 31 页。

② 《习近平谈治国理政》,外文出版社 2014 年版,第 165 页。

③ 《社会主义核心价值观融入法治建设立法修法规划》,载《人民日报》2018 年 5 月 8 日,第 01 版。

④ 《习近平关于全面依法治国论述摘编》,中央文献出版社 2015 年版,第 4-5 页。

治国是落实和践行社会主义核心价值观的重要保障。近年来，大学生社会主义核心价值观工作取得良好成效，但是，世界范围内争夺青年的“战争”从未停止。西方国家不断向我国输入所谓的“普世价值”，特别是向青年大学生宣扬西方价值观念、传播消极腐朽的生活方式等，对于青年大学生造成不良影响。中国特色社会主义进入新时代，需要推动社会主义核心价值观全面融入中国特色社会主义法律体系，为全面建成小康社会、夺取新时代中国特色社会主义伟大胜利、实现中华民族伟大复兴的中国梦、实现人民对美好生活的向往，提供坚实的制度保障。①

坚持依法治国，要坚持把党的领导贯彻落实到依法治国全过程和各个方面，建设社会主义法治体系，坚持将依法治国和以德治国相结合。在大学生社会主义核心价值观教育工作中，注重日常教育管理中的鲜明价值导向，遵守法律、符合社会主义核心价值观的行为应受到倡导和鼓励，违背社会主义核心价值观的行为应当受到惩处和制约。

2. 夯实大学生社会主义核心价值观教育工作的法治基础

通过法律权威增强大学生培育和践行社会主义核心价值观的自觉性。法律有助于规范大学生的思想行为，帮助大学生在遇到困难问题过程中，能够想得到、用得上法律。这就要求加快法治建设，新时代加强法治建设要注重深化依法治国实践，将良法善法贯彻到大学生社会主义核心价值观教育工作的全过程和各个方面，充分展示社会主义核心价值观教育的优越性。要求深入开展法制宣传教育，在大学生群体中，弘扬社会主义法治精神，引导大学生遇事找法、解决问题靠法，逐步改变那种遇事不是找法而是找人的现象。② 只有不断弘扬社会主义法治精神，建设社会主义法治文化，营造法治的良好环境，才能增强大学生的社会主义法治观念。要求在弘扬社会主义核心价值观的过程中，推进宪法法律至上、法律面前人人平等的法治观念深入人心，促进法治成为大学生群体的思维方式和行为模式。要求创新普法工作的方式方法，以大学生群体喜闻乐见的方式途径开展宣传教育，加强新媒体新技术的应用，结合榜样教育、渗透教育等，促进法治理念深入人心，指导实践。

要坚持把全民普法和全民守法作为依法治国的基础性工作，使全体人民成

---

① 《社会主义核心价值观融入法治建设立法修法规划》，载《人民日报》2018 年 5 月 8 日，第 1 版。

② 《习近平关于全面依法治国论述摘编》，中央文献出版社 2015 年版，第 89 页。

为社会主义法治的忠实崇尚者、自觉遵守者、坚定捍卫者。[①] 这也是大学生社会主义核心价值观教育工作的重要内容,通过将社会主义核心价值观教育与依法治国相结合,坚持依法治国与以德治国相结合,既在道德体系中体现法治要求,又发挥道德对法治的滋养作用,两者相互衔接、相互协调、相互促进,真正达到大学生群体自觉讲法、守法的良好教育成效。

3. 实现大学生社会主义核心价值观教育工作与法治建设的良性互动

近年来,我国不断推进社会主义核心价值观融入法治建设过程,先后在2016年印发《关于进一步把社会主义核心价值观融入法治建设的指导意见》、2018年印发《社会主义核心价值观融入法治建设立法修法规划》,不断指导工作实践,提高社会主义核心价值观教育工作的针对性和实效性,不断开创大学生社会主义核心价值观教育的新局面。理论源于实践,经过实践检验,又指导着实践的发展。大学生社会主义核心价值观教育工作不断开展、持续创新,推动着相关教育模式、教育理论的创新完善,为社会主义核心价值观融入法治建设提供实践基础。大学生社会主义核心价值观教育工作推进着大学生的全面发展,在学习与实践的过程中,大学生的德治与法治观念不断增强,为完善相关法律法规提供良好环境氛围。此外,青年大学生作为社会发展的未来力量,也是未来法治队伍的主要力量。全面培养青年大学生,有助于建设一支德才兼备的高素质法治队伍,具有很高的思想政治素质、遵循规律、发扬民主、加强协调、凝聚共识,切实推进中国特色社会主义法治建设。

新时代,中国特色社会主义法治建设尤为重要。在大学生社会主义核心价值观教育工作中,要运用法治途径积极推进大学生的全面发展。在此基础上,我们要加强学习习近平总书记关于全面依法治国的系列重要论述,要系统把握全面依法治国的指导思想、总目标、基本原则和总体要求,积极推进"四个全面"战略布局,奋力实现中华民族伟大复兴的中国梦。

四、"立体交互式"大学生社会主义核心价值观教育模式的载体

《现代汉语词典》对"载体"的定义包括两方面内容:一是,科学技术上指某些能传递能量或运载其他物质的物质。如工业上用来传递热能的介质,为增加催化剂有效表面,使催化剂附着的浮石、硅胶等都是载体。二是,泛指能够承载

① 《习近平谈治国理政》(第2卷),外文出版社2017年版,第135页。

其他事物的事物:语言文字是信息的载体。[①] 不同的学科对于载体的定义不同，在思想政治教育学科中，我们一般认为，思想政治教育的载体，是指在实施思想政治教育的过程中，能够承载和传递思想政治教育的内容或信息，能为思想政治教育主体所运用，促使思想政治教育主客体之间相互作用的一种活动形式和物质实体。[②] 由于大学生社会主义核心价值观教育工作属于大学生思想政治教育工作的一部分，因此，本书对于载体的界定主要从思想政治教育的载体出发进行考量。

“立体交互式”大学生社会主义核心价值观教育模式载体，主要是指在大学生社会主义核心价值观教育过程中，能够承载和传递社会主义核心价值观的内容信息，能够为教育主体所运用，促进教育主体与客体之间相互作用的活动形式和物质实体。载体在社会主义核心价值观教育过程中具有重要作用，一方面，它是社会主义核心价值观教育过程中各要素的联结枢纽，在大学生社会主义核心价值观教育过程中，教育主体、客体、内容、方法等通过载体相互联系、相互作用；另一方面，社会主义核心价值观教育载体不仅能够承载信息，而且能够传递信息，并且引导大学生形成良好的道德品质和行为习惯。“立体交互式”大学生社会主义核心价值观教育模式具有客观性、目的性、承载性、中介性、发展性等特征，了解其含义与特征，有助于把握“立体交互式”大学生社会主义核心价值观教育模式，促进实践发展。

“立体交互式”大学生社会主义核心价值观教育模式的载体是多样的，依据不同的划分标准，可以归纳为不同的类型。本书从载体的承载内容与途径进行划分，主要包括课堂教学载体、管理活动载体、文化活动载体、实践活动载体、网络媒介载体等。

（一）课堂教学载体

课堂教学载体是指教育者在课堂教学中，通过课程、讲座、学习研讨等方式传达党和国家领导人的重要思想理论、重大决策等内容，以达到宣传教育目的的教育形式。课堂教学载体是“立体交互式”大学生社会主义核心价值观教育模式的基本载体，在大学生社会主义核心价值观教育过程中有着十分重要的作用。课堂教学载体是一种显性载体，依据党和国家要求，制定课程教学标准，实施开展教学活动，并进行科学的教学考核，以实现课程教学的基本目的。

① 《现代汉语词典》(第 7 版)，商务印书馆 2016 年版，第 1630 页。

② 张耀灿、郑永廷，吴潜涛，等:《现代思想政治教育学》，人民出版社 2006 年版，第 392 页。

将课程教学作为大学生社会主义核心价值观教育的载体,是由课程教学自身的特征、作用等方面共同决定的。第一,课程教学的广泛性为大学生社会主义核心价值观教育提供实践依据。教学是教师把知识、技能传授给学生的过程,是由教师和学生组成的教和学的人才培养活动,与每一个学生成长具有密切联系。教学在我国具有广泛性,随着大学教育不断拓展完善,教学场所不断增加、教学内容不断丰富、教学方法不断创新等,教育的覆盖面更加广泛,为大学生社会主义核心价值观教育提供实践条件。第二,课堂教学的发展性为大学生社会主义核心价值观教育提供客观条件。课堂教学内容随着社会发展不断丰富,课堂教学方式随着科技发展不断创新,这为增加大学生社会主义核心价值观教育效果提供客观条件。第三,课堂教学坚持以生为本,为大学生社会主义核心价值观教育提供基本遵循。大学生社会主义核心价值观教育的目的在于培育全面发展的大学生,坚持立德树人,推进社会主义核心价值观融入教育教学过程中,贯穿到教育全过程,体现到教材教学中,为大学生社会主义核心价值观教育提供基本遵循。

大学生社会主义核心价值观教育运用课堂教学载体,应当注意以下几点内容。首先,明确课堂教学目标,目标的设立为教学工作的开展指明了方向。大学生社会主义核心价值观教育要以课堂教学为载体,就要按照教学目标进行课堂教学,教学目标的正确与否影响着教学进程与教学效果。其次,规定教学内容,教学内容的规范化是教学工作的核心内容。教学内容影响着大学生思想状况与行为习惯,一方面教学内容应当符合中国特色社会主义发展要求,另一方面,教学内容应当满足大学生的学习需求,积极的、正面的内容的宣传教育有助于大学生的成长发展。再次,创新教学形式,是提升大学生社会主义核心价值观教育效果的重要途径。摸清新时代大学生的群体特点、喜好方式等,有助于传播大学生社会主义核心价值观教育内容,扩大社会主义核心价值观教育覆盖面,增强大学生社会主义核心价值观教育成效。

(二)管理活动载体

管理活动是指通过协调人与人之间的关系,提高人的思想道德素质,规范实践行为,增强人们生活、学习、工作的积极性的实践。管理活动载体是指将社会主义核心价值观内容融入管理活动,通过一定的管理手段,达到增强大学生社会主义核心价值观教育的目的。管理活动载体是大学生社会主义核心价值观教育的基本载体之一,通过既有的管理活动的形式、管理手段等,将社会主义核心价值观教育内容渗透到管理活动中,贴近大学生的实际开展社会主义核心价值观教育工作。

将管理活动作为“立体交互式”大学生社会主义核心价值观教育模式的载体，是由管理活动载体的特征与作用决定的。第一，管理活动载体具有规范性，管理过程中所依托的规章制度、组织条例等，是由书面文字呈现的，以条文形式存在的。这些内容主要涵盖管理过程中应当注重开展的工作内容，告诫人们应当避免的错误想法和行为，具有一定的强制性和规范性。其规定的内容条例一般普遍适用于整个社会，具有一定的广泛性，这就为大学生社会主义核心价值观教育工作的开展提供良好的外在条件。第二，管理载体的运用在于促进人的发展，这与大学生社会主义核心价值观教育的目标一致。管理活动的基本内容虽然是协调社会（组织）内部的人力、物力和环境之间的关系，但其实质是调适人与人之间的关系，调动人的积极性，从而达到一定的目标，因而管理活动必须以人为本。① 大学生社会主义核心价值观教育工作，要不断培育担当民族复兴大任的时代新人，促进大学生有自信、尊道德、讲奉献、重实干、求进取。从这一方面来说，管理活动与大学生社会主义核心价值观教育是相互促进的，管理活动为大学生社会主义核心价值观教育提供支持，大学生社会主义核心价值观教育是管理活动的支撑途径。第三，管理活动载体的发展变化，有助于大学生社会主义核心价值观教育开展，提升大学生社会主义核心价值观教育成效。随着国内国际宏观环境的变化，社会生活各个领域不断变化，传统的大学生社会主义核心价值观教育模式已经不能满足大学生的成长需要，需要管理载体以更加完善的内容和更加新颖的方式，有针对性地促进大学生社会主义核心价值观教育工作的开展，为不同时期大学生社会主义核心价值观教育提供现实条件。

为了能够更好地发挥管理活动载体的作用，在大学生社会主义核心价值观教育过程中运用好管理活动载体，应当注意以下几点内容：一是大学生社会主义核心价值观教育工作人员，需要具备使用管理活动载体的自觉性。大学生社会主义核心价值观教育工作人员首先要了解管理活动载体、熟悉管理活动载体，明晰在何种时间、何种场合，使用何种具体的管理活动，以达到良好效果。但是，这些都要建立在大学生社会主义核心价值观教育工作者对管理载体的充分认识的基础上。二是管理人员要了解社会主义核心价值观教育的内容与要求，提高自身的思想道德素质。管理人员一方面要明确管理活动与大学生社会主义核心价值观教育是密不可分的，另一方面，管理人员要提升自身的思想道

① 陈万柏、张耀灿：《思想政治教育学原理》，高等教育出版社 2007 年版，第 246 页。

德素质,只有这样,管理活动才能与大学生社会主义核心价值观教育紧密结合起来,促进工作水平的提高。三是提升管理的科学性、规范性,为大学生社会主义核心价值观教育工作的开展提供良好的环境保障。科学规范的管理,可以起到理顺关系、化解矛盾、进入有序状态的作用,[①]反之,无序状态等将会阻碍大学生社会主义核心价值观教育工作。

(三)文化活动载体

《现代汉语词典》将文化解释为三方面内容:① 人类在社会历史发展过程中所创造的物质财富和精神财富的总和,特指精神财富,如文学、艺术、教育、科学等。② 指运用文字的能力及一般知识:学习文化。③ 考古学用语,指同一个历史时期的不依分布地点为转移的遗迹、遗物的综合体。同样的工具、用具,同样的制造技术等,是同一种文化的特征,如仰韶文化、龙山文化。[②] 文化作为社会发展的产物,是社会发展的反映,同样作用于社会的发展。文化载体,即以文化为大学生社会主义核心价值观教育的载体,大学生社会主义核心价值观教育工作者充分利用各种既有的文化产品,将社会主义核心价值观内容渗透到文化建设中,加强对高校大学生进行社会主义核心价值观教育,从而促进大学生的成长发展。文化活动载体作为大学生社会主义核心价值观教育的重要载体之一,在大学生社会主义核心价值观教育工作中发挥着重要作用,存在于大学生社会主义核心价值观教育的全过程。

文化活动载体在大学生社会主义核心价值观教育过程中的广泛应用,是基于人们现实生活的需求、文化活动载体的特性等方面因素。第一,习近平总书记在党的十九大报告中指出,中国特色社会主义进入新时代,我国社会主要矛盾已经转化为人民日益增长的美好生活需要和不平衡不充分的发展之间的矛盾。[③] 人们对于美好生活的需要已经不仅仅满足于物质生活的需要,更重要的是精神文化生活的需要。人们生活需求的变化与思想的复杂化,要求大学生社会主义核心价值观教育摒弃传统的教育方式,完善与大学生实际需求相一致的教育方式。文化活动载体的多样性与渗透性等特征,决定了文化能够全面影响大学生的生活方式。广泛开展文化活动、加强文化建设,有助于社会主义核心价值观融入学习、生活、工作中,满足大学生对于精神文化的需求。第二,文化

① 张耀灿、郑永廷、吴潜涛,等:《现代思想政治教育学》,人民出版社 2006 年版,第 410 页。

② 《现代汉语词典》(第 7 版),商务印书馆 2016 年版,第 1371-1372 页。

③ 习近平:《决胜全面建成小康社会　夺取新时代中国特色社会主义伟大胜利》,人民出版社 2017 年版,第 11 页。

活动载体的运用，有利于增强大学生社会主义核心价值观教育的吸引力与渗透力。文化活动渗透性强，一般具有活泼、生动、感染人等特征；文化建设能够将社会主义核心价值观教育内容融入实体的建设内容中，通过各种方式的文化产品与文化建设，对大学生的思想行为产生潜移默化的影响。通过文化活动载体，扩大大学生社会主义核心价值观教育的影响范围，影响更多的高校大学生，更大程度地影响每一位大学生。第三，充分运用文化活动载体，有助于解决大学生社会主义核心价值观教育面临的问题与挑战。随着社会发展变化，大学生的价值观念有着重大变化，如何引导大学生树立正确的价值观，这是大学生社会主义核心价值观教育的重要任务。而坚持文化活动载体，则是完成这一任务的关键一环。文化的核心是一定的价值观，就其心理机制而言，文化可以看作是一定群体所形成的共同的心理程序，即群体成员对一定的社会刺激产生的类似反应。这一机理有助于形成全社会共同的价值观。① 充分运用文化活动载体，将社会主义核心价值观融入文化产品与文化建设中，促进大学生形成与社会发展要求相一致的价值观。

要以培养担当民族复兴大任的时代新人为着眼点，强化教育引导、实践养成、制度保障，把核心价值观融入社会发展各方面，转化为人们的情感认同和行为习惯。要充分发挥核心价值观的引领作用，使之贯穿国民教育全过程，融入精神文明创建各方面，渗透精神文化产品创作生产传播各环节。② 但是，在开展大学生社会主义核心价值观教育过程中，注重运用文化活动载体，需要注意以下几点内容。一是坚持以马克思主义为指导，确保社会主义方向。马克思主义是指导党和人民事业的理论基础，是指引文化建设正确方向的根本指针。坚持以马克思主义为指导，最重要的是坚持马克思主义立场观点方法，运用马克思主义中国化最新成果指导文化建设。自觉运用习近平新时代中国特色社会主义思想指导工作，将马克思主义贯穿到对中华优秀传统文化的传承弘扬中，贯穿到对革命文化和社会主义先进文化的继承发展中，贯穿到对世界优秀文化成果的借鉴吸收中，更好地发展面向现代化、面向世界、面向未来的，民族的科学的大众的社会主义文化。③ 二是把握社会主要矛盾，提高文化建设水平。文化建设应当坚持为人民服务、为社会主义服务的思想，不断建设符合社会发展水

① 陈万柏、张耀灿：《思想政治教育学原理》，高等教育出版社 2007 年版，第 254 页。

② 《党的十九大报告辅导读本》，人民出版社 2017 年版，第 41 页。

③ 《党的十九大报告辅导读本》，人民出版社 2017 年版，第 37 页。

平与人民发展需求的文化，以满足人们对精神文化生活的需求。如果文化建设落后于社会发展，或长期难以满足人们对于精神文化的需求，则会阻碍社会发展。因此，要抓住社会主要矛盾，以人们需求为导向，建设与社会发展相符合的文化。三是丰富文化建设内容，增强文化建设的实效。文化建设内容是否丰富、形式是否新颖，影响着文化建设的成效，大学生社会主义核心价值观教育一方面可以通过各种校园文化、社区文化、家庭文化等，加强文化建设，影响大学生价值观念的形成与发展；另一方面，以大学生喜闻乐见的方式开展文化活动，营造良好的环境氛围，增强大学生社会主义核心价值观教育的效果。

（四）实践活动载体

大学生社会主义核心价值观教育工作者，为了能够达到一定的教育目的，有意识地组织开展系列实践活动，将社会主义核心价值观寓于实践活动中，使大学生在教育过程中接受教育，帮助大学生树立正确的价值观。实践活动载体具有多种活动形式，如：社会调查活动、参观访谈活动、文化娱乐活动等，随着社会不断发展，实践活动的形式丰富多彩。实践活动载体是大学生社会主义核心价值观教育的重要载体之一，深受大学生群体的喜爱。这既是由实践活动载体本身的特征决定的，也是大学生社会主义核心价值观教育的内在要求决定的。这就要求大学生社会主义核心价值观教育工作者，运用实践活动载体进行广泛的教育活动，这不仅将社会主义核心价值观渗透到实践活动中，促进实践活动的开展，而且有助于通过实践活动检验大学生社会主义核心价值观教育成效。

将实践活动作为大学生社会主义核心价值观教育的载体，是由理论基础、历史传统与现实需求等方面共同决定的。第一，马克思主义实践观要求大学生社会主义核心价值观教育运用丰富多样的实践活动载体。"全部社会生活在本质上是实践的。"[①]马克思主义实践观指出，认识来源于实践，实践是检验认识正确与否的唯一标准。大学生获取知识有两种途径，一种是知识学习，通过教师课堂讲授和阅读书本知识等方式学习；另外一种是实践学习，大学生通过实践检验学习内容正确与否，并且将学习内容外化为行为。大学生学习社会主义核心价值观，内化于心、外化于行，促进着理论与实践的结合，帮助大学生在正确理论的指导下，参加实践活动，提升自身能力，促进社会发展。第二，充分运用实践活动载体是中国共产党思想政治工作的优秀历史传统。中国共产党成立以来，在思想政治工作中一直坚持运用实践活动载体。不论在革命时期、社会

① 《马克思恩格斯选集》(第 1 卷)，人民出版社 2012 年版，第 135 页。

主义建设时期、改革开放时期以及新时代，中国共产党注重通过实践活动开展思想政治教育，取得良好成效。如坚持学习英雄人物先进事迹的活动、开展社会志愿服务活动和举办系列文体活动等，这些活动具有较强的实践目的，蕴含着丰富的教育内容。大学生社会主义核心价值观教育是思想政治工作的一部分，这一优良传统同样适用于大学生社会主义核心价值观教育。第三，实践活动载体促进大学生在社会主义核心价值观教育过程中客体主体化。随着教育事业的不断发展，我们越来越重视教育过程中学生的主体地位。倡导坚持“以生为本”，注重学生的主体性，这正是实践活动载体的优势。在实践活动中，社会主义核心价值观教育工作者倡导大学生主体性的发挥，鼓励大学生积极主动参与，调动和发挥大学生的主体能动性。在此基础上，大学生能够主动开展自我教育，大学生通过实践活动不仅能发现自身的不足，明确下一阶段的学习目标，而且还能够通过团队共同实践与合作，促进个体相互间的学习与成长，从而提升大学生的学习效果。

当前，为了更好地运用实践活动载体，增强大学生社会主义核心价值观教育的工作成效，在运用实践活动载体的过程中，需要特别注意以下几点：一是设立明确的实践活动目标。任何一项工作的开展都是有目标的，大学生社会主义核心价值观教育活动载体的运用，也应当设立明确的目标，这样每一项具体实践活动的开展，都具有一定的目标性与可操作性。二是有效组织实践活动。大学生社会主义核心价值观教育工作者应组织、指导实践活动的开展，一方面，重视活动的开展，指定固定的工作者进行实践活动指导，专人策划与开展系列活动；另一方面，加大活动投入力度，增加人力、物力、经费等方面的投入，确保活动的有效开展。在此基础之上，切实开展实践活动，讲求实效，避免响应要求的形式主义和一阵风式的做法，确保实践活动的效果。三是注重实践活动形式与内容的与时俱进。一成不变的实践活动方式是不可取的，随着社会的发展、科技的进步，大学生社会主义核心价值观教育的实践活动应当与时俱进，立足于大学生的群体特点与实际需求，创新活动形式、丰富活动内涵，积极发挥大学生群体的积极性与创造性，激发参与活动的热情与活力，充分发挥实践活动载体在大学生社会主义核心价值观教育工作中的作用。

（五）网络媒介载体

网络媒介载体是指“立体交互式”大学生社会主义核心价值观教育模式通过互联网，向大学生传播社会主义核心价值观，帮助大学生形成与社会发展相一致的价值观念。网络媒介载体作为大众传播载体的新兴力量，在大学生社会主义核心价值观教育过程中发挥重要作用。与传统传媒载体相比，网络媒介载体具有自身无可比拟的优越性。相比较报纸、杂志等印刷类载体，网络媒介载体提供更为丰富的信息，这就为大学生社会主义核心价值观教育提供丰富的信息资源；相比较广播载体与电视载体而言，网络媒介载体具有传播更新速度快的特点，大学生通过网络，可以第一时间了解到世界范围内发生的事件，传播的便捷性有助于大学生社会主义核心价值观教育工作的开展。此外，网络载体的兼容性、平等性、交互性等特征，为大学生社会主义核心价值观教育工作的开展提供了有利条件。

网络媒介载体能够成为"立体交互式"大学生社会主义核心价值观教育模式的基本载体之一，这是由网络媒介载体的特殊有效性、大学生社会主义核心价值观教育的内在需求决定的。第一，网络媒介载体有助于扩大大学生社会主义核心价值观教育覆盖面。我国现在拥有 7.72 亿网民，而且网民的数量还在持续增加，越来越多的人特别是大学生群体主要依靠网络获取信息。通过网络开展大学生社会主义核心价值观教育，促使大学生通过网络获取社会信息的同时，接受社会主义核心价值观教育，在潜移默化中接受与践行社会主义核心价值观内容。此外，当前网络媒介载体具体可细化为多种形式的新媒体载体形式，如在校大学生群体更倾向于通过手机新闻客户端、微信公众号等途径了解信息。党政机关部门、高校相关部门等，紧抓新媒体发展机遇，通过官方微信、微博、手机客户端等途径，不断将大学生社会主义核心价值观教育内容融入其中，扩大教育覆盖面。第二，网络媒介载体有助于增强大学生社会主义核心价值观教育的时效性。网络媒介载体与大学生的成长发展密切相关，能够迅速地反映大学生的学习、生活、学生工作状况。大学生社会主义核心价值观教育工作者应当关注大学生群体在网络媒介载体中的动态，了解学生发展需求，把握学生成长困惑，有针对性地解决学生面临的困难。此外，对于网络影响较大的事件，大学生社会主义核心价值观教育工作者需要加以分析，引导大学生群体正确看待事件，正确发表言论，营造良好网络舆论氛围。第三，网络媒介载体有助于实现大学生社会主义核心价值观教育的实效性。网络媒介载体不断创新与发展，更具有时代特色。以网络为载体，能够促进大学生社会主义核心价值观教育运用先进的网络技术，传播社会主义核心价值观教育内容，加快大学生社会主义核心价值观教育步伐。因为网络媒介载体的应用和发展，大学生社会主义核心价值观教育工作进一步信息化、网络化，这也带动着大学生社会主义核心价值观教育方式的创新、教育机制的完善，从而增强大学生社会主义核心价值观教育的实效性。

网络媒介载体对于大学生社会主义核心价值观教育尤为重要，这也就要求我们在运用网络媒介载体的过程中，要注重传播内容的科学性、传播方式的引导性。首先，网络媒介载体所反映和传播的内容对大学生的影响是复杂的，既有着积极的一面，又有着消极的一面，不同的信息对大学生社会主义核心价值观教育工作可能存在着干扰等问题。因此，要加强对于大学生社会主义核心价值观教育工作的宏观指导。其次，要加强网络舆论引导。“在思想舆论领域，存在着红色、灰色、黑色地带，我们要坚守、巩固、壮大红色地带，团结、争取、有效转化灰色地带，批判、反击、隔离并最终转变黑色地带。”①对于错误的思想，要批判分析；对于正确的思想舆论，应当大力宣传，确保大学生正确认知、正确判断，从而树立正确的价值观，积极学习与践行社会主义核心价值观。

① 《习近平关于社会主义文化建设论述摘编》，中央文献出版社 2017 年版，第 94 页。

第四章 "立体交互式"大学生社会主义核心价值观教育模式的实践探索

——基于沂蒙精神育人的"立体交互式"大学生社会主义核心价值观教育模式的探索

沂蒙精神是在马克思主义的指导下，在中国共产党领导沂蒙人民闹革命、求解放的伟大斗争中，党和人民水乳交融、生死与共共同铸就的伟大革命精神。作为中华民族精神的重要组成部分和中国精神的突出体现，沂蒙精神当中蕴含着丰富的价值观教育资源，是新时代建设社会主义核心价值体系、培育社会主义核心价值观的理论宝库和生动教材。沂蒙红色文化和沂蒙精神产生发展的历史，是中国共产党依靠群众和教育引导群众前进的历史。① 因此，新时代在大学生中培育社会主义核心价值观，必须加强沂蒙精神教育，将沂蒙精神融入大学生社会主义核心价值观教育的全过程。

从理论上研究并探索沂蒙精神融入大学生社会主义核心价值观教育的原则、方法、路径、载体等关键问题，这不仅有利于推动大学生积极认同并践行社会主义核心价值观，帮助大学生形成正确的世界观、人生观和价值观，而且有助于提高大学生社会主义核心价值观教育的实效性。近年来，临沂市大力弘扬沂蒙精神，依托沂蒙红色文化推进社会主义核心价值观教育教学创新，推动了大学生对社会主义核心价值观的认同与践行，促进了大学生的全面发展，构筑起大学生社会主义核心价值观教育的长效机制。

① 孙海英：《沂蒙早期党组织对实践马克思主义群众观的探索及启示》，载《学海》2017 年第 6 期，第 13 页。

一、沂蒙精神融入大学生社会主义核心价值观教育的动因

（一）沂蒙精神的主要内涵

作为中国共产党革命史上创建的重要革命根据地，沂蒙山革命根据地见证了中国新民主主义革命从发生到发展再到取得伟大胜利的全过程。在长期的革命斗争中，中国共产党与沂蒙人民不仅结成了水乳交融、生死与共的革命情谊，而且共同铸就了“爱党爱军、开拓奋进、艰苦创业、无私奉献”的沂蒙精神。2013年习近平总书记视察临沂时，曾就沂蒙精神做出重要指示，习总书记指出“沂蒙精神与延安精神、井冈山精神、西柏坡精神一样，是党和国家的宝贵精神财富，要不断结合新的时代条件发扬光大”①。

1. 爱党爱军

爱党爱军是沂蒙精神的灵魂，集中体现了沂蒙人民坚定的政治立场、明确的政治方向以及崇高的政治信仰。

近代以来，倍受剥削和压迫的沂蒙人民是苦难深重的中华民族的缩影。为了摆脱剥削和压迫，追求独立自由的美好生活，具有光荣革命传统的沂蒙人民进行了艰苦卓绝的革命斗争。在长期的革命实践中，在中国共产党的教育和引导下，沂蒙人民逐渐认识到西方的器物、制度、思想文化以及它们在中国的代表阶级都不能救中国，只有马克思主义指导下的中国共产党及其领导的人民军队能够带领人民取得革命的胜利，迎来解放的曙光。

在这种认识的基础上，沂蒙人民形成了坚定的“爱党爱军”的政治信念，并将这种信念和爱转化为实际行动。新民主主义革命时期沂蒙人民“爱党爱军”突出体现在积极拥军支前，不遗余力支持党和国家的革命事业。“革命战争年代，沂蒙人民用乳汁救伤员，熬鸡汤救战士，母送子、妻送郎上战场，参军打仗，支援前线，不怕艰难困苦，不怕流血牺牲，全区460万人口中有20多万参军参战，超过120万人参加支前。”②这些数据最真实地反映了沂蒙人民所具有的崇高的共产主义信仰以及对党和人民军队的无比热爱。“生死与共，鱼水相依，更

---

① 《习近平在山东考察时强调：认真贯彻党的十八届三中全会精神，汇聚起全面深化改革的强大正能量》，载《人民日报》2013年11月29日，第1版。

② 徐东升：《基于沂蒙精神育人的社会主义核心价值观教育研究》，山东人民出版社2015年版，第117页。

重要的是党离不开群众，群众是党执政的力量之源和根基所在。”①

社会主义建设时期沂蒙人民“爱党爱军”突出体现在坚持和拥护党的领导，坚决贯彻执行党的路线、方针、政策，自觉与党中央保持高度一致。社会主义建设时期，作为为中国革命做出巨大贡献和巨大牺牲的革命老区，沂蒙人民没有居功自傲，没有等、靠、要，而是顾全大局，积极响应国家号召投身社会主义现代化建设，努力改变着沂蒙山区贫穷落后的局面。不仅如此，沂蒙人民还继续发扬着拥军支前的革命传统，拥军优属，为支持部队建设捐款捐物。多年来，无论岁月如何推移，时代怎样变迁，爱党爱军已经成为一代又一代沂蒙人民的思想引领和价值追求，体现着沂蒙人民的政治本色。

2. 开拓奋进

开拓奋进集中体现了沂蒙人民自强不息、积极进取的强烈思想意识和不甘落后、奋勇争先的良好精神风貌，它是沂蒙精神的主题和重要内涵。“‘钟灵毓秀之地，文韬武略之乡’的沂蒙地区，儒家文化所倡导的仁爱、义利、孝道、宽厚等价值理念，在沂蒙人民文化性格中一脉相承，大气正义、爱国尚德、舍生取义、甘于奉献的价值取向一直是世代相传的文化传统。”②

新民主主义革命时期，开拓奋进主要体现在沂蒙人民在追求民主和自由的过程中积极接受新思想、新观念，为突破旧的思想桎梏，打碎旧的国家机器赴汤蹈火，前赴后继的彻底的革命精神。沂蒙地区是中国共产党早期活动的重要地区之一。自 1920 年起，以王尽美、邓恩铭为代表的党的早期活动家就开始在家乡宣传马克思主义，宣传革命真理，“传播新思想，培养了第一批马克思主义思想的盗火者”，③在马克思主义的指导下，在党的领导下，沂蒙人民逐渐从封建思想的桎梏中解放出来，投入到革命的洪流之中。他们先后发动了日照暴动、苍山暴动、费县起义、沂水起义等革命运动，沉重打击了帝国主义和封建主义的嚣张气焰。

抗日战争和解放战争时期，由于特殊的战略位置，沂蒙山区成为党和人民军队夺取全国胜利的重要战略基地，成为整个山东省的政治、文化和军事中心。

① 孙海英：《沂蒙早期党组织对实践马克思主义群众观的探索及启示》，载《学海》2017 年第 6 期，第 13 页。

② 孙海英：《沂蒙早期党组织对实践马克思主义群众观的探索及启示》，载《学海》2017 年第 6 期，第 14 页。

③ 孙海英：《沂蒙早期党组织对实践马克思主义群众观的探索及启示》，载《学海》2017 年第 6 期，第 14 页。

在革命斗争的反复锻炼和马克思列宁主义、毛泽东思想的进一步熏陶下，沂蒙人民的革命意识进一步增强，革命热情进一步高涨。母送子、妻送郎上战场的事迹屡见不鲜，有的甚至一家人都成了烈士。新民主主义革命时期，沂蒙人民面对剥削和压迫时表现出的不畏强暴、不怕牺牲、彻底革命的大无畏精神正是沂蒙人民开拓奋进的真实写照。

社会主义建设时期开拓奋进主要表现在沂蒙人民不甘落后，积极进取，追赶超越谋发展。沂蒙人民开拓奋进的精神，可以从临沂多年来所取得的跨越式发展成就中得到很好的证明。临沂“1995 年率先在全国革命老区中实现整体脱贫后，2004 年再一次率先在全国老区中实现经济总量过千亿、人均过万的新跨越。”①如今，临沂早已摆脱了贫穷落后的面貌，借助密集的公路交通网络和发达的物流产业，临沂已经成为鲁苏皖地区最大的商品集散地，聚集了来自全国各地的人流、物流和资金流，建成了与义乌齐名的全国著名的商品批发城，是名副其实的物流之都。

3. 艰苦创业

艰苦创业是沂蒙精神的突出品格，表现的是无论条件怎样艰苦，环境如何恶劣，沂蒙人民始终保持坚韧不拔和艰苦奋斗的优良作风。

沂蒙地处山区，境内河流密布、山峦交错，自然环境严重制约了经济发展和人民生产生活。在与大自然长期争斗的过程中，沂蒙人民继承了勤劳勇敢、自强不息的中华民族精神，在革命战争年代，在党和人民军队的熏陶下，在革命烈火的淬炼下，沂蒙人民逐渐养成了自力更生、艰苦创业的精神品质。

在新民主主义革命时期，基于社会现实和革命发展的需要，中国共产党所开辟的革命根据地主要都是在一些经济发展落后、交通不便的偏远地区。沂蒙革命根据地也是如此。在党和人民军队进驻沂蒙山之前，当地老百姓的生活就十分贫困，而在数十万人民军队进驻沂蒙山以后，当地的粮食、布匹等战略物资更是极度匮乏。在这样的情况下，沂蒙人民没有任何怨言，而是选择了在党的领导下艰苦奋斗，想尽办法扩大生产，全力支前。有的时候，他们经常会自己吃糠咽菜，把细菜、细粮留给战士们。

社会主义建设时期，沂蒙人民继续发扬吃苦耐劳、艰苦奋斗的精神，与贫穷作斗争。临沂厉家寨地处三山五岭两河之间，土壤稀薄，以石头为主。农作物

① 苑朋欣：《沂蒙精神与社会主义核心价值体系建设》，载《井冈山大学学报》（社会科学版）2010 年第 3 期，第 15 页。

产量低,人们难以生存。面对这样的残酷现实,村民们没有退缩,反倒迎难而上,在村党支部的带领下以坚韧不拔的意志和大无畏的革命精神苦干实干,凿平了岭头,凿通了山岭,修筑了塘坝,有效控制了水土流失,实现农业连年增产增收,作为当时全国艰苦创业的典型,厉家寨受到毛主席的亲自批示和表扬。除了厉家寨,改革开放后,临沂还不断涌现出如九间棚、刘加坤等先进事迹和先进人物,这些事迹和人物都是沂蒙人民发扬革命精神,艰苦创业的真实写照。

4. 无私奉献

无私奉献反映的是沂蒙人民在面对民族大义和个人得失、集体利益与个人利益的艰难抉择时所表现出的牺牲小我、成全大我、顾全大局、勇于奉献的集体主义精神。

无私奉献是沂蒙精神的核心。新民主主义革命时期,沂蒙人民的无私奉献主要表现在为了支持革命,甘愿牺牲一切。沂蒙"红嫂"用乳汁救伤员,沂蒙六姐妹舍生忘死救护八路军,沂蒙母亲为了养育革命后代,眼睁睁地看着自己的孩子早早夭折。这些平凡人物的伟大壮举至今还广为流传。沂蒙人民"最后一口粮做军粮,最后一块布做军装,最后一个儿子送战场"的革命宣言至今依旧让人内心震撼。

中国化人民共和国成立初期,全国掀起了兴修水利的热潮,沂蒙人民舍小家,顾大家,以饱满的热情投入到导沭整沂的工程中去。当时,不论是国家还是地方政府的经济状况都极端困难,工程期间沂蒙人民自行修建了千万座水库和塘坝,"当地政府的投资只占 18.5%。而人民群众的投资占 81.5%。所用木材、水泥、炸药等,70%是依靠基层和人民群众解决的。"①

沂蒙人民无私奉献的事迹不胜枚举,贯穿于中国革命、建设、改革的全过程,始终坚持以国家和集体利益为重,以竭力奉献为乐,显示出了崇高的精神境界和价值追求。

(二)沂蒙精神的主要特征

沂蒙精神作为中华民族精神和中国共产党革命精神的重要代表和组成部分,表现出了自身突出的特征:浓厚的地域性,突出的实践性,鲜明的人民性。

1. 浓厚的地域性

沂蒙精神的地域性首先体现为产生沂蒙精神的地理环境。沂蒙精神是在沂蒙这片热土上孕育、产生和发展起来的,当地独特的地理环境,对沂蒙精神的

---

① 丁凤云、黄宏:《沂蒙精神》,人民出版社 2008 年版,第 223 页。

形成产生了较大影响。沂蒙地区东临黄海，背靠泰山，在八百里沂蒙大地上，山峦起伏，7000多座山头群峰竞秀，400多条河流逶迤蜿蜒、川流不息。境内沂、蒙两座山是沂蒙地区的代表。其中，蒙山被誉为岱宗之亚，《孟子·尽心上》中讲“孔子登东山而小鲁，登泰山而小天下。”其中的东山说的就是蒙山。与蒙山相邻的沂山是历代军事要地，战国时期，齐国曾在此依山筑城。沂蒙地区72崮是世界罕见的地质奇观，其中最著名的是孟良崮，闻名中外的孟良崮战役发生在此地。由于境内群山环绕，水域众多，历史上沂蒙地区也曾属于“四塞之崮，舟车不同，内货不出，外货不入”的地方。独特的自然环境与生活的长期磨炼使沂蒙人民养成了善良淳朴、勤劳勇敢、向往光明、自强不息的性格。

沂蒙精神的地域性还体现在文化根源的地域性。如果说独特地理环境磨炼了沂蒙人的意志，涵养了沂蒙人的性格，成为沂蒙精神的自然地理基础。那么特有的文化底蕴则构成了沂蒙精神的人文根源。在中华文明早期，沂蒙山区曾是东夷人的主要聚居地之一。在长期的历史发展中，沂蒙人民创造了自己的特色文化——东夷文化，随后，从西周时期至春秋战国，东夷文化受到齐鲁文化的影响，逐渐与齐文化、鲁文化交汇融合，“使以吃苦耐劳、变革图强为特征的沂蒙文化兼具了齐文化的兼容并蓄、开放进取，鲁文化的敦厚重礼、精诚忠良特征。”[①]魏晋南北朝时期，沂蒙地方的琅琊文化又融合吸收了南方地区的文化。近代以来，沂蒙革命文化大放异彩。在漫长的历史发展中，各种文化的交汇与融合，使得沂蒙形成了包容开放、善于创新的文化基因，构成了孕育沂蒙精神的人文根源。

2. 突出的实践性

沂蒙精神在本质上是实践的，这主要体现在沂蒙精神产生于实践，并在实践中发展。沂蒙精神作为一种先进的社会意识，它不是从天上掉下来的，也不是从哪一个人的头脑中空想出来的。沂蒙精神形成于中国共产党领导沂蒙人民进行革命的伟大实践，沂蒙人民自古就养成了正直、朴实、勤劳、善良的优秀品质和敢于反抗、勇于斗争的革命传统，这当然是形成沂蒙精神的重要条件。但是，如果仅仅只有这样的品质和传统，并不能够凝聚出伟大的沂蒙精神，产生巨大的精神力量。“沂蒙精神的酿就，一个重要的、必不可少的、起决定作用的

① 徐东升:《基于沂蒙精神育人的社会主义核心价值观教育研究》，山东人民出版社2015年版，第129页。

契机，就是革命斗争实践。”[①]沂蒙精神在新民主主义革命的伟大实践中产生，又在社会主义革命和实践中获得新的发展。在社会主义革命和建设过程中，沂蒙人民继续发扬沂蒙精神，续写了革命时期创造的辉煌。社会主义革命时期，王家坊前新建农业合作社的经验、高家柳沟青年团支部的创造性工作、科学种田的新探索；社会主义建设和改革开放新时期王廷江、金锣集团、华盛江泉集团等一批批先进人物和事迹，不断为沂蒙精神注入新的血液、使沂蒙精神始终焕发着新的时代光辉。

沂蒙精神的实践性还体现在它作为精神指引反过来指导沂蒙人民的革命和建设实践。实践证明，沂蒙人民正是在党的领导下，坚持开拓奋进、艰苦创业、无私奉献的沂蒙精神才完成了整治淮河的浩大工程、实现了老区率先整体脱贫，创造了一个又一个快速发展的奇迹。今天，我们来研究、传承和弘扬沂蒙精神也正是为了让它在新时代进一步发挥指导社会主义现代化建设的作用。

3. 鲜明的人民性

沂蒙精神之所以具有鲜明的人民性，是因为它来源于人民群众，是由人民群众创造的。习近平总书记曾经强调山东是革命老区，有着光荣传统，军民水乳交融、生死与共铸就的沂蒙精神，对我们今天抓党的建设仍然有十分重要的作用。习总书记的指示点明了沂蒙精神的创造主体是沂蒙人民和党领导的人民军队。从党的角度看，党之所以始终与人民群众保持血肉联系，一方面是因为党本身来源于人民群众，党是由人民群众中的先进分子组成的。另一方面，马克思主义认为，人民群众是历史的创造者，是实践的主体。人民群众的地位和作用决定了任何政党和组织都必须密切联系人民群众、依靠人民群众、以人民群众为中心。从人民群众的角度看，人民群众之所以在战火纷飞的年代选择了中国共产党，并成为党的坚定支持者和拥护者，无怨无悔地跟党走，是因为他们在长期的生活和革命实践中，清楚地认识到只有中国共产党才是人民利益的忠实代表和忠诚卫士，中国共产党除了代表最广大人民的根本利益，自身没有任何特殊利益。沂蒙精神的形成是党和人民双向选择的结果，即党选择了沂蒙人民，沂蒙人民也选择了党。无论是谁选择谁，都体现出以人民为中心，体现出沂蒙精神鲜明的人民性。

（三）沂蒙精神与社会主义核心价值观的内在契合性

沂蒙精神与社会主义核心价值观的内在契合性，决定了将沂蒙精神融入大

---

① 梁自洁、李祥栋、张联瑜：《沂蒙精神研究》，山东人民出版社1994年版，第140页。

学生社会主义核心价值观教育的可行性。从文化根源上看，沂蒙精神与社会主义核心价值观共同植根于中华优秀传统文化；从指导思想上看，马克思主义指导思想又是二者共同的思想基础。

1. 文化根源维度

沂蒙精神与社会主义核心价值观在文化上同源。中国是世界上最古老的国家之一，中华民族在长达五千多年的历史发展中创造了博大精深、源远流长的民族文化。每个时代的优秀文化经过岁月的打磨和历史的沉淀，逐渐汇聚成中华民族特有的民族传统和割舍不断的精神血脉。在这条割舍不断的精神血脉里，我们可以清楚地看到社会主义核心价值观与沂蒙精神共同的“根”。

第一，“好仁重礼”的人文精神。“仁”和“礼”既是儒家思想的核心概念，也代表着中国传统的伦理价值观。孔子所讲的“仁”具有十分丰富的内涵。其中“仁”的最基本含义就是“爱人”。在《论语・颜渊》中，“樊迟问仁，子曰‘爱人’”。在孔子看来要达到“仁”首先要学会爱人，那么怎样做才算是爱人呢？《论语・卫灵公》中指出“己所不欲，勿施于人”。《论语・雍也》中说“仁者，己欲立而立人，己欲达而达人”。在孔子看来要做到爱人，第一是要尊重他人的意愿和想法，自己不愿做的事情，不能强加给他人。第二是推己及人，自己要立足，也要让别人立足，自己要通达，也要让别人变得通达。“仁”的第二层内涵是“克己复礼”。孔子在《论语・颜渊》中提出“克己复礼为仁。一日克己复礼，天下归仁焉”，进一步阐明了个体达到“仁”的条件：除了“爱人”还要“克己”，即主体要自觉约束自己，克制自己的邪欲，进而在全社会“复礼”，通过外在的礼法制度使个体达到“仁”。

如果说“仁”代表了中国传统价值体系的思想内涵，那么，礼则构成了中国传统价值体系的行为规范。孔子在《论语・颜渊》中讲“非礼勿视，非礼勿听，非礼勿言，非礼勿动”；在《论语・尧曰》中强调“不知礼，无以立也”；在《论语・子路》中指出“上好礼，则民莫敢不敬”。上面的论述体现了“礼”作为一种道德行为规范，约束着人们的道德行为和政治生活。“仁”和“礼”的统一构成了中国传统社会价值体系的基础。无论是社会主义核心价值观中所倡导的“爱国”，还是沂蒙精神里的“爱党爱军”，都是对“好仁重礼”的人文精神的继承。

第二，心系天下的爱国精神。爱国主义最早可以追溯到春秋战国时期，此后为历代所继承和发扬。从越王勾践“卧薪尝胆”到屈原“生为楚国人，死为楚国鬼”；从班固“爱国如饥渴”到韩愈“赤心事上，忧国如家”；从范仲淹“先天下之忧而忧，后天下之乐而乐”到岳飞“精忠报国”；从陆游“位卑未敢忘忧国”到文天祥"人生自古谁无死,留取丹心照汗青";从顾炎武"天下兴亡,匹夫有责"到林则徐"苟利国家生死以,岂因祸福避趋之"。从古到今,历朝历代的仁人志士饱含爱国热情,在国家和民族危亡之际抛头颅、洒热血,谱写了许多壮丽的爱国诗篇。这种经历数千年演变形成的爱国主义传统,已经深深地融进我们的民族意识和民族血脉,滋养和哺育了一代又一代的中华儿女。作为中华民族精神核心内容的爱国主义,也是社会主义核心价值观和沂蒙精神的核心内容。

第三,自强勤劳的开拓精神。中华民族自古就以自强和勤劳著称。《周易》中讲"天行健,君子以自强不息。"概括了先秦以来中华文化的基本精神。中国古代的许多神话故事,如"精卫填海""夸父逐日""后羿射日""女娲补天"等也都反映了古代先民们百折不挠,努力地改造自然、战胜自然、征服自然的先进事迹,突出体现了中华民族所具有的自强不息,艰苦奋斗的精神传统。勤劳勇敢、自强不息既是社会主义核心价值观对新时代每个公民的基本要求,也是沂蒙精神中"开拓奋进""艰苦创业"精神的生动写照。

2. 思想基础维度

沂蒙精神与社会主义核心价值观具有指导思想上的一致性。二者都是以马克思主义为指导,体现了马克思主义的崇高理想和坚定信念。可以说,没有马克思主义指导思想就没有社会主义核心价值观,没有沂蒙精神。

社会主义核心价值观是对社会主义核心价值体系的高度凝练和概括总结。在社会主义核心价值体系中,马克思主义指导思想是灵魂,是占主导地位、起决定性作用的因素。因而,马克思主义指导思想也是社会主义核心价值观的灵魂,脱离了马克思主义指导思想,社会主义核心价值观就没有了社会主义的魂,就成了其他的什么主义。社会主义核心价值观必须坚持马克思主义指导,这首先是由马克思主义在党和国家指导思想中的地位和作用决定的。马克思主义始终是中国共产党的立党之本,是新中国的立国之本。正是在马克思主义的指导下,我们才建立了中国共产党,创立了新中国,走上了中国特色社会主义的康庄大道。

社会主义核心价值观必须坚持马克思主义指导,也是由社会主义核心价值观体系内部各个构成要素之间的逻辑关系决定的。只有在马克思主义的指导下,才能深刻认识历史发展的客观规律,把握社会进步的必然趋势,牢固树立中国特色社会主义共同理想;只有在马克思主义的指导下,用科学的世界观和方法论观察和审视中国的历史与现实,融合中华优秀传统文化的精髓,才能凝练出中华民族精神和时代精神;只有在马克思主义的指导下,深刻理解马克思主义伦理观，才能正确认识、真正认同社会主义荣辱观，打牢当代中国的道德基础。

社会主义核心价值观必须坚持马克思主义指导，还是由当前中国社会所处的国内、国际环境决定的。从国际来看，冷战虽然早已结束，但是在国际范围内，意识形态领域的碰撞、冲突甚至对抗依旧存在，西方国家对我们进行和平演变的阴谋从未停止。从国内来看，社会主义市场经济的快速发展，对人们的思想也产生了极大影响，思想的独立性、差异性、多样性、选择性不断增强。面对这样的复杂环境，必须坚持马克思主义指导，只有这样才能防止出现思想混乱、社会动荡和危及国家安全的情况。

沂蒙精神的形成与发展离不开马克思主义的指导。早在20世纪20年代初，党在山东的组织和领导者王尽美就在家乡沂蒙山宣传革命真理，对人民群众进行马克思主义启蒙教育。马克思主义与沂蒙人民固有的优秀思想道德和朴素阶级感情的逐渐融合，使得沂蒙人民在思想觉悟方面有了质的飞跃，激发了沂蒙人民为求得翻身解放、民族独立而勇于战斗、无私奉献的强大精神力量。革命战争年代，沂蒙人民爱党爱军、无私奉献，执着地追随中国共产党，无私地支援革命事业，用独轮车推动了革命胜利。社会主义建设和改革新时期，沂蒙人民继续发扬革命时期形成的优秀传统和优良作风，在马克思列宁主义、毛泽东思想和中国特色社会主义理论体系的指导下，高举中国特色社会主义伟大旗帜，积极投身社会主义现代化建设事业，不断解放思想、深化改革、扩大开放，用马克思主义的立场、观点和方法研究新问题、分析新矛盾、总结新方法。回顾历史，观察现实，我们可以发现，沂蒙精神的形成发展，沂蒙地区现代化建设的蓬勃发展，固然离不开沂蒙人民的努力和付出，但这都是在马克思主义的指导下，在中国共产党的领导下取得的。

（四）沂蒙精神融入大学生社会主义核心价值观教育的意义

前文中提到，社会主义核心价值观与沂蒙精神在文化上同源，在指导思想上一致。二者的高度契合性决定了沂蒙精神融入大学生社会主义核心价值观教育的可能性。与此同时，沂蒙精神融入大学生社会主义核心价值观教育不仅有利于促进大学生的自身发展，也有利于推动大学生社会主义核心价值观教育活动的发展。沂蒙精神融入大学生社会主义核心价值观教育的重要意义，决定了其必要性。

沂蒙精神融入大学生社会主义核心价值观教育对大学生的发展有重要意义：

1. 沂蒙精神融入大学生社会主义核心价值观教育,有利于大学生形成正确的"三观"、确立崇高的理想信念

思想是行为的先导,正确的"三观"和崇高的理想信念是大学生成长成才的力量源泉和精神支柱。如果"三观"不正、缺乏信念,大学生就会失去前进的动力,在奋斗的过程中迷失自我。沂蒙精神作为党在领导沂蒙人民革命、建设过程中积累起来的宝贵精神财富,具有丰富的价值观和理想信念的因素。中国共产党能从弱小一步步走向强大,能在各种艰苦的条件下屡次克服困难,不断赢得胜利,靠的就是对人民群众的充分信任、为人民利益而奋斗的崇高理想以及对共产主义的坚定信念。而沂蒙人民之所以义无反顾地忠诚于党,毫无保留地拥军支前,也正是因为他们坚信只有中国共产党才能救中国,只有社会主义才能发展中国。沂蒙精神中蕴含的正确价值观导向和共产主义理想信念为大学生形成正确的人生观、世界观和价值观,树立崇高的理想信念提供了强有力的价值引领。

2. 沂蒙精神融入大学生社会主义核心价值观教育有利于培养大学生吃苦耐劳、艰苦奋斗的精神

当前,绝大部分"90后""00后"的高校大学生都是沐浴着改革开放的春风成长起来的,大多数人没有吃过苦、受过罪。作为新时代的新青年,当代大学生肩负全面建成小康社会和中华民族伟大复兴的历史使命,不仅需要远大的理想和坚定的信念,更需要继承和发扬吃苦耐劳和艰苦奋斗的精神。艰苦奋斗是沂蒙精神的重要内容。不论是在革命战争年代还是在和平建设年代,沂蒙人民都是艰苦创业、努力奋斗的杰出代表,用沂蒙人民艰苦创业过程中涌现出的先进人物、先进事迹教育当代大学生,对于大学生继承和发扬吃苦耐劳、艰苦奋斗精神,树立正确的消费观和幸福观有重要的引导作用。

3. 沂蒙精神融入大学生社会主义核心价值观教育对大学生社会主义核心价值观教育活动本身有重要的推动作用

沂蒙精神融入大学生社会主义核心价值观教育可以丰富大学生社会主义核心价值观教育的资源,提高大学生社会主义核心价值观教育的实效性。当前,高校以思想政治理论课教材为主要载体,以理论灌输为主要方法对大学生进行社会主义核心价值观教育。理论灌输相比于其他方法,可以使学生在短时间内接受大量系统性的理论知识,具有短平快的特点。但是,从人类思维发展的一般规律看,人类思维的发展是由感性到理性,从具体到抽象的过程;而社会主义核心价值观经过集中概括和高度凝练,具有很强的抽象性。如果我们在大

学生社会主义核心价值观教育过程中，只是向他们灌输和解读社会主义核心价值观的构成要素和理论内涵，就提出实践要求，他们是很难认同的，更谈不上践行，因为他们感受不到社会主义核心价值观的价值和温度，感受到的只是冰冷的文字和抽象的理论，大学生核心价值观教育的实效性就会大打折扣。因此，要提高大学生社会主义核心价值观教育的实效性，使社会主义核心价值观内化为大学生的精神信仰，外化为他们的实际行动，就必须使价值观教育过程符合人类思维发展的一般规律和大学生的成长规律。

沂蒙精神不仅具有丰富的理论内涵，其背后还蕴藏着丰富的物质文化资源，如华东革命烈士陵园、孟良崮战役遗址等革命遗迹，《沂蒙山小调》《跟着共产党走》等革命歌曲，电影《沂蒙六姐妹》，电视剧《沂蒙》等。如果我们将这些具体的、实实在在的物质文化资源融入大学生社会主义核心价值观教育，就会在很大程度上提高大学生社会主义核心价值观教育的实效性。比如带领大学生参观革命遗迹，用浓厚的革命氛围感染大学生，引导大学生聆听革命歌曲、观看革命影视剧，用生动的革命故事、典型的英雄形象感动大学生。这种让学生亲自体验、亲身感受的教育方式，不仅可以让大学生在身临其境的基础上产生强烈的情感共鸣，在不知不觉中提升自己的思想境界，还可以极大地调动大学生的学习积极性，实现从被动学习到主动参与学习的转变，最终达到感化大学生的目的，使大学生在感性认知、理性认同的基础上积极践行社会主义核心价值观。

二、沂蒙精神融入大学生社会主义核心价值观教育的原则

原则即为看待问题、处理问题的标尺，是人们在实践活动过程中必须遵循的基本准则。进行大学生社会主义核心价值观教育，除了要明确任务和内容外，还必须遵循一定的准则。如果缺乏原则性，思想上再重视，方法上再先进，都可能无法引导大学生树立正确的价值观。因此，发挥沂蒙精神促进大学生核心价值观教育的作用，必须坚持正确的原则。

（一）方向原则

1. 方向原则的内涵

方向原则的定义是指沂蒙精神融入大学生社会主义核心价值观应始终坚持正确的政治方向不动摇。这一原则彰显沂蒙精神育人的本质，是促进大学生价值观培育的根本准则。当前，方向性原则主要体现为要坚定不移地坚持社会主义和共产主义方向。党的根本目标是实现共产主义，近期目标是决胜全面建

成小康社会，实现中华民族伟大复兴，党的初心和使命是为中国人民谋幸福，为中华民族谋复兴。党的目标和宗旨是发挥沂蒙精神育人作用的基石。发挥沂蒙精神的育人作用，既要坚持以人民为中心，进行共产主义理想信念教育，又要从我国新时代的定位和大学生的思想实际出发进行教育，把对教育对象的教育和指导与实现中华民族伟大复兴结合起来。

2. 如何坚持方向原则

坚持方向原则，是把沂蒙精神融入大学生社会主义核心价值观教育的基本准则之一。首先，只有坚持这一原则，才能保持社会主义的本质特色。社会主义的教育与其他任何阶级社会的教育有着最本质的区别，那就是它的共产主义方向。只有坚持这一方向，才能保证沂蒙精神融入大学生社会主义核心价值观教育的社会主义特色；其次，坚持方向原则，才能统一人们的思维与实践，充分发挥导向作用。正确的政治方向是协调各方力量，发挥同向作用的重要保证。因此，将沂蒙精神融入大学生价值观教育，要遵循正确的政治方向；最后，坚持方向原则是实现沂蒙精神融入大学生社会主义核心价值观教育作用的最根本要求。要使沂蒙精神融入大学生社会主义核心价值观教育，必须坚持以教育为目的的深度贯彻方向原则。

在沂蒙精神融入大学生社会主义核心价值观教育中坚持社会主义方向，首先要始终坚持以马克思主义为指导。只有坚持以马克思主义为指导，才能做到坚持阶级性与科学性的统一，能够在建设有中国特色的社会主义的过程中，坚定正确方向，减少盲目性，朝着共产主义方向前进。其次，方向原则应贯穿沂蒙精神融入大学生社会主义核心价值观教育的全程。不仅要将这一原则贯穿某一具体过程中，而且要将其贯穿在一切实践活动，要使受教育者领悟到，只有坚持产主义方向，才能有效地将沂蒙精神与核心价值观相融合，并自觉地在实际工作中运用这个原则。同时，要让大学生意识到，坚持正确的政治方向，有助于正确认识到各种错误思潮的根源，避免在人生道路上走错方向。最后，贯彻方向原则须讲究科学性。要贯彻方向原则，就要将其灵活运用于沂蒙精神融入大学生社会主义核心价值观教育实践的全过程。找到方向性原则与实行具体目标之间的契合点，发挥方向原则统领具体目标的作用，让正确的方向成为沂蒙精神融入大学生社会主义核心价值观教育的灵魂。临沂市坚持以社会主义核心价值观教育为主题，以沂蒙红色文化为宝贵资源，研究红色精神，建立红色基地。以开设红色课程、打造红色典型为载体，在学校人才培养中实施沂蒙精神育人工程，引导当代大学生坚定理念信念，增强爱国意识，提高思想道德素养、专业理论水平和社会实践能力，成为具有沂蒙精神特质的社会主义事业合格建设者和可靠接班人。

（二）层次原则

1. 层次原则的内涵及价值

层次原则是指在将沂蒙精神融入价值观教育的过程中，坚持从实际出发，根据教育对象的不同思想情况，分层次对待并进行教育的原则。层次原则是在总结历史经验教训、发展社会主义市场经济的过程中形成和确立起来的一条重要原则。

正确地区分层次是一个人道德品质形成与发展的要求。人的思想品德的形成发展，最终取决于每个人的社会关系，如所处的经济、政治地位，受教育的程度等。同时，个体的生理、心理因素的差异也影响着后天接受外界作用的效果。因此，现实世界中的人总是共性和个性的统一。受教育者的个性，不仅体现为横向上的思维正确与错误；同时也表现为纵向上的少年、青年、中年、老年成熟程度的高低层次。特别是在改革开放、市场经济的影响下，价值取向、生活方式更加具有多元化性。所有这些都表明了受教育者存在着复杂的层次性。因此，要在新时代条件下将沂蒙精神融入价值观教育，尊重个体的思维形成和发展的规律，因材施教是必不可少的。

区分层次原则是克服以往价值观教育中存在的“一刀切”现象的迫切要求。我们知道，传统的计划经济体制和“以阶级斗争为纲”错误理论的长期发展，使以往的大学生价值观教育往往使用“一刀切”“一锅煮”的方法，目标简单，脱离现实，急于求成，因此在育人方面没有发挥其应有的效果。实际上，教育对象不仅具有层次性的特征，而且总体看来，先进分子总是少数，如果把对先进分子的要求作为对大多数人的教育目标，就会脱离实际基础，脱离大多数人的实际情况，最终会欲速则不达。要克服上述缺点，必须区分层次、把先进性与广泛性的要求结合起来，有针对地对大学生进行教育，使不同层次，不同起点的人都能取得进步。

坚持层次原则，有利于创造杰出的人才。建设中国特色社会主义是一场伟大的事业，为了实现中国特色社会主义，需要大量各种类型的创新型和开拓型人才。这样的人才也应是“合格而有特色”、鲜明而有个性特征的人才。唯有区分层次，才能在沂蒙精神融入大学生社会主义核心价值观教育中针对不同学生采取不同的教育方式，使受教育者一方面达到教育的基本目标，另一方面个性和才能也能够得到充分发展。这样才能使各种创造性人才脱颖而出，满足我国对人才多方面的需求。

2. 如何坚持层次原则

贯彻层次原则，应注意以下几点：第一，要深入群众，深入实际，注重调查研究，准确把握群众的思想特征。受教育者的层次是客观存在的，是随着形势和实践不断发展变化的。要区分层次因材施教，首先要准确了解、掌握大学生群体的思想动态和变化特点，将其置于特定的历史条件下进行科学分析，在此基础上才能有目的地开展教育工作。第二，要总体规划，对不同层次的人确定不同的教育目标。在调查探索、区分层次的基础上，针对不同层次的个体实际确立合理的目标，目的是使沂蒙精神在融入大学生社会主义核心价值观过程中做到循序渐进，逐步提高。对大学生群体的共产党员和其他先进分子，应坚持高标准、严要求的原则，尤其是应该要求共产党员拥有无私奉献、脚踏实地，为共产主义事业奋斗终生的思想态度。对大学生群体中的大多数人，则要用爱祖国、爱人民、爱劳动、爱科学、爱社会主义的基本公德来要求他们，并且还要经常在大学生群体中宣扬共产主义思想和道德。第三，营造合适的条件和氛围，满足不同学生的个性发展需要。区分层次，分别对待，其真正目的是为了培养各类创造型人才，更好地为社会主义现代化建设事业服务。因此，要创造生动活泼、民主和谐的社会环境，使其不仅满足大学生中主要群体发展的要求，又能满足大学生中的先进分子发展个性、爱好、才能的需要。过去曾长期存在的“求大同、灭小异”的做法，严格意义上来说是一种脱离人的客观和个性发展要求的做法，不是真正的统一，真正的统一是求大同、存小异的统一。大学生的个性和才能越能得到充分发展，越有利于各种创造型人才的成长和涌现，也有助于现实统一性的真正实现。临沂大学在人才培养方案中明确规定：把沂蒙精神教育贯穿大学生人才培养的始终。其中本科一年级通过开设理论课程和组织校园文化活动引导学生认知沂蒙精神；本科二年级通过下基地，引导学生感悟沂蒙精神；本科三年级通过下农村引领学生实践沂蒙精神；本科四年级通过专业实习引领学生传承沂蒙精神。在具体实践中，临沂大学按照“一三三一”的思路，统筹课堂理论教学、校园文化活动与大学生社会实践三个环节，以课堂教学为核心，以校园文化活动、社会实践加大对理论教学的支持力度，实现沂蒙精神教育的全面渗透。

（三）渗透原则

1. 渗透原则的内涵与价值

渗透原则，是指沂蒙精神融入大学生社会主义核心价值观的教育要渗透到各项工作当中，包括经济、业务以及管理等，并结合以上各项具体工作的特点展开。当今大学生的思想问题大多数来自于日常的工作和生活，沂蒙精神只有融入价值观教育且渗透到各项具体工作后，才能及时发现育人过程中的问题，从而可以运用沂蒙精神去解决各种问题，增强沂蒙精神在育人方面的实际效果，促进各项工作正常有序地进行。

坚持渗透原则具有重要的意义。首先，只有坚持渗透原则，才能形成教育的合力。沂蒙精神融入价值观教育需要结合各项具体工作去做，渗透到各个环节，这就意味着沂蒙精神融入价值观教育不再是教育者的“独角戏”，而是成为各项业务工作人员一起参与的工作，这样可以形成沂蒙精神融入价值观教育的综合作用力。其次，坚持渗透原则，能发挥沂蒙精神融入大学生社会主义核心价值观教育的效能。沂蒙精神融入大学生社会主义核心价值观教育并非无根，离开了经济与业务工作，就会失去依托，就会导致教育无的放矢；因为各项具体工作就是该教育观念的用武之地。想要能够及时了解教育对象的思想实际情况，有目的地做好工作，摆脱沂蒙精神融入大学生社会主义核心价值观教育与经济业务工作的“两张皮”状态，教育者只有结合各项具体工作去开展活动，才能最终避免假大空现象。综上，只有将沂蒙精神融入大学生社会主义核心价值观教育并与各项业务工作紧密地联系在一起，才能最大化地发挥它的效能。

2. 如何坚持渗透原则

在沂蒙精神融入大学生社会主义核心价值观教育中如何坚持渗透原则呢？首先，教育者必须结合各项具体工作强化沂蒙精神融入大学生社会主义核心价值观教育的渗透意识。若渗透意识不强甚至于没有渗透意识，那么该项教育就很难渗透到各项业务工作中去，想要克服“两张皮”的现象更是难上加难。其次，要齐抓共管使各方面的教育力量形成合力。沂蒙精神融入大学生社会主义核心价值观教育的任务必须依靠广泛的社会力量，仅靠少数专职教师是无法完成的。所以要求我们按照这项要求，发挥主观能动性，充分调动各部门工作人员的积极性，使他们在沂蒙精神融入大学生社会主义核心价值观教育过程中发挥一定的作用。要动员各种力量，开展全方位的沂蒙精神融入大学生社会主义核心价值观教育，形成合理有序的社会化网络体系。最后，要把沂蒙精神融入大学生社会主义核心价值观教育渗透到经济、业务等工作的各方面。要做到哪里有经济工作、管理工作等，哪里就有沂蒙精神融入大学生社会主义核心价值观教育，坚持“两个任务”一起抓的教育方针，使沂蒙精神融入大学生社会主义核心价值观教育落到实处。临沂大学充分发挥沂蒙精神强大的震撼力、感染力与穿透力，全面推进沂蒙精神“进大学生头脑”。一是通过校园广播进行教育，包括播放有关红色歌曲、讲述有关故事、研讨有关话题等，让学生在耳濡目染中接受沂蒙精神所带来的潜移默化的影响。二是成立沂蒙精神宣讲团，主要以社会人士、老师、学生为成员。宣讲团在不同时间、不同地点“灌输”沂蒙精神及时代价值。三是充分利用红色影视作品资源，比如《沂蒙六姐妹》。每年组织多次红色影视赏析活动，使其对学生产生影响。四是组建一批沂蒙精神品牌社团，通过社团活动凝聚并影响广大学生。五是拍摄并宣传红色电视理论片，编辑一系列沂蒙精神丛书，用沂蒙精神武装大学生。

（四）激励原则

1. 激励原则的内涵

激励原则是指在沂蒙精神融入价值观教育过程中，教育主体运用激励措施，对教育对象施加影响，以引起其思想情感以及行为的变化，使其产生社会所期望的行为反应，从而实现沂蒙精神融入价值观教育的目标。

激励，从狭义上说，是指鼓励；从广义上说，则是指运用各种有效手段激发人们的动机、调动人们的主动性，促使其行为朝着社会所期望的目标迈进。激励大致可以分为两大类，第一为奖励，即对人们良好行为和成果给予积极肯定，这种肯定可促使人们保持乃至增强该行为，从而有利于加快自身发展、完善自身，更好地为社会服务；第二为惩罚，即对人们不正确的行为进行纠正，引导人们朝着社会所倡导的目标迈进。综上，确立激励原则，运用激励手段对人们的行为及其动机进行调节，对沂蒙精神育人具有重要意义。

激励原则是社会主义市场经济条件下沂蒙精神融入大学生社会主义核心价值观教育的重要原则。首先，激励原则符合人的行为活动和价值观教育规律。行为是由人们的思想动机产生的。动机的形成需要有两个条件，一是内在需要，二是能满足需要的外部刺激。激励原则正是通过奖励和惩罚两种基本方式来满足激励对象的心理需要，让受教育者把社会目标与个人目标结合起来，沿着社会所要求的方向发展。其次，激励原则也适应了社会发展的客观需要。在社会主义市场经济条件下，越来越多的大学生在思想上正慢慢向现实的利益端点移动。如果沂蒙精神融入大学生社会主义核心价值观教育只进行空洞的说教，效果甚微。因此运用好教育激励机制，从大学生的内在需要出发，运用物质与精神激励等手段，奖惩制度相结合，鼓励大学生为组织与个人的共同利益与目标去奋斗。

2. 激励原则的实施

物质是基础，如果没有一定的物质保障，沂蒙精神融入大学生核心价值观教育就成了一句空话。奠定沂蒙精神融入价值观教育，必须加大物质投入，改善工作条件。为此，临沂大学开展相应工作。首先，为开展沂蒙精神融入价值观教育配备了必要的场所、设备和设施。在校内文化设施建设方面，建设红色馆、博物馆、红色文献收藏中心、音乐厅、大剧院等，开通了校内沂蒙精神育人电视频道和数字广播，在学报、校报开辟沂蒙精神育人专栏，创作了一批红色雕塑、沂蒙精神长廊等校园文化景点。其次，为沂蒙精神融入价值观教育提供了政策扶持和资金投入。学校把沂蒙精神教育所需要的经费开支列入年度预算，保障必要的经费支持；同时专门设立专项奖励基金，用以奖励沂蒙精神教育中涌现出的先进集体、个人和事迹。学校还提供专项经费，保证大型的宣传教育活动和社会实践活动的开展，为教师参加相关的各种研讨会、交流会和专题培训会提供支持，推进沂蒙精神教育理论研究与实践调研。最后，协同地方政府和企事业单位，共建共享社会实践基地、爱国主义教育基地、培训基地与素质拓展基地。学校共建立社会实践基地 279 个，爱国主义教育基地 38 个，其中依托临沂市"一个中心、八个组团"沂蒙精神育人基地和山东省党性教育基地建设的临沂大学社会主义核心价值观教育教学实践基地，不仅用于本校师生的沂蒙精神教育，而且已经成为教育部命名的"全国高校思想政治理论课校外实践基地"，在全国高校大学生社会主义价值观教育中都发挥着重要作用。

三、沂蒙精神融入大学生社会主义核心价值观教育的方法

方法是方式、手段、形式、工具等要素的总和，是为实施某项活动所必需的中介。新时代条件下，将沂蒙精神融入大学生社会主义核心价值观教育，引导大学生树立社会主义核心价值观，既要继续运用一些传统方法，同时也要结合新情况实现方法上的创新。

（一）说理引导法

说理引导法即通过阐述某些思想理论去说服人、教育人的方法。具体来说，运用马克思主义对受教育者进行正面说服教育，从提高思想觉悟入手，以理服人，引导其不断提高自己的认识，促进个体发展。沂蒙精神融入价值观教育的根本任务是要解决大学生的思想问题，而解决这个问题根本上要靠摆事实、讲道理，引导学生分清是非，理解事物缘由。说理引导法是一种基本的方法。首先，沂蒙精神融入大学生价值观教育所要解决的是大学生的思想认识问题，

思想认识问题，从性质上说属于人民内部矛盾。人民内部矛盾问题的处理，只能靠说服和说理引导，不能用行政命令去解决。“企图用行政命令的方法，用强制的方法解决思想问题，是非问题，不但没有效力，而且是有害的。”[①]其次，说理引导法是以灌输理论为依据，用科学理论武装人。列宁认为，社会主义意识不会自发地产生，只能通过灌输，才能为人民群众所接受和掌握。说理引导法的方式有各种各样，包括讲解、讨论辩论、阅读书籍报刊等形式。运用说理引导法，应遵循以下基本要求：第一，要以理服人。教育者所传播的思想理论必须符合客观事实的真理，能够撇开纷繁复杂的现象，抓住事物的根本，透彻地分析事物，这是说理成功的前提。第二，要讲究针对性，教育者根据大学生的思想情况和不同层次，对症下药，因地制宜地进行说理引导。第三，要尊重学生。教育者要以平等的态度与教育对象进行交流。采取居高临下的态度，再正确的道理也难以打动受教育者。第四，要讲究说理的艺术。教育者要运用生动、具体的语言进行说理，使教育对象受到感染，深入浅出地将深奥的道理讲得浅显易懂，富有感染力和说服力。临沂大学教师针对不同年级的学生开设相关课程，在课程中，教育者针对受教育者存在的问题，进行耐心细致的说理引导，使沂蒙精神外化于学生的行动中去。

（二）实践锻炼法

实践锻炼法是指教育者组织大学生参加各种社会实践活动，使其在改造客观世界的过程中改造主观世界，不断提高思想觉悟和认识水平。实践锻炼法对培养大学生的思想品德具有特殊意义，它的理论依据是马克思主义实践论，也是沂蒙精神融入价值观教育坚持求实原则的重要体现。首先，实践可以促进大学生树立正确的世界观、人生观和价值观，沿着正确方向成长。大学生的思想认识从根本上来说是源于实践，他们从教育者那里获得的知识，也只有通过其亲身实践，才能够内化为正确思想认识。其次，实践锻炼法有利于增强大学生的认识能力。实践锻炼是大学生把学习的理论与实践相结合的过程，能够增强受教育者认识世界和改造世界的能力，了解是非、善恶、美丑的标准，促进思想觉悟的提高，养成良好的行为习惯。大学生的情感、意志和信念只有在实践过程中才能得到强化，行为习惯也需要长期反复的实践才能形成。最后，实践锻炼法能把大学生的理性认识转化为处理问题的方法，促进自身社会化，增强适应能力。实践锻炼法形式多样，包括组织大学生进行社会调查、参观访问等，促

---

① 《毛泽东文集》(第7卷)，人民出版社1999年版，第209页。

使其正确运用并检验相关理论、政策。

运用实践锻炼法，应遵循以下基本要求：第一，要有人专门负责，加强引导。实践锻炼是有目的活动，在实践过程中由于主客观因素影响，有可能会使行为偏离目标，为此，必须加强引导、检查监督，使其朝既定目标顺利进行。第二，实践锻炼的形式多样，具体运用时，应针对不同对象、不同情况选择合适的形式和方法。第三，进行实践锻炼法时，必须认真组织和计划，力求围绕沂蒙精神融入价值观教育的目的进行，同时，教育者应与大学生一起参加活动，经常沟通，以便及时发现问题加以指导。最后，要严格要求，认真对待，使之常态化，促进大学生在长期的实践锻炼中逐步养成良好的行为习惯。临沂大学每年组织学生“三下”活动，派指导老师随从，安排学生讲解，在革命基地与烈士后代进行交流，使之对沂蒙精神有真实了解。

（三）熏陶感染法

熏陶感染法是指教育者充分利用各种社会环境因素与教育者自身所创设的教育情景，潜移默化地对大学生的思想进行感染和熏陶，由此培育他们的核心价值观并使之得以升华和提高的方法。熏陶感染法不同于说理引导法，它喻理于情，以情动人，具有非强制性、愉悦性和无意识性的特点，因此能够更加容易地被人接受，并且能使大学生在不知不觉中接受熏陶感染和教育。采用熏陶感染法把沂蒙精神融入对当代大学生的社会主义核心价值观教育具有十分重要的意义。熏陶感染法的应用是渗透原则的重要体现，也是沂蒙精神融入大学生社会主义核心价值观教育受环境因素制约的表现。社会环境对人的思想品德的形成和发展具有重要的影响作用，运用熏陶感染法，在对大学生社会主义核心价值观教育中，将沂蒙精神寓于一种情境之中，尤其是一种情感之中，能够在大学生中产生一种感化作用，从而催化并推动他们思想认识的形成和发展，最终引起大学生的情感共鸣。熏陶感染法具有强烈的时代性。在日益个性化和倡导民主的时代，它同时还具有渗透性，更易为人们尤其是大学生群体所接受，使其能够取得更好的教育效果。

熏陶感染法具有多种形式，被人们所熟知并经常采用的有：人格感化，即施教者以自身的人格、思想、作风和对大学生抱有殷切希望的态度来感染对方；环境陶冶，即通过有目的的选择和利用环境对受教者进行情感陶冶，因为良好的环境可以为大学生带来积极健康的情感；艺术熏陶，即通过音乐、美术、文字、舞蹈、影视等艺术手段对受教者进行情感熏陶。运用熏陶感染法，需要遵循以下三项原则：首先，教育者自身必须提高自我修养。所谓打铁还需自身硬，自觉的、理智的、高尚的情感是陶冶感化的基本要素,因此教育者自身的思想、人格和作风是影响受教育者的重要因素。其次,要注重创设良好的熏陶感染环境,一方面不仅要去除环境中的不良因素,更重要的是要善于选择并利用其中的积极因素;另一方面在选择和利用环境的基础上,还要有计划地设计人工环境,为实现沂蒙精神融入大学生社会主义核心价值观教育创造良好的教育环境并组织受教育者参与环境的建设。最后,熏陶感染法只有同说理引导法相互结合,相辅相成,才能发挥二者的最大功效,从而取得更好的教育效果。临沂大学注重校园物质文化环境建设,设置红色馆、红色博物馆等,餐厅宿舍设置多媒体,宣传沂蒙精神;校园精神文化建设层面,组织学生学习沂蒙精神课程、举办演讲比赛,使学生全时段浸润在沂蒙精神的熏陶中。

(四)分析比较法

所谓分析比较法,是指教育者帮助大学生分析、比较和鉴别两种或多种不同事物的异同特点,在做出正确判断的基础上,帮助提高大学生思想和认识水平的方法。分析比较法是研究沂蒙精神融入大学生社会主义核心价值观教育过程中的有效方法之一,该方法的作用表现如下:第一,比较是人们认识事物本质的重要方法。外界客观事物概括起来可以分为真善美与假恶丑两大类,通过对比不同事物之间的差别,才能区分善恶、美丑和真假、优劣,也才能更加透彻地认识事物的本质。第二,通过比较和鉴别,可以帮助大学生明确并界定是非、善恶、美丑、优劣的标准,增强其辨别是非的能力。分析比较法具有纵向比较和横向比较两种方式。纵向比较,即从时间的维度上通过对比事物的过去和现在,了解事物的变化和发展,以加深对事物本质的了解和认识,从而得出正确的结论,最终达到提高大学生思想觉悟的目的。横向比较,即在空间的维度上比较具有一定联系的不同事物,通过了解不同事物之间的异同点,加深对其本质的理解,从而使得大学生的思想觉悟水平得以提高。在这一过程中,需要注意的是,在使用分析比较法时,不仅同类事物可比,不同事物但有一定联系的事物也能比较。

运用比较分析法研究沂蒙精神融入大学生社会主义核心价值观教育时,应遵循以下几项基本准则:首先,要注意事物之间的可比性。比较必须在同类事物或有一定联系的事物间进行,完全不同的事物或没有任何关联的事物之间是不具有可比性的。具有可比性的事物在进行比较时,需要在同一条件、同一标准、同一比较分析单位下,从而区分不同事物之间的优劣并得出结论以发挥教育的作用。其次,比较鉴别要全面,应注意把不同事物之间各个方面相互比较,才不至于产生片面认识。而且，对比应深入到事物的本质和内容而不能停留在现象和形式。只有全面、深入地比较不同事物并综合评析比较的结果才能更好地认识事物，并得出科学的结论。最后，比较的形式应多种多样，比较可以借助说理，同时也可以采用图表、图画、照片、电视等直观的形式在视觉上凸显比较的效果。临沂大学专家、学者在进行沂蒙精神研究时，注重与井冈山精神、延安精神、西柏坡精神的分析比较，已出多项成果；将革命战争年代革命烈士身上的宝贵精神与当代大学生进行比较，突出革命战争年代革命精神的当代价值。

四、沂蒙精神融入大学生社会主义核心价值观教育的载体

沂蒙精神融入大学生社会主义核心价值观教育，必须依托一定的载体。在当今经济全球化和文化多元化以及科技信息技术高速发展的背景下，社会经济成分、经济利益、生活方式、组织形式以及就业岗位和方式日益多样化，因此如何更好地选择和运用合适的载体，对促进沂蒙精神融入大学生社会主义核心价值观教育具有重要意义。

（一）文化载体

文化载体是教育者充分利用各种文化产品并将沂蒙精神融入大学生社会主义核心价值观教育，以此影响人感染人，以达到提高大学生道德素质的目的。文化载体形式上具有多样性。文化载体是对各种文化活动和文化建设的一个抽象概括和总结，其具体表现形式则是多种多样的，既表现为文学艺术、新闻出版、图书馆、科技馆等文化事业的发展，又包括校园文化等多方面的开展。其中，每类文化又有很多具体形式，如通过文艺事业这一载体对大学生进行社会主义核心价值观教育，包括引导大学生阅读文学作品、欣赏音乐、观看电影等多种形式。此外，文化载体的影响具有全面性。文化产品、文化活动、文化建设等对大学生的影响是多方面的，既包括价值观念和道德规范等方面的影响，又包括科学文化知识和专业技能方面的影响，还包括对他们的思维方式和审美意识的培养等，而且这些方面的影响是紧密结合的，很难将其明确划分开来。最重要的是，文化载体影响方式具有渗透性，所谓渗透性是指寓于文化载体之中的内容，在不知不觉、润物细无声中影响大学生的思想和行为，大学生往往“习焉不察”。这主要是因为文化对人的影响是潜移默化的。

之所以确定文化载体，是因为文化的内在特征和外在表征为沂蒙精神融入大学生社会主义核心价值观教育提供了根据和条件。一般认为，文化主要由符号、价值观、规范、物质产品等因素所构成。其中，价值观及其具体化的规范是

文化，尤其是精神文化的核心。用沂蒙精神培育大学生社会主义核心价值观就是引导大学生价值观与我国法律道德规范相符合，以使大学生的思想和行为朝着社会要求的方向发展。而由于文化的核心是价值观，其本身蕴含着大量育人信息，它对人的影响本来就包含思想教育方面的影响，因而文化具备作为沂蒙精神融入大学生社会主义核心价值观教育载体的内在特征和依据。同时，文化是人类的创造物，普遍存在于社会生活的各个领域。从横向看，一切人都是与文化密切联系的人，没有文化就没有人的一切生活；一切社会的产物也都是文化的产物。文化无处不在，无处不有。从纵向看，人类的存在和发展时刻也不能离开文化。在现实生活中，每个人的生存和发展都与文化息息相关，都会受到各种文化事业和不同群体文化的深刻影响。以沂蒙精神培育大学生社会主义核心价值观是面向全体大学生的教育，其教育所运用的载体必须具有广泛性，如此，方能实现全员覆盖。文化显然符合作为这一载体的要求，其普遍性特征为沂蒙精神融入大学生社会主义核心价值观教育利用它作为具有广泛群众性的载体提供了条件。文化载体是社会生活方式多样化和就业形势多样化的现实要求。改革开放以来，大学生的生活内容、生活方式和就业方式等发生了巨大的变化，呈现出日益多样化的趋势。因此，这对载体的运用也提出了新的要求。大学生生活方式的多样化以及思想的复杂化，要求我们摈弃过去那种整齐划一的教育方式而采取与大学生的实际情况相符合、相协调、多种多样的教育方式，文化载体就是其中的一种重要方式。由于文化对人的影响越来越大，因而广泛开展丰富多彩，健康有益的文化活动并将沂蒙精神融入大学生社会主义核心价值观教育渗透到各种文化活动中去，这既能满足大学生精神生活多方面的需要，又能适应不同层次大学生的思想实际而对其产生有效的教育影响。通过具有广泛社会性的文化活动、文化建设，可以扩大沂蒙精神育人的覆盖面，有效地对大学生进行沂蒙精神和社会主义核心价值观教育。由此可见，文化载体是我国社会发展的客观要求，也是沂蒙精神融入大学生社会主义核心价值观教育的现实选择和内在需要。沂蒙精神融入大学生社会主义核心价值观教育的效果是多种因素相互作用的结果。其中，载体对沂蒙精神融入大学生社会主义核心价值观教育的效果起着至关重要的作用。因为载体是连接各要素的枢纽，对各要素之间的互动及其整体功能的发挥都有重要影响。而以文化活动、文化建设为载体，沂蒙精神融入大学生社会主义核心价值观教育的覆盖面大大扩展，使大学生在享受丰富而健康的文化“大餐”的同时于无形中受到沂蒙精神融入大学生社会主义核心价值观教育的影响，从而提高沂蒙精神融入大学生社会主义核心价值观教育的效果。

首先,文化载体有助于增强沂蒙精神融入大学生社会主义核心价值观教育的吸引力、渗透力和影响力。文化具有渗透性强、影响持久以及形象生动等特点。将沂蒙精神融入大学生社会主义核心价值观教育内容寓于文化活动之中,使沂蒙精神融入大学生社会主义核心价值观教育更加生动活泼,更具有吸引力,更容易为大学生所接受;达到“润物细无声”的效果,使大学生在不知不觉中受到其内容的熏陶和感染。那些蕴含沂蒙精神融入大学生社会主义核心价值观教育内容的优秀文艺作品对大学生有着强烈而持久的吸引力,对提高大学生的人文素质和思想道德面貌的深远影响就说明了这一点。各种文化形式的文化建设也体现了这一作用。如生动活泼的校园文化活动,促进参加者尤其是学生的思想品德、情趣爱好等身心发展,具有潜移默化的熏陶和陶冶作用。把沂蒙精神渗透到这些校园文化活动中,就能使这种作用得到更好的实现。文化的覆盖面非常广,能够影响到每个人。以文化为载体,就能更好地扩大沂蒙精神育人的影响面,使其作用在最大限度内得到全面发展。其次,有利于全面提高大学生的思想道德素质和科学文化素质。文化对人的影响具有全面性。将文化作为沂蒙精神融入大学生社会主义核心价值观教育的载体,就要充分发挥文化对人影响的全面性,即通过各种文化活动提高大学生的科学文化知识素养和专业技能,同时也要充分发掘文化内涵的沂蒙精神融入大学生社会主义核心价值观教育资源,并随着时代的发展不断更新赋予其新的时代内容,以此去潜移默化地教育人、感染人、影响人,从而促进大学生把社会发展所需求的思想道德观念及规范等内化为自己的道德素质。可见,文化载体是将思想道德素质的养成和科学文化的培养有机结合起来的有效途径,满足人们全面发展的多方面的需求。最后,有助于形成与社会主义现代化相适应的全民一致的价值观。随着我国社会的巨大变革,大学生的价值观也发生着重大变化。过去那种建立在计划经济体制基础上的全民一致的价值观格局已被抛弃,与社会主义市场经济体制相适应的全民一致的价值观尚未形成,大学生在价值观确立方面还存在一些问题。因此,引导大学生树立正确的价值观,进而逐步在全社会形成符合社会主义现代化要求的价值观,就成为沂蒙精神融入大学生社会主义核心价值观教育的重要任务。以文化为载体,是完成这一任务的重要环节。因为文化的核心是一定的价值观,而就其心理机制而言,文化可以看作是一定群体所形成的共同心理程序,即群体成员对一定的社会刺激产生的类似反应。例如,在特定社会里,被文化所否定的事物和行为,必为多数人所摒弃;被文化所肯定的事物和行为，必为多数人所追求。文化的这一机理显然有助于形成全社会共同的价值观。以文化为载体，充分发挥这一机理的积极作用，将社会主义现代化所要求的价值观融入文化建设之中，使人们经过文化的渲染，在社会生活的基本方面形成价值观共识。

（二）活动载体

所谓活动载体是指教育者为达到一定教育目的，有针对性地开展各项活动，把教育内容放入活动之中，让大学生在系列活动中受到教育，提高思想道德素质。首先，活动载体具有明确的目的性。与一般的活动不同，作为沂蒙精神融入大学生社会主义核心价值观教育载体的活动是在教育者的指导下，围绕着沂蒙精神融入大学生社会主义核心价值观教育的目标而展开的，具有明确的目的性。突出教育目的性是将作为载体的活动与一般的活动区分开来的重要标志，也是我们判定某一活动是否是沂蒙精神融入大学生社会主义核心价值观教育载体的标准。实践表明：只有明确活动载体的教育目的性，沂蒙精神融入大学生社会主义核心价值观教育的功能才能得到发挥。其次，活动载体具有广泛的参与性。沂蒙精神融入价值观教育，其指导者是教育者，但其融入的主体是广大青年学生。学生积极主动的参与，是沂蒙精神融入大学生社会主义核心价值观教育活动顺利展开的基本条件，是使沂蒙精神融入大学生社会主义核心价值观教育落到实处的标志，也是实现活动载体育人功能的保证。如果缺乏广大青年学生的广泛参与，沂蒙精神融入价值观教育就无从谈起。开展丰富多彩、形式多样的活动，能够更好地满足广大青年学生的精神需求，以便对他们更好地进行教育。如果参加的学生过少或者学生被动参加，活动的教育作用就受到限制，活动就难以成为具有普遍适应性的沂蒙精神融入价值观教育载体。最后，活动载体具有突出的社会实践性。与沂蒙精神融入价值观教育的其他载体相比，活动载体具有突出的实践性特点，因为它本身就是一种社会实践形式，活动的过程就是实践和检验沂蒙精神融入大学生社会主义核心价值观教育理论的过程，活动是受教育者践行沂蒙精神和社会主义核心价值观的过程。

选择活动作为载体是坚持马克思主义实践观的要求。马克思认为实践是认识的基础，是检验认识真理的标准，突出强调实践在整个社会发展过程中的作用。马克思的实践观启示我们，第一，实践活动是人发展的根本性决定因素，它是人们形成正确思想认识和观念的最基本的方式之一。人的思想认识不会自发地产生，它一方面来自教科书，另一方面形成依赖于社会实践。但书本的正确知识是对社会实践的科学概括和总结，从本质上也来源于社会实践。因而人们的认识和思想从根本上来源于社会实践，其中大部分必须亲身经历才能获得。第二，实践活动是人们认同、接受正确的思想、理论，并使其内化的重要环节。因此，要使大学生形成正确的思想观念，仅靠理论灌输是不够的，因为沂蒙精神融入大学生价值观教育不仅要帮助大学生认识正确的思想观念，最根本的是使其认同、接受这些思想观念并将其付诸行动，但这明显离不开个人的实践活动。只有在不断的反复实践中，正确的理论、观点才能被他们真正内化并不断巩固。第三，实践活动是人们发展并逐渐走向成熟的必由之路。只有在实践活动中，大学生才能将思想观念付诸实践，朝着社会要求的方向去发展；只有在正确思想观念的指导下进行实践活动，才能真正学会对待社会和人生、他人和自己，才能恰当地处理各方面的关系，逐渐成熟起来。总之，马克思注重强调人在社会实践中的作用，而活动是社会实践的一个方面，把活动作为载体就能较好地体现实践在发展过程中的作用，这也是坚持马克思主义实践观的体现。选择实践活动作为沂蒙精神融入大学生社会主义核心价值观教育的载体是对沂蒙精神育人优良传统的继承和发展。通过各种活动对大学生进行教育，是依托沂蒙精神育人的好传统。在革命、建设和改革时期，党都非常注意通过各种活动发挥教育的作用，其影响广泛而深远；沂蒙精神育人中的“寓教于乐”即通过各种问题活动开展沂蒙精神育人，同样产生了很好的效果。然而过去的做法主要是经验型的，对活动方式的运用也主要限于文体和学习英雄模范人物。而新时期沂蒙精神融入价值观教育活动，既继承了沂蒙精神育人的好传统，又有了新的发展。这主要表现在：在理论上明确提出以活动作为沂蒙精神融入大学生社会主义核心价值观教育载体，并对其特征、作用等方面进行了初步研究；在实践上，除上述实践活动以外，更创造了大量的新的大学生精神文明创建活动，如“为您服务”活动、“青年志愿者活动”等。这些活动有很多本身就是作为沂蒙精神融入大学生社会主义核心价值观教育活动开展起来的，有明确的价值观教育目的，蕴含着丰富的价值观教育信息，因而其效果较明显。由此可见，新时期沂蒙精神融入大学生社会主义核心价值观教育的活动载体，无论是内容还是形式都比过去有较大发展。活动载体的新发展是沂蒙精神融入大学生社会主义核心价值观教育“与时俱进”的重要体现。选择活动载体也是沂蒙精神融入大学生社会主义核心价值观教育的内在要求。沂蒙精神融入大学生社会主义核心价值观教育就是培养大学生具备良好的思想道德并促使他们将其转化为相应的行为，而良好的思想品德只有通过社会实践活动才得以表现。沂蒙精神融入大学生社会主义核心价值观教育的过程及其结果都离不开实践活动，积极组织大学生参加各种实践活动，使他们在活动中逐渐提高自己的思想道德素质，是促使沂蒙精神融入大学生社会主义核心价值观教育顺利进行并取得良好效果的内在需求。

沂蒙精神融入大学生社会主义核心价值观教育活动载体的功能是多方面的多层次的，如活动载体能较好地使沂蒙精神融入大学生社会主义核心价值观教育内容"活化"，从而为大学生潜移默化地接受。沂蒙精神融入价值观教育有认知性的特点，它可以帮助大学生掌握一定的有关思想道德方面的理论知识以及相应的行为规范，因而通过课堂教育、讲座等形式向大学生较为集中地灌输社会所要求的思想道德观念是必要的。然而这些道德观念本身是一种实践智慧，来自于人的实践活动。活动就是把两者相结合的重要形式，一方面，教育活动使沂蒙精神融入大学生价值观教育内容得以生动和具体地体现出来，使受教育者直接感知它，并将对教育内容的理性理解和感性认识结合起来；另一方面，受教育者在活动过程中又在践行价值观教育的内容，从而产生直接经验，能够顺利地将教育内容内化。这样沂蒙精神融入价值观教育的内容就通过活动过程中的人和事"活化"起来，即变成了鲜活的现实图景，极大地感染着大学生，使他们在潜移默化中接受教育，使大学生的思想道德素质的提高呈现出一种良好的态势。这种效果正是沂蒙精神融入大学生社会主义核心价值观教育所要追求的较理想的效果。活动载体能促进受教育者实现教育和自我教育的统一。沂蒙精神融入大学生价值观教育的过程是教育者和受教育者相互作用的过程，在这一过程中，教育者提出的教育要求，必须通过受教育者自身内在的思想矛盾才能实现。因为教育者的"教育"只是外在因素，而受教育者自身的思想矛盾运动才是其思想品德真正提高的内在因素。当受教育者正确认识和评价自己，并且自觉按照社会要求进行自我调节和控制、主动向社会要求的方向发展时，沂蒙精神融入大学生价值观教育的目的才算达成。这就是所谓的"无教之教"，这种状态应该是沂蒙精神融入价值观教育的最高形态。要达到这一目标，就必须协助教育对象形成自我教育的机制，使其能够将自己作为一个"对象"去不断反思和提高。以活动为载体，可以使受教育者在社会实践中获得自我反思、评价和学习的机会，进而提高自我认识、监督、激励、控制、调节的能力。不仅如此，活动载体还是教育与自我教育相统一的重要形式。把沂蒙精神融入价值观教育活动中，并积极组织广大青年学生参加各种活动，这是教育的过程；大学生在实践活动的过程中，在不知不觉地接受教育的同时，又会自我鉴别、比较、取舍，促使自己的思想品德沿着社会要求的方向发展，这又是自我教育的过程。

可见,在活动中,教育与自我教育是有机地统一的。活动教育在一定意义上使沂蒙精神融入价值观教育客体主体化。教育者在教育过程中起着引导作用。然而,我们也应该看到,教育者的出发点和归宿点都是为了更好地调动和发挥受教育者的主动性。只有调动起受教育者的主观能动性,教育才是成功的。不仅如此,受教育者的主观能动性被调动起来以后,就会对其他的受教育者产生影响,从而在一定程度上发挥教育者的作用。

活动载体具有这样的功能,参加活动的大学生相对于教育者来说,是受教育者,是客体。他们在提高自己思想道德素质的同时,又以自己的行动在感染着教育者,改变着社会风气。这样,他们又在一定程度上扮演了教育者的角色,使教育的影响面大大扩展。例如,“青年志愿者”活动使千千万万参加者的行为得到规范,思想道德观念得到加强。同时,他们又会把精神文明带给周围更多的人,使广大群众通过他们的服务活动受到感染,进而社会风气得以改善。

要运用好活动载体,就要大力开展形式多样的各种活动。第一,有针对性地对活动指导,办好各种活动。教育者要树立正确地观念,把活动与沂蒙精神融入价值观教育结合起来;要指定特定的人筹划活动,对大学生自发性的各种活动要正确加以引导;要大力投入,夯实活动的物质基础,在经费、场地和设施等方面为活动创造相应条件。第二,活动都应有明确的目的并把目的划分成一些具体目标,使目标具有可操作性,以便激发更多的人参加到活动中来。第三,活动应讲求实际效果,力戒形式主义,以免造成活动的教育效果不明显。同时,活动应分层次,有阶段地进行。当一个活动的目的基本达到以后,再进行新的活动,切不可一哄而上。形式主义的活动会使受教育者“消化”不良,甚至产生厌烦情绪,这就会使活动的效果大打折扣。

（三）大众传播载体

所谓大众传播载体,是指沂蒙精神作为内核通过大众传媒的方式融入大学生社会主义核心价值观教育,教育者通过各种大众传播工具向广大青年学生传导沂蒙精神,将社会主义核心价值观渗透在广泛的社会信息中,全面提高自己的思想道德素质和科学文化素质。大众传播载体限定于其媒体差异,主要有报刊、广播、电视、网络等形式,其共有特征为:第一,传播渠道广泛。报刊、广播、电视等覆盖面广,普及公众。特别是信息化时代的到来,更深化了大众传播的广度,这就能更好地将社会主义核心价值观教育渗透在每个大学生中。第二,传递面广,时效性强。传播主体利用自身庞大的通讯网络、多样的通讯手段和熟练的通讯技巧,正在日益压缩传播时耗,甚至同步传播。这使我们可以通过大众传播更好地针对大学生进行教育，并使其作用很快地表现出来。第三，扩散性强，即可以通过各种方式得到扩散，如会谈、会议等方式针对的是个人或少数人，而大众传播则作用于更多的人，会带来广泛的影响。

会议报告如果以大众传媒的方式展开，产生的社会影响远远大于会议报告中的影响。例如，关于先进模范人物的事迹，如果仅以会议形式宣传，其影响是属小范围传播，但如果经过大众传媒报道，就会成为全国人民学习的榜样。同时，我国的大众传播媒介尤其是由权威部门主办，历史悠久、享有盛誉的媒介，往往具有权威性。人们特别对传播内容的重视，强化了大众传播对人的影响。这种增值能力要求教育者要精心组织好教育内容，充分运用大众传播条件，来增加沂蒙精神融入大学生社会主义核心价值观教育的影响力。大众传播载体的迅速发展，为沂蒙精神融入大学生社会主义核心价值观教育将其作为载体提供了客观条件和要求。改革开放以来，传播技术、手段、途径得到了更快的发展，已基本建构为覆盖面较广、较为完善的大众信息传播网络。大众传播的内容渗透在人们的生活和思想中，大众传播技术手段的发展为日益社会化的沂蒙精神载体提供了传播基础，而其影响力也要求沂蒙精神必须以此为载体，对大学生进行广泛的宣传教育。以大众传播为载体是传承沂蒙精神育人优良传统的要求。以大众传媒进行沂蒙精神育人并非从今日起，而是沂蒙精神育人悠久的传统，以大众传媒为载体开展沂蒙精神教育活动，就是对这一传统的传承。这主要表现在：在理论上提出了以大众传媒为沂蒙精神的载体；注重以多种大众传播方式开展教育，形成了全面运用大众传播载体的格局；沂蒙精神教育开始进入互联网中，并且互联网逐渐成为新时期沂蒙精神教育的载体。可见，新时期沂蒙精神教育对大众传播载体的应用，既有对其优良传统的继承，又有创造性的发展。以互联网为载体更好地发挥了大众传媒的积极作用，抵制消极有害影响。在现代社会，大众传播所输出的内容就包含着思想道德方面，这对人们思想品德的形成和发展产生着影响，既可能是正面的，也可能是负面的。以大众传播为载体，一方面是要通过大众传播系统地向广大青年学生进行沂蒙精神和社会主义核心价值观教育，另一方面，就是要更好地协调和整合大众传播已有的育人因素，使其成为影响大学生思想品德的一种力量。

此外，我国的大众传媒质量是参差不齐的，在为广大青年学生提供有益内容的同时，也有少数媒体传播负面信息，对青少年产生了消极影响。在运用其他的手段抵制消除这些影响的同时，通过大众传媒对大学生进行社会主义核心价值观教育不失为一个重要举措。通过各类传媒的丰富多彩的形式，向广大青年学生生动、直观地宣传马克思主义理论、党的路线方针政策、社会主义道德等内容，来帮助大学生正确判断社会、选择大众传播信息良好的心理机制，提高分辨是非的能力，从而有效地抵制和消除大众传播中的消极影响。首先，大众传媒能够促进社会主义精神文明建设，帮助大学生树立社会主义共同理想有很大促进作用。大众传媒可以把主流的价值观传递给大学生，引领大学生形成社会主义核心价值观。我国是社会主义国家，大众传媒从根本上反映了人民的利益和愿望，传达党和政府的声音。大众传媒这种广泛、深入、持久的宣传教育，对于提高社会主义精神文明建设的水平、提高大学生的思想道德水平、促使广大青年学生树立中国特色社会主义共同理想有很大促进作用。值得注意的是，大众传媒的宣传教育可以通过不同形式，如电视剧、大型文艺晚会等娱乐形式进行，因而这种教育就更能为大学生群体普遍接受，教育效果更显著。其次，大众传媒能满足大学生社会化的需要，促进大学生生活与思想不断地与时俱进。在现代社会，人的社会化和大众传播之间的相互作用越来越密切。人在童年时期具备了视听和阅读能力以后，就开始认识大众传播形式，成年以后的发展更与大众传播密不可分。大众传播可以说与现代人的人生旅途始终相伴相随。虽然学校学习在今天仍然是人的社会化的主要途径，但调查表明，绝大多数现代人接触大众媒体的时间要比在学校学习的时间更多，因而他们对大众传播满足他们社会化的需求也越来越迫切。同时，随着现代传播媒介的广泛普及，大众传播对人的社会化的影响也越来越大。概括地说，大众传播能满足人的社会化需求的作用主要表现在：帮助公众获得信息，增长知识和技能；帮助公众形成一定的价值观；帮助公众更好地学习和扮演社会角色等。总之，大众传播能较好地满足人们社会化尤其是继续社会化的需要，通过大众传播施加以社会主义价值观为核心的社会化教育，有助于这一任务更好地完成。最后，大众传媒能营造良好的氛围，强化沂蒙精神融入大学生社会主义核心价值观教育效果。沂蒙精神教育总是在一定社会环境中进行的，其效果与社会环境的状况密切相关。沂蒙精神教育向大学生传导的思想道德观念和规范，只有在社会实践中为各种环境因素所肯定、所强化，才能更好地被大学生所接受并逐渐内化为个体意识，成为他们行动的指南；否则，这些观念和规范很难为大学生所接受，沂蒙精神育人的效果就无从谈起。因此，加强沂蒙精神融入大学生社会主义核心价值观教育的物质和精神文化建设，优化社会环境，营造良好的教育氛围，就成为主要任务。大众传播频繁地宣传社会主义核心价值观，宣传新时代的先进人物、先进事迹，鞭挞落后腐朽的事物，就能够形成强大积极的“舆论场”，由此带动社会风气的好转，优化社会环境，进而为沂蒙精神融入大学生社会主义核心价值观教育营造良好的氛围。

同时，大众传媒对先进思想的倡导，对先进事物的宣传，对不良现象的批评、揭露和抨击，会持续不断地作用于大学生，使他们从中得到正面的经验和积极的体验，避免获得反面的经验和消极的认知，以进一步理解沂蒙精神融入大学生社会主义核心价值观教育的正确性和合理性，从而强化沂蒙精神融入大学生社会主义核心价值观教育的效果。

第五章 “立体交互式”大学生社会主义核心价值观教育模式的效果评价

在了解“立体交互式”大学生社会主义核心价值观教育模式的基础上，我们须进而研究“立体交互式”大学生社会主义核心价值观教育模式的效果评价体系。

“立体交互式”大学生社会主义核心价值观教育模式效果评价体系的形成，以客观社会现实为建立基础，以主观人的社会需要为出发点。基于此，首先我们阐述“立体交互式”大学生社会主义核心价值观教育模式效果评价准则体系的基本依据，而后论述“立体交互式”大学生社会主义核心价值观教育模式效果评价的原则、内容及实施。

一、“立体交互式”大学生社会主义核心价值观教育模式效果评价准则体系的基本依据

“立体交互式”大学生社会主义核心价值观教育模式效果评价体系的基本依据，是评价准则和评价原则科学性的基础。一般而言，科学的核心价值观教育评价体系的基本依据，是符合人类本性需要和社会需要的统一。与此同时，核心价值观教育评价情况的多样性要求这些基本依据还应具有普遍性。从社会道德角度出发，大学生社会主义核心价值观教育模式效果评价准则体系建立的基本依据有以下几个主要方面：

（一）评价准则体系的建立，须达到感情与理性的契合

1. 基于生活经验对人性科学把握的选择

现实社会生活经验表明，人是感情与理性的辩证统一体。在自身的道德活动过程中，感情与理性因素杂糅。基于此，适用于每一个鲜活具体的个人的具有普遍性的评价准则体系的建立，须统筹考虑人性的这两个对立统一的方面。无论何种道德体系，其建立的目标指向都是人。人为割裂人性的基本面来建立评价准则体系，与辩证法也是相违背的。

2. 辩证看待“感情”这一评价标准

将感情作为道德评价的唯一标准，在解决具有不同的个人情感产生的冲突时就会陷入困境。进一步讲，道德判断时如果被情感主宰，难以对各主体的价值观认同与践行的状况做出客观的评价。被感情主宰会影响我们的道德判断能力与道德评价能力。

虽然以感情作为道德判断的唯一标准是不科学的，但并不意味着道德是没有“情感温度”的。正如我们每一个人在生活实践中体验到的，道德问题容易引发情感问题。在日常的道德判断和评价中，我们都深有感触。但将情感作为道德决定的唯一标准是很不科学的。因此客观公正的评价基础——理性，成为必然。

3. 客观公正的评价基础——理性

理性是主体为判断或评价进行推理进而做出科学判断和评价的能力，包括思维理性和行为理性。社会以及现实的要求构成推理的前提基础。作为一种思维能力，推理为所有主体不同程度地掌握，同时所有主体还掌握着推理的正式规则。推理规则构成不同主体相互认同、判断和评价人们道德行为和道德品质的基础。在大学生社会主义核心价值观教育效果评价过程中，推理应包括以下内容：① 逻辑的论据，包括为证明某主体的观点或品德提供经验论据；② 逻辑的一致性，包括避免谬误，确保论证顺畅进行至结论；③ 基于超越感情的推理促使人们思考自己和他人的价值观正确与否；④ 包括社会主义核心价值观认同与践行的一般手段和方法。

（二）评价准则体系的建立，须具有灵活的一以贯之的逻辑

核心价值观教育效果评价准则体系的建立，须具有灵活的一以贯之的逻辑。评价准则体系稳定性的重要性不言而喻。稳定性的建立得益于体系逻辑的一致性。摇摆不定的相对主义评价体系，难以提供科学的评价准则，也不能保证评价体系的稳定性。但我们也不应忽视人类社会的一切复杂性和多样性，以及与此相适应的价值观教育效果评价的复杂性与多样性。因此在价值观教育效果评价准则体系中我们应做到逻辑一致性与灵活性的统一。

（三）评价准则体系是普遍性与特殊性的统一

评价准则体系的普遍适应性基于道德体系有助于人们调整相互关系的功能，评价准则体系普遍性的实现有利于保证评价的权威性。唯我的伦理利己主义为核心或依存于缺乏现实基础的虚幻信仰之上的评价准则体系，仅仅适用于此类思想的忠实拥护者，不具备普适性，此类评价准则也难以具有可靠性的理

论和现实基础。另外，评价准则体系是普遍性与特殊性的统一，也要求其对于特殊情况和个人的适应性。价值观教育效果评价问题的产生是具体、特殊的，总是与特定的人、特定的时空、特定的情境相关联。因此，评价准则体系应做到理论抽象化与具体适应性的契合。也只有如此，我们在具体的价值观教育效果评价中才能做出正确的判断和评价。

（四）评价准则体系应具有可传播性

评价准则体系的核心功能是对个体的价值观教育效果做出科学的评价，易于宣传、明白于人是必然要求。社会性是价值观的重要特性。易于传播对于价值观的社会性而言具有重要意义，这一特点能够保证评价准则体系为最广泛的人理解和掌握，进而对人们的品德做出正确的评价。

（五）评价准则体系应具备价值澄清的功能

评价准则体系有效性的一个重要表现就在于对不同价值观认同与践行引起的责任与义务之间以及特定主体之间冲突的澄清与消解。评价准则体系能够让当事主体认识到何谓正确的应然选择、何谓错误的应摒弃的行为，如个人利益与社会利益相统一是个人价值观生成的一条基本规律。在评价价值观教育效果过程中，须考察这两者是否形成良性互动。特别是当个人利益与社会利益发生冲突时，评价准则体系须发挥价值澄清功能，让当事主体做出正确的行为选择。

总之，我们要建立的评价准则体系必须做到：感情与理性的统一；逻辑一致性与灵活性的统一；普遍性与特殊性的统一；可传播性与价值澄清功能的统一。

二、“立体交互式”大学生社会主义核心价值观教育模式效果评价准则的基本依据

习近平总书记2014年5月4日在北京大学师生座谈会上指出：“核心价值观，其实就是一种德，既是个人的德，也是一种大德，就是国家的德、社会的德。国无德不兴，人无德不立。如果一个民族、一个国家没有共同的核心价值观，莫衷一是，行无依归，那这个民族、这个国家就无法前进。”[①]由习近平总书记的这番讲话，我们更深刻地认识到，社会主义核心价值观的培育与践行，实际上就是社会主义道德的培育与践行。因此，核心价值观教育模式效果评价准则的基本依据，即社会主义的道德原则。

① 《习近平谈治国理政》，外文出版社2014年版，第168页。

道德原则成为价值观教育效果评价准则的基本依据主要在于道德原则的独立性。道德原则是绝对的道德要求，无论何种情境下我们都应遵守。而评价准则具有一定的灵活性，在特殊情境下，对评价准则有所偏离具有必要性。社会不断发展演进，与此同时评价准则亦变动不居。社会发展阶段不同，对人的道德要求亦不同。社会主义道德原则的相对稳定性、独立性，体现在其内容方面，主要有两个方面：集体主义和人道主义。这些都是评价准则的基本依据。

（一）集体主义

1. 集体主义作为评价准则的基本依据

集体主义的道德原则成为评价准则的基本依据之一，基于“三个符合”。一是符合客观形势要求。当前社会以生产资料公有制为基础，客观上为社会主义道德觉悟的生成提供了经济上的可能性。二是集体主义符合人民群众的根本利益，人与人之间形成良性互动的关系，有利于社会中个体的成长进步。三是集体主义符合道德演进的一般逻辑。社会主义道德代替以个人主义为本质的资产阶级道德，体现着新时代道德的发展进步趋向，这也是集体主义成为评价准则体系建立的基本依据。

2. 道德实质层面的集体主义之生成

集体主义原则不仅仅抽象为人性的真、善、美，更重要的是在集体主义感召下，增强全体社会成员的凝聚力，心往一处想，劲往一处使，咬定青山不放松，一步一步实现统一的社会发展目标。同时，在这一奋斗进程中个体也得到成长进步。

集体主义就其道德实质而言，生成于社会主义思想及其实践的进程。列宁指出：“为巩固和完成共产主义事业而斗争，这就是共产主义道德的基础。”①根据列宁的观点，社会主义道德的基础在于共享式发展。正如马克思曾经指出的，在共产主义社会里，每个人的自由发展是其他人自由发展的前提和基础。任何自私自利掠夺式的发展都是不可取的。

3. 集体主义思想与个人主义思想关系之处理

如何处理好集体主义思想和个人主义思想的关系？这一棘手的问题困扰着许多人。对此问题的正确认知与处理，要区分真集体主义与假集体主义思想。真假集体主义之间一个重要的区别在于：假集体主义崇尚自私自利式发展，无视人性，引起人们极大愤慨。社会主义的集体主义是在建设异于之前社

① 《列宁选集》（第 4 卷），人民出版社 2012 年版，第 292 页。

会样态的新型社会过程中表现出的人的精神风貌，涵养于生活在其中的每个个体的创造性、自觉性和主动性。马克思和恩格斯指出：“只有在共同体中，个人才能获得全面发展其才能的手段，也就是说，只有在共同体中才可能有个人自由。”①马克思和恩格斯的这段话给我们如下启发：一是集体开展的各项活动是个体心智和感情等增长的实践来源；二是社会宏观发展目标的实现是集体中个体合力作用的结果，个体所开展的活动彰显集体主义的品格；三是集体主义社会为个体自由全面的发展提供可能；四是马克思和恩格斯在这里所涉及的是社会中每位个体成员自由而全面的发展。马克思和恩格斯所崇尚的人的发展方式只有在集体主义为原则的社会里才有可能实现。

集体主义是人的个性发展的表现样态之一。每个人个性的发展与集体主义的发展是互动生成的。个性的丰富多样性样态是集体主义道德不断深化发展的重要动力。多样化的个性也造就了个体与自我之外丰富的社会联系。

（二）人道主义

1. 人道主义的内涵

集体主义原则彰显社会主义道德的特殊历史内容；人道主义原则彰显的是社会主义道德与人类道德的起承转合，包含人的道德品质、行为规范等的人道主义体系，是人类文明进步的重要体现。人道主义存在于历史上一切交往形态和人类精神的一切样态中，内含丰富的道德观点。道德的形成与发展基于人们对人道主义的认同与践行。

学界对人道主义共识性理解为对人的尊重与爱，人与人之间的交往中充满人性意识。人道主义是道德发展的最深刻的趋势之一。人道主义因素的增长是道德进步的重要体现。个体人道化程度与个人道德品质提高密切相关。一个人人道化程度越高，其相应的道德层次也就越高。

2. 人道主义的历史发展

建立在生产资料私有制基础上的社会形态，如奴隶社会、封建社会和资本主义社会，其人道程度受阶级局限的影响，皆以人剥削人为基本特性，无比虚伪。建立在生产资料公有制基础上的社会形态，如社会主义社会，消灭了不合理的阶级统治、剥削压迫，使社会主义条件下的人际关系、道德关系具有全新的人道标准。正如马克思指出的：“共产主义则是以扬弃私有财产作为中介的人

① 《马克思恩格斯全集》(第1卷)，人民出版社2012年版，第199页。

道主义。"[①]

社会主义与人道主义有着密切的联系。游离于社会主义之外的人道主义，缺乏充实内容，空洞而畸形。与社会主义制度发展目标相契合，二者紧密联系。一方面人道主义是社会主义社会发展所奋力追求并实现的目标；另一方面社会主义社会重视并加深社会大生产，逐步消除存在于城乡之间、脑体劳动之间的对立，为人道主义的实现提供必要前提。

3. 人道主义的实质及人道化的实现

更好满足人民群众日益增长的美好生活需要，有效解决其与不平衡不充分的发展之间的矛盾，是对人道主义实质的精确表述。在社会发展进程中，使人民群众获得合理增长的收入，更加完善的居住环境，更高水平的教育，更高的物质、文化生活水平，更加科学的决策体系所营造的充满公平正义、积极向上正能量满满的社会氛围等，是对社会人道主义性质的具体化图景的表述。

社会生活人道化是社会发展客观规律的要求。但是在社会生活中人道化不会自发实现。人道化的实现得益于社会各方面力量形成合力，一方面形成有利于人道化的软环境，如意识形式、交往方式等；另一方面形成人道化的硬约束，如法律、法规和政策等。在实现以人为本的过程中，社会主义道德所提供的道德行为准则以人道化为目标，个体确立的人道化的价值信仰，都有着重要价值。

4. 人道化的基本特征

人道化作为个体社会主义核心价值观是否确立的基本依据，主要决定于人道化的基本特征。以下三点是对这些基本特征的描述：

一是社会主义的人道化，要求无差别地普遍爱护社会每一个成员，社会的每一个成员都有平等享有追求幸福与享受幸福的权力。人人生而平等，无论从历史维度，还是现实维度与未来维度，都是我们内心最美好的憧憬与追求。而人道化以具体化的实质内容来丰富拓展这一人类发展史上的共识思想，并力求将这一思想内化为每一个社会成员的价值理想。我们的制度体系为人类平等思想的实现，提供制度保障，并为平等意识内化于每一位社会成员的内心提供客观基础。社会公平、正义是人的高尚道德生成的基本前提和保障。而马克思笔下描绘的社会主义社会正是一个致力于实现人类平等价值理想的社会形态。

二是社会主义社会人道主义是普遍性与现实性的统一。人与人之间发自内心的尊重与爱受多种因素影响，其中有有利性因素，也有消解性因素。根据

① 马克思：《1844年经济学哲学手稿》，人民出版社2000年版，第88页。

马克思主义的观点,我们应通过合理斗争,去除人道主义的消解性因素,即改变不利于人道主义实现的社会条件等,从而肯定有利于人道主义存在与实现的因素,促进人的自由全面发展的实现。

人道主义是同一性与斗争性的统一。其斗争性的一个重要表现是澄清非人道主义的现象和行为,从而帮助人们提高自身道德素养。实际上人道主义斗争性的实现非常有利于人的道德素养的提升,核心价值信仰的确立。这也是价值观生成的基本规律之一,即在与腐朽落后的价值观的斗争中,确立先进的符合人类根本利益的社会主义核心价值观。矛盾无时不在,无处不在。人们已经认识到社会主义社会也是有矛盾的。社会主义的发展史可以说就是一部“斗争史”。社会主义社会中人的道德也是在矛盾斗争中不断成熟的。

人道主义具有现实性。现实性的人道主义是个体道德客观上发展的无限性与具体发展阶段上发展的有限性的统一。人道主义是具体的、历史的。人道主义很重要的价值意蕴就在于促进社会关系的人道化,使社会中人与人之间充满人道主义光辉。在这种意义上讲,人道主义是一个成熟高级的社会发展形态。目前,我们仍处于并将长期处于社会主义社会发展的初级阶段,社会各方面发展不均衡、不充分,与人民群众日益增长的美好生活需要之间还存在矛盾。因此,对人的人道化要求须实事求是,具体问题具体分析,包括对个体价值信仰状况的评价都要置于具体的时空背景下进行。

三、“立体交互式”大学生社会主义核心价值观教育模式效果评价准则的基本内容

每个人的价值观信仰状况具有特殊性,基于此,对个体价值观信仰状况的具体评价应注意内容的丰富性、多层次性。在评价过程中,对个体价值观信仰状况的评价最基本的内容有以下几个方面:良心、公正、诚实、责任、幸福、爱国主义精神以及个性综合发展等。

(一)良心

1. 良心的内涵

良心作为人的行为中最具历史性、隐蔽性的个性调节手段,一般同责任感、自尊心和荣誉感相联系,是个体道德的决定要素。个体的价值观选择具有自主性,良心使生活于社会中的个体意识到对他人、对社会包括对自己所肩负的道德责任。可以说良心是个体价值观信仰状况、个人道德自我意识的集中体现。

在伦理学界,虽然对善、恶、是、非的理解因人而异,但伦理学者们达成共

识:作为生活在集体中的人,应努力行善而避免作恶。无论何种社会形态下,其道德体系的一个共同点就是对善的褒扬和引导。在引导人们向善、行善的过程中,尤其注重以下要素:对生命的尊重与呵护、愉悦的生活工作情绪、身处社会的幸福感、对友谊的认同与追求、对爱情的仰慕与真诚、自我实现的成就感和幸福感、自尊自爱自重、对生命的敬畏感,等等。

2. 良心作为评价基本内容的依据

青年大学生的现实境遇具有多样性,我们无法就每个人可能面临的每一种遭遇的具体情境做出科学预测。在现实的学习生活实践中,个体的自我调节——良心就具有举足轻重的意义。当个人面对价值冲突,尤其面临价值两难选择时,外在监督机制缺乏或不畅情境下,良心可以发挥价值澄清的作用,成为个体做出正确价值判断与选择的坚强保障。

良心是社会主义核心价值观在个体心理中的投射,彰显对价值选择动机的硬约束性,以及必然性的稳固力量,以保证个体价值观信仰的稳定性与一致性。良心对人的内心世界具有自觉约束作用,使人的内心世界保持良心一致。在主观精神世界里,良心异于不道德的思想,如极端自私自利的精致利己主义等。良心缺失的个体,是毫无道德自律可言的,缺乏良心谴责的个体,其价值观信仰状况难以良好。社会主义社会对人才的一个很重要的评价标准是:德才兼备,以德为先。这里的德实质上指的就是一个人的良心。一个人才华横溢,专业知识达到很高的水准,但如果没有“德”——良心,就会成为危险品,社会现实中不乏这样的实例。

良心是个体心理中感性与理性的契合,它能充分反映个体内心的价值观冲突感受,具象化为个体最深刻的情感体验形式——羞耻感。这种羞耻感实际上是个体对别人与自己的一种价值观上的自责。这种自责会引起有过错个体内心的剧烈挣扎。马克思对羞耻准确定义为:羞耻是一种内省的愤怒。①

良心是评价个体价值观信仰状况的有效机制,良心发挥的惩戒功能使发生违背社会主义核心价值观信仰的个体内心遭受强烈谴责,并产生“罪恶感”。因此在价值观教育效果评价过程中,很重要的一个方面就是对个体心灵善与恶的考量。良心可以视为对价值观教育效果评价的可靠指标。若忽略对个体良心的评价,就难以科学全面地衡量核心价值观教育效果。党对青年大学生一以贯之的要求——又红又专,其内涵也是将良心作为一个重要的衡量维度。

① 《马克思恩格斯全集》(第1卷),人民出版社1982年版,第407页。

（二）公正

1. 公正的内涵

公正在这里所涉及的是个体在自身与他人之间利益分配时能否做到客观公平。我们一般将这一标准视为个体价值观评价的基本准则。公平正义是个体价值观教育效果优良的重要标志，而以个人为中心的冷漠自私的个体是价值观教育不成功的一个重要表现。

2. 公正作为评价基本准则的依据

社会性是人的根本属性。人的本质是现实一切社会关系的总和。基于此，我们将公正作为衡量价值观教育效果，即个体价值观素养的一个基本准则。生活在社会中的个体，与他人一切交往形式的实质是利益关系，这里的利益既涉及物质利益，也涉及精神利益。在面临利益冲突，需要做出利益抉择时，就与个体的公正的价值观密切相关。

在评价准则体系中，良心作为最重要的评价准则，实际上内含公正的要求。个体发生的基于良心的思想和行为，首先要面对的就是对个人、他人与社会的利益决策做出公正的选择。公正作为核心价值观教育效果评价的基本准则，彰显社会主义社会中个人与集体利益一致的原则。个体符合公正价值引导的行为，增进社会利益，社会的期盼与评价相契合。同时个体所开展的实践活动是对自身各种基本需要的满足，这是对个体与社会辩证统一客观规律的遵循，也与社会主义核心价值观要求相一致。

（三）诚信

1. 诚信的时代内涵

作为中华民族的传统美德，诚信是人与人之间相互信任的基石，是我们安身立命的基本规范和行为准则。对个体价值观信仰状况实施评价时，诚信也是评价的基本指标之一。在个体的交往场域中，诚信是对自己价值素养的肯定与彰显。诚信的时代内涵体现在三个层面：于国家而言，诚信意味着个体应热爱祖国，拥护党的领导，拥护祖国统一；于社会而言，诚信意味着对历史唯物主义基本观点的认同与践行，即热爱人民，虚心向人民群众求教，增长知识和才干，真心实意为人民服务；于个体而言，诚信意味着对自己价值的认同，身心关系和谐，表里如一言行一致，真诚待人，友爱他人。

2. 诚信作为评价基本指标的依据

诚信是建立健康人际关系的基石。以集体主义为原则，以促进人的自由、全面发展，实现人的幸福为最高价值追求的社会主义、共产主义社会，其道德原则与价值追求的实现,得益于社会集体积极向上的正能量氛围与个体全面发展、素质提升的实现。而诚实守信的健康人际关系的建立是其中的关键一环。在社会信任严重缺失的现实境况下,如何保证个体间诚信的健康良好的人际状态,加强沟通与合作,形成建设新时代中国特色社会主义的合力,为建设凝聚力量,是值得我们深入思考及时有效应对的重要课题。在日常学习生活实践中,相较于认同环节,对个体来说将诚信价值观外化于行是面对有较大的困难。注重自我保护,免于外界伤害,是个体的本能。为了自我保护,个体常常将真我"隐藏"于热闹的现实场景下,在言行上难免发生"言行不一致"的现象。我国虽已渐入老龄化国家行列,但目前我们的人口数量和密度都还是比较高的。在人口数量多、密度高等各种因素杂糅的现代社会,人们尤其是相当数量的青少年缺乏安全感的越来越多;主动规避风险、伤害,尽一切方法保护自我的人相当多。这在一定程度上给我们的评价活动带来一些难度。但毋庸置疑的是我们将诚实作为评价的一个重要指标,有着深远的意义。人无信不立,对个体而言,诚实守信是立身之本,即诚信是人之为人的重要依据之一。

(四)责任

1. 责任的基本内涵

责任是个体道德意识结构中有自我调控功能的基本作用机制之一。基于对责任的这一认识,我们将责任心作为评价个体价值观素养的基本准则之一。对社会主义核心价值观的认同与践行,要求个体自觉意识到自身对于国家、社会、集体、他人以及自身而言所肩负的义不容辞的责任。与良心相比较而言,责任有更大的强制性。

2. 责任作为评价基本准则的依据

强烈的责任感是个体认同与践行社会主义核心价值观最重要的外在表现。责任感或者说责任心是个体认同并积极践行蕴含核心价值要素的任务的内心力量。它表现为个体自觉以核心价值观为标准,客观解决个人与集体、个人与他人、个人与社会以及个人与国家的关系问题。通过个人所履行的责任,人们可以观察出个人对社会利益、集体利益的态度,彰显个体价值观素养。

(五)幸福

1. 幸福的基本内涵

从伦理学上讲,幸福意指个体的一种特殊的满足。有的个体难以体会到幸福感，还有的个体甚至以为自己的一生就是不幸的一生。这类个体，我们的判断是他们对自己的学习、工作和生活缺乏基本的使命感。而缺乏使命感的个体，其道德水平亟须提高。只有当个体赋予自身开展的实践活动以使命感时，才能充分意识到自身的工作、学习和生活于国家、社会以及他人而言所具有的重要意义，既而萌生尊严感、荣誉感、正义感，体会到生活的幸福感。至此，对什么是幸福可以归结为：幸福就是人们在日常生活中，对自己理想的实现所意识和体验到的最高满足感。

2. 幸福作为评价准则的基本依据

因道德上的满足感所带来的幸福感与“自满”不同。这种幸福是辩证的，是满足性与批判性的统一。个体对生活实践所取得的结果进行审视、反思，进而发现存在的问题，基于问题导向能够提出新的实践目标和方案，激励个体树立更高的理想追求，促进个体实现创造性的发展。

个体的幸福感还在于当自身处于逆境时能够正视困难，不消极、不懈怠、不放弃，想方设法解决问题，一以贯之地致力于实现自己的理想。

基于此我们将个人的幸福感状况作为价值观素养评价的一个重要标准。个体幸福或者不幸福的主观感受，反映出一个人的价值观素养状况。

（六）爱国

1. 爱国的基本内涵

人类社会的发展进入文明社会，道德内涵得到进一步丰富，个人与祖国的关系囊括其中，并进一步凝结为爱国主义的要求。爱国主义内涵丰富，具有历史发展继承性，就本质而言，可将爱国主义理解为一种道德心理现象。爱国主义的具体内容可以从客观社会与个体自身两个维度进行界定。社会维度的爱国主义，其重要使命是凝聚社会各阶层，形成建设中国特色社会主义的强大合力，早日实现祖国统一，民族伟大复兴的中国梦；个体维度的爱国主义，是个人对祖国的一种深厚情感，这种对祖国忠贞的情感将个人与国家紧紧地联系在一起。

2. 爱国作为评价基本准则的依据

爱国作为价值观教育效果评价的重要准则，在对个体的价值观素养评价过程中有着根本性的意义。生活在社会中的个体，其活动范围虽在一个个相交或相离的集体中，但都是处于人类社会共同体中，与他人有着千丝万缕的联系。我们生活的祖国，其发展具有历史性，政治、经济、文化、社会等环境都是历史地发展起来的，有着丰厚的文化积淀与传承。因此，祖国在个体的社会化生活中有着非常重要的意义。从个体对于祖国的感情，我们可以评价价值观教育效果，可以评价个体的核心价值观素养。

爱国主义作为社会公民基本道德要求，也是个体认同与践行社会主义核心价值观的重要表现。一个对自己的祖国没有热爱之情的人，必定是对社会主义核心价值观缺乏坚定信仰的人。从一定意义来讲，爱国作为社会主义核心价值观的内容与要求，内含其他评价内容，如良心、责任、义务等。总之，如果我们要对社会主义核心价值观的教育效果做出科学的评价，首要的是对其爱国方面做出客观的评价。

（七）个体素质的综合发展

1. 个体素质综合发展的基本内涵

新形势下，作为新时代的大学生，个体素质的综合发展应体现在：树立坚定的共产主义远大理想和中国特色社会主义共同理想，热爱祖国，热爱人民，热爱中国共产党，拥护祖国统一，爱学习、爱劳动、爱科学，勇于奋斗、敢于担当，积极乐观进取，具有创新精神与创新思维，身心健康，有较好的审美意识，刚健有为、自强不息，德智体美劳全面发展的合格的社会主义建设者和接班人。

2. 个体素质的综合发展作为最终评价根据的依据

相较于善良、诚实、责任等评价准则而言，个体素质的综合发展这一评价准则，具有综合与抽象相统一的特性。尽管现实操作具有一定难度，但是这一评价准则在衡量核心价值观教育效果与个体价值观素养中具有重要意义。从理论维度来看，个体对社会主义核心价值观的认同与践行，其现实表现为个体德智体美劳的全面发展进步。这一评价内容是评价社会主义核心价值观教育效果最高的综合性准则。真正将社会主义核心价值观内化于心并外化于行的人，其外在展现必定是个性全面发展进步的人，在这个意义上，我们可以将此评价准则视为核心价值观教育效果的最终评价根据。

以上是我们衡量社会主义核心价值观教育效果最基本的内容。按照马克思主义哲学，事物发展是普遍性与特殊性的统一，具体到我们对每个个体社会主义核心价值观教育状况的评价，要具体情况具体分析，针对每个个体的实际情况，确定评价准则内容的先后次序，以及适合个体的评价准则，即评价准则应是原则性与灵活性的统一。当然一般而言，以上这些评价准则具有普遍性，构成一个系统的评价准则体系。

四、“立体交互式”大学生社会主义核心价值观教育模式效果评价的具体过程

（一）正确处理评价过程中的动机与效果的关系

在社会主义核心价值观教育效果评价的过程中，如何处理动机与效果的关系问题，一直是我们关注的重要问题，也是较难解决的复杂问题。

1. 动机与效果的辩证关系

马克思主义哲学告诉我们，动机与效果是辩证统一的。一般而言，好的动机会带来好的效果。但是，有时效果与动机之间不具有一致性。好的效果不一定是好的动机带来的，同样，好的动机也未必带来一致的好的效果。同一个动机会带来几种不同的效果，一种效果的引发动机也许多种多样。理论投射到社会主义核心价值观教育的评价实践中，难免会给我们的评价活动带来难度。在评价活动中，以动机为准还是以效果为准，这关系到最终的评价是否科学准确。

2. 科学评价的选择

个体处在各种因素杂糅的现实境遇中，其接受核心价值观教育后，价值观素养呈现出多样性的特征。个体基于自身的初始动机实施的思想选择与实践行为，带来符合或者不符合社会主流价值观要求两种不同的效果。基于此，单纯的以动机为准进行评价，难以做出客观准确的判断。

（二）评价过程中正确把握动机与效果是否一致

马克思主义哲学告诉我们，事物是绝对运动与相对静止的统一。运动是事物的存在方式，事物处于不断的发展变化中。个体的价值观素养亦是如此。我们在进行核心价值观教育效果评价过程中，应深刻理解这一原理的实践意义。也因此我们不将个体在行为选择前的价值动机或者行为选择的后果作为评价的唯一根据，也避免仅仅以某一时段的价值观教育效果作为绝对的评价依据，而是将社会主义核心价值观教育过程视为一个整体过程，进行总体评价。在具体的观测中，应避免将价值观素养视为一旦形成就固定不变的看法，应注重过程性评价。

个体的行为选择总是基于一定的价值认知。这里的价值认知实际可以理解为行为选择的起点——价值动机。动机是推动个体思想与行为的基本动力，也是一种强有力的推动力量。

价值动机作为个体价值选择的推动力和价值观素养的重要组成部分，对个体而言，是其价值观选择的依据。价值动机既是价值追求的决定性要素，也是

价值实现手段的重要决定因素。在这种情境下，个体的目的是其价值动机的实现，也是其价值理想追求的实现。基于此，可以将动机作为社会主义核心价值观教育效果的评价依据之一，以及个体价值观素养的重要衡量因素。前文阐释过，我们应注意动机与结果是辩证统一的，尤其要考量动机与结果性质和方向是否一致的问题。

符合社会主义核心价值观的价值动机，会认同善良、诚实、公正等价值内涵并积极践行，即使处于不利于践行核心价值观的现实困境，树立起社会主义核心价值观信仰的个体也会尽力实现核心价值理想，彰显自己的核心价值素养。

价值观自觉是个体价值动机的决定性特征。应注意的是这一特征对所有的个体选择和价值观素养而言，不具普适性。除却不确定的价值观现实情境外，还有程式化的价值观选择等活动。在这些与价值观相关的活动中，有些价值观是我们普遍接受的，但如对外泄漏国家机密、散布导致社会恐慌情绪的信息等行为，所折射出的个体价值观肯定不符合社会主义核心价值观。所以在我们的学习工作生活中，评价个体核心价值观素养的准则内容具有一定程度的重合性。

个体的需求具有多样性特征，与此相适应的个体的价值观动机也具有多样性和立体化的特征。在多种多样的行为动机中，有主与次、深刻与浅显、相同与不同之分。从而在个体的价值观素养表现中也会有主、次两个方面，在我们的社会主义核心价值观教育效果评价中，须区分主要的价值观教育效果和次要的价值观教育效果两个方面。唯有如此，我们才能透过现象抓住个体的价值观素养的本质，也才能对社会主义核心价值观教育效果做出科学的评价。

（三）评价过程中应注意区分的两种情境

在社会主义核心价值观教育效果评价活动中，应注意区分两种不同的情境：一是个体在一些价值观行为选择中，其价值动机与社会主义核心价值观是一致的，但是个体遭遇现实困境，与此同时，个体没有因为现实困境遭遇而放弃遵循社会主义核心价值观的要求；二是与第一种情境相反，个体的价值动机与社会主义核心价值观不一致，但是其行为及行为后果没有将其违背社会主义核心价值观的动机彰显。对第一种情境我们可以认为个体的价值动机及效果都是善的；而对第二种情境我们应注意做出客观准确的判断，保证动机与效果、手段与结果的统一。

个体的价值动机与价值选择行为效果在价值观素养表现一致性中大致会出现以下几种具体联结的方式：

① 与社会主义核心价值观相一致—行为效果有益；
② 与社会主义核心价值观相一致—行为效果有害；
③ 与社会主义核心价值观不一致—行为效果有益；
④ 与社会主义核心价值观不一致—行为效果有害。

我们认为第一种行为模式是理想、和谐的价值观选择行为实践，在评价中应给予积极肯定的评价。基于前面的阐述，我们认为对第二种行为模式，应具体情况具体分析，根据实际情况有时可以做出积极肯定性的评价。在得到积极肯定性评价这一情形中，更准确的理解是，在此种价值观行为选择中并非符合社会主义核心价值观的价值动机与违背社会主义核心价值观的行为结果之间产生矛盾，而是价值动机与价值观选择实践行为结果的性质发生冲突。若对价值观行为选择实践的整体性缺乏科学认识，就会割裂价值动机与价值行为选择实践效果的关系，难以对个体的价值观素养即社会主义核心价值观教育效果做出科学的评价。综上，我们在评价个体价值观行为选择实践效果的活动中，要注意参照个体对社会主义核心价值观的认同、践行及维护的实践效果。这既是我们进行社会主义核心价值观教育活动总的宗旨与价值追求，也是评价社会主义核心价值观教育效果的总指标。

还应注意的是在评价活动中，单纯与社会主义核心价值观相比对，从而评价社会主义核心价值观教育效果，衡量个体核心价值素养，难以得出科学的评价结果。究其原因我们可以从两个方面进行理解：一是个体行为是连续性与间断性的统一，尤其可能含有价值观动机等方面相互矛盾冲突的行为；二是个体的核心价值观素养评价的实现得益于与社会整体价值观素养的比对。基于此，我们在评价社会主义核心价值观教育活动中，应该注重个体价值观选择行为实践整体性的研究，避免局限于个体某个时段或某个情境孤立行为的研究。

五、“立体交互式”大学生社会主义核心价值观教育模式效果评价的基本方法

核心价值观教育效果评价的基本原则和准则，以及评价的具体任务决定核心价值观教育效果评价的方法。对核心价值观教育效果即个体价值观素养评价方法的选择，总体来讲应符合辩证法的总要求。根据唯物辩证法，我们的评价应注重与社会主义核心价值观认同与践行相关的所有现象的关注与研究，并力求透过现象把握本质，特别是蕴藏其中的规律，在个体社会主义核心价值观认同与践行的全景中动态考察评价，这也是评价科学合理的重要保证。

与其他的评价方法有着较多相似性，对社会主义核心价值观教育效果的评价方法包括基本的评价方法与具体的评价方法。其中，基本的评价方法主要有观察法、询问法和参照性评价法等。

进入新时代，随着我国全面深化改革的推进，对外开放的不断扩大，价值观教育效果即个体核心价值观素养的评价在我们的社会生活与日常生活中的地位与作用越来越重要。习总书记指出用人的“六个导向”，其中最核心的就是一个人的社会主义核心价值观素养，这是贯穿个体综合素养的灵魂。基于此对个体核心价值观素养的评价，对社会主义核心价值观教育效果的评价，就成为人才选拔的一个重要的，也是基本的参照指标。较之过去，我们还更应重视核心价值观教育效果评价表设计与评价方法科学性的提升。仅凭主观印象为个体做出价值观素养状况评价，以此来确定个体核心价值观素养以及社会主义核心价值观教育效果的好坏，已经让大多数学者认识到这是不科学的。基于此，在教育效果评价过程中运用科学合理的方法，对于能否客观准确评价教育效果有着非常重要的意义。

（一）教育效果评价中的观察法

1. 观察法的适用范围与实施

（1）观察法的适用范围

在核心价值观教育效果的评价过程中，我们认为观察法是最简便易行，也是最具有普适性的一种评价方法。不仅限于评价学校的核心价值观教育活动，其他政府机关、社会团体、企业单位等也可以用此方法进行评价相关教育活动的效果。观察法有助于我们掌握实际鲜活的评价材料，以判断个体的核心价值观信仰状况及价值观素养变化情况。

（2）实施观察法的注意事项

观察法看起来容易操作起来却不简单。为保证观察效果，我们建议评价方在观察前要制定科学的观察方案，确定清晰的观察目的和任务，明确以何种方式记录观察结果等。评价方只有将这些因素考虑周全才能使观察有效进行。

2. 观察法的分类

（1）参与观察法的内涵及实施

一般地我们将观察法区分为两种，即参与观察法和非参与观察法。不管是单独运用还是综合运用两种观察方法，观察角度均可以采取整体性观察或者局部性观察。

实施参与观察法应注意：一是评价方在观察期内要融入被评价方群体，成为被评价方中的一员；二是评价方应时刻认识到自己与被评价者是平等的，不能凌驾于被评价者之上，应和被评价者一起学习、生活，参加集体各项活动。

当被观察方是固定的个体或群体时，我们可以采用参与观察法。对于参加参与观察的部门或个人，要视具体情况而定。一般而言，参与观察者可以是学校人事部门的同志，也可以是组织部门的同志，二级学院或者某些具体部门的负责人也可以参与观察。根据社会心理学的研究，参与观察法具备其他观察方法所不具有的优势，如非参与观察或者其他方法难以发现被评价方真实的价值观心理特征，而参与观察法的实施可以帮助评价方掌握被评价方的客观真实的价值观心理特征资料。

实施参与观察的过程中应时刻注意：参与观察不能走马观花、浅尝辄止。参与者应深入被观察者的学习生活以及其他各项活动中，认真发现并对被观察者的价值观认同与践行状况做出客观准确的判断。客观准确地对被观察者的价值观素养做出科学评价，需要深入其学习生活中等足够长的时间，走马观花、浅尝辄止式的观察是难以实现参与观察的目标的。另外，参与观察者应尽力避免在实施观察评价的过程中任意主观化的评价。人是感性与理性的矛盾统一体。避免自己的主观情感等影响评价过程和结果并非容易的事情。即便如此，作为参与观察者也应时刻提醒自己注意，一定根据既定的科学的观察方案按部就班地进行观察，不能任凭感性肆意横行。

相比较而言，参与观察法是对固定个体进行核心价值观教育效果评价的和简便性与实用性相统一的有效方法。选拔优秀学生或者先进个人、优秀学生干部以及培养优秀人才等情境，尤其适合选用此类方法对选拔对象的核心价值观素养进行科学评价。具体到实际学习生活情境中，一般是对某个班集体或者某个群体中的个体同时进行广泛的核心价值观教育效果的评价，在这些情境下，我们一般会选择非参与观察的方法。因此，认真、周全、细致地非参与观察方法是我们核心价值观教育效果评价体系的重要组成部分。

（2）深度参与观察的重要性

参与观察者一般深度参与三年左右的时间，认真细致观察被评价群体的核心价值观教育状况，对特定个体或整体认同与践行社会主义核心价值观的情况做出客观真实的记录。在深度参与观察大学生群体的核心价值观教育效果前，应确立科学的评价指标体系。这个指标体系可以由参与观察者设计制定，也可以委托相关专业机构设计制定。此外，评价方还可以利用其他相关机构的调查统计资料进行科学分析，得出对于大学生社会主义核心价值观教育效果的判断。一般而言，校园文化氛围、学习氛围浓厚，充满正能量的大学生群体的核心价值观素养也相对较高。这两者之间一般是呈正相关关系。社会心理学和行为科学对此也已经做出证明。

3. 基于观察法的“价值情境描述法”

由观察法可衍生出一种方法，我们称之为“价值情境描述法”。该方法在社会心理调查中应用较为广泛。“价值情境描述法”的实质在于通过认真观察并记录被评价个体或某一群体在非常情境中的价值行为，尤其面对两难选择困境做出的价值行为选择，以求对特定个体或群体的核心价值观教育效果做出整体、客观、科学的评价，这也是评价大学生群体社会主义核心价值观素养一个极其重要的方面。通常情况下，个体在认同与践行社会主义核心价值观方面的表现与其真正价值动机可能会出现不一致。在各种因素交织的日常生活中，这种情形是普遍性的存在。在一些特殊情境如个体的切实利益遭到威胁时，个体所呈现的往往是最真实的自己。此外，在个体的日常学习、工作和生活秩序遭遇困境，如个体学习生涯规划的改变、临近考试加紧复习、学习任务的突然增多、老师对自己学习情况的否定性评价等，都属于“价值情境”的具体表现样态。而“价值情境描述法”的应用可以帮助我们搜集更多了解评价大学生核心价值观教育实效的客观资料。

随着科技日新月异的进步，观察法运用的可行性和实效性得到增强。现在我们观察的技术手段，包括传统手段和现代信息技术手段。现代信息技术手段如利用数字媒体技术的录音笔、数码摄录相机、智能手机、隐形录音录像设备，等等。技术的进步使得我们可以选择更有利于观察记录的手段进行评价资料的积累或搜集，现代化数字信息技术的进步也使得我们可以更便捷地获取更加准确、可靠的评价资料。更多客观资料的运用可以有效减少评价中的主观盲目性，从而增加科学性和客观性。

（二）教育效果评价中的询问法

1. 询问法的优势

在核心价值观教育效果评价中，询问法有着重要的地位。与前文讲过的观察法相似的是，询问法在运用过程中操作简单，材料处理便捷，在一定时间内特别是短时间内使任意数量的被询问者参加成为可能。询问法的这些特征使得社会学和社会心理学研究者在研究中广泛使用此方法。我们在社会主义核心价值观教育效果的评价过程中，也广泛使用这种方法。

美国是世界上较早建立专业的研究所、实验室并培训专业询问咨询人员的国家。询问咨询人员提供服务覆盖范围广泛，从预测社会舆情到各个阶层消费者的消费喜好等，无所不包。在对大学生的专业素养、道德品质尤其是大学生核心价值观教育效果进行评价的过程中，我们也可以采用询问法。通过此方法的运用，我们可以获取特定个体的详细资料，以帮助我们对大学生的核心价值观素养做出客观准确的分析、评价。

2. 询问法的分类及运用

询问法主要包括问卷法和谈话法。这两种方法是研究评价者运用已久的方法，在运用的过程中，经过改进提升，现在已经十分成熟。在方法运用之前询问者要精心研究设计问卷或问题，在询问被评价者时询问会比较流畅的进行。目前，在我国询问法也已经广泛应用于社会和心理调查研究中。在运用的早期，因欠缺与其他方法的配合使用，效果并不太理想。询问法固然有其自身的优势，但是要达到预期的调查效果，还须与其他研究方法优化配合使用。

(1) 谈话法及分类

询问谈话的优势主要在于我们能够从询问者与被询问者之间的谈话资料中获取有价值的信息。运用问卷调查法对被评价者进行询问时，被评价者一般采取书面作答方式，而书面作答往往是被评价者深思熟虑的结果。询问谈话与问卷调查不同，谈话双方直接面对面沟通交流，期间伴随肢体语言等。通过这种方式取得的资料的深刻性与价值性，与两个方面有关：一是询问者事先是否精心设计并巧妙地提出问题；二是双方在谈话过程中是否建立真诚互信的关系。

评价者明确对大学生社会主义核心价值观教育效果评价这一任务，继而以评价的目的和任务以及了解掌握被评价者即谈话者的受教育水平和年龄等为起点，精心设计评价的具体内容，并认真细致地思考一系列相关问题。询问谈话要求谈话者具有高超的专业谈话技能和艺术，这也是对所获得信息可靠的重要保证。在询问谈话的过程中，一些具体的方法原则要求谈话者首先掌握，如在被问询者回答问题时，询问者一般不要打断，更不要当即随意做出主观性评价。在耐心听完被询问者回答完毕后，询问者可以就自己未明白或不确定的一些细节再次与被询问者交流沟通。在交流过程中，询问者应注意流露出对被询问者的理解，营造互信的良好谈话氛围。

根据核心价值观教育效果评价的需要，我们可以将谈话分为深入谈话、自由谈话、间接谈话与广泛谈话。深入谈话意在真正了解或搞明白某一问题，但不限制交流方式与回答形式；自由谈话只是在确定大致谈话范围前提下进行的没有明确、具体内容的询问；间接谈话与广泛谈话是就谈话的方向而言的。问题的实质在于内容，采取何种形式要具体情况具体分析。在询问的过程中，可以采取直接问题的形式，如对大学生诚信观的调查，我们可以直接询问“您认为大学生诚实考试值得赞许吗”，也可以间接询问“您对大学生考试作弊持何种态度或看法”。广泛谈话在于谈话的参与者具有数量上的广泛性，对获得的答案或资料运用社会学统计的方法做出处理，从而对个体或群体的核心价值观教育效果做出评价。

(2) 问卷法及实施

问卷的设计制定以及问卷的处理蕴含极高的技术性，我们在思想上对其难度首先要有足够的重视，不能掉以轻心。在认识上首先要区别问答式和选择式问卷。问答式问卷允许被询问者对问题自由作答，而选择式问卷要求被询问者根据要求在所列答案中任选其一或几项作答。不同形式的问卷处理方式也存在差别。当问卷旨在评测被询问者对特定事件的看法或评价时，询问者应科学设计制定好问卷问题，合理选择问卷及问答形式，以保证被询问者充分表达自己的观点和看法。

问卷与问题表之间有共同之处但也有不同点。我们在制定问题表时，要注意这两者之间的区别。问卷一般针对核心价值观某一方面素养的测评，如诚信、爱国等核心价值观特定方面的认同与践行，问题表则旨在对被询问者的社会主义核心价值观整体认同与践行状况做出科学的评测。此外，这两者之间的区别还体现在问题的数量上，一般而言一份问卷设计三到十五个问题为宜；而问题表可以设计几十个问题，问题的数量要多于问卷。

随着测量技术的发展进步，评价量表在社会与心理调查中已广泛应用。评价量表方法是问卷调查的重要方法之一。一般的问卷对于核心价值观教育效果的测评，设置类似“是”与“否”意蕴的两个答案供被询问者选择。与一般问卷不同的是，评价量表既能测试被询问者关于自己或他人的核心价值观认同和践行状况，还能获取被询问者关于此问题的看法或建议。评价量表可以帮助我们获得更多的评测信息，使我们能够更深入地探讨所要研究的问题。

在运用评价量表方法时，评价方应先对合格的认同与践行社会主义核心价值观或者科学的社会主义核心价值观教育标准有深入的了解和掌握。同时，评价方还要深入了解被评价方的特点，如年龄、专业背景、家庭情况等。此外，对评价研究目的也要清楚掌握。我们可以通过对大学生认同与践行社会主义核心价值观程度赋分，以评价社会主义核心价值观的教育效果。赋分可以按每个方面的四到六级制定量表，如四级制量表，用0、1、2、3来表示评价。评价者根据被评价者符合评价标准的程度对其进行从高到低赋分，符合程度越高赋分越高，反之越低。对背离评价标准的行为进行负分评价。赋分完成后，进行常规统计处理，根据统计结果得出结论：被评价者认同与践行社会主义核心价值观的程度，以及核心价值观教育与评价标准相符合的程度。

(3) 独立鉴定概括法

在教育学中，独立鉴定概括法也是广泛应用的方法之一。此种方法的实质在于收集被询问者对于特定个体认同与践行社会主义核心价值观状况或程度的意见，被询问者与特定个体有着共同的活动领域，评价的内容他们一起经历过。举例来讲，评价方想深入了解某个个体的核心价值观素养，运用此方法，评价方可以收集专任教师的看法或意见，还可以获取同学、团组织、党组织、家长以及辅导员老师等对该个体的看法。对收集获取到的意见进行整合分析，评价方也就得到了对个体认同与践行社会主义核心价值观进行评定的原始资料，从而可以对该个体的核心价值观素养做出比较科学的评价。

评价方的鉴定具有主观性的特征，我们需要进行适当处理和分析，去伪存真，去粗取精，将核心价值观的教育效果的客观状况在评价结论中呈现出来。在总结性评价中，对于个体认同与践行社会主义核心价值观每一方面的状况都要按照既定量表赋予一定的分数。在应用心理学和应用社会学领域，独立鉴定概括法由内行评定法演化而来，国外心理学者称独立鉴定概括法为计分法。

综上，询问法在评价社会主义核心价值观教育效果过程中运用较为普遍，有着特殊的价值。

(三) 教育效果评价中的参照性群体评价法

1. 参照性评价法的内涵

参照性群体评价的实现基于群体并以群体接受的核心价值观认同与践行的普遍性标准实现。生活在群体中的个体经常以群体的评价为行为导向，此外，其他个体或群体对其表现的评价或期许也会成为其重要的价值引导。

2. 参照性评价的运作机理

(1) 参照性评价的成立依据

学界一般认为参照性评价指的是在评价个体或群体的社会主义核心价值观教育效果方面有意义的群体评价。个体与个体之间的选择路径是参照性群体的重要呈现方式。

一般而言，个体价值观的确立离不开与所处群体成员间的互动，在互动中个体确立价值原则、价值信仰等。个体价值观的认同与践行得益于个体间、个体与群体间成员的多维互动，在互动中个体按照自己的价值理解对群体施以各种行为，而群体对个体的价值观践行做出回应和评价。尽管群体对于个体的评价没有经过评价方或者评价组织的严格把控，其评价的有效性还是值得肯定的。另外，群体的评价对个体的社会主义核心价值观认同与践行而言，也是一种有力的监督和引导。

群体通过对个体在群体中的行为表现等提出建议实现对个体接受核心价值观教育效果的鉴定与引导。在这个意义上，我们可以将群体的建议视为个体的群体性行为引导因子的呈现样态。作为社会主义事业的接班人，青年大学生要力求自己的价值观思想和行为与社会主义核心价值观的要求保持一致，而这种一致性的实现，主要依赖大学生所处群体对自身价值观各个方面的监督得以实现。群体确立个体认同与践行社会主义核心价值观标准的同时，也确定了个体蕴含自身价值观信仰的行为意义，实际上，社群的形成也是基于个体在各种交往互动中确立其科学的价值观信仰而得以实现的。

我们可以将上面的阐述进一步理解为，群体通过对个体行为的监督与引导，使个体实现对社会主义核心价值观的认同与践行，在这个价值观认同确立的过程中，个体间的联系日益紧密。群体监督在此也可以理解为实现群体内部联结统一的重要外部因素。在监督的过程中，我们发现群体中成长起来一些认同与践行社会主义核心价值观的先进分子，这些先进分子对其他个体而言具有榜样示范效应，先进分子的思想和行为是其他个体价值选择的重要参照。

对核心价值观教育效果的评价而言，参照评价法是一种较为特殊的评价方法。通过参照评价过程，我们可以将核心价值观教育取得重要效果的隐藏于群体内部的典型个体与小群体呈现出来。相比较而言，其他的评价方法难以做到。另外值得注意的是，应用参照评价还可超越单纯的评价功能，实现评价—示范—激励—引导等多项功能。

(2) 参照性评价的运作

一般而言，参照评价程序由预备组和基本组组成。在预备组我们要做好以下工作：首先确定要评价的主要的价值品质，如测评个体层面核心价值观认同与践行的状况，我们可以将爱国、诚信度、责任心、学习状况、与同学的友爱相处状况等作为重要测评方面。其次准备测评卡片。一面标明参加测评的所有人员的姓名以及规定的要求被测试者进行评价的价值品质，另一面标明被测评者的姓名，要求被测评者根据卡片上标明的价值品质对特定个体做出评价并根据具体情况赋分。最后我们统计分数，并根据分数等级来询问评价过程的参与组，要求组员根据已确定的、群体成员皆认同的价值品质对其他个体进行评价。

实验组的基本操作办法是，被测评者从我们所提供的测评卡中选择少量的卡片。如张同学就其中三项价值品质评价李同学的核心价值观认同与践行状况。那么在我们提供给李同学选择的卡片中，标有张同学姓名的三张卡片也在其中。只是这三张卡片的内容彼此不同。尽管姓名都标注的是张同学，但标明的价值品质是有区别的。只是按照这些已标明的价值品质进行评价的对象是其他所有被测评成员，并不是张同学。

实验组测评的目的主要在于获取每一位被测试者对被测试群体内某些特定成员的评价，即选择性评价态度。我们要注意在测评前安排他们对六张左右测评卡上所标明的评价内容进行了解。在被测试者做出某些选择性评价后我们立即发出实验结束的告知。从而每个参与测评的个体都可能按照我们既定的严格程序，对他们所最关注的人对其做出的评价进行感知、了解，基于此这些人也就成为该被测评者的层次参照社交圈。

实验组测评可以帮助我们形成两个方面的认知：一是参与测评者可以根据其他人对自己的意见明确参照社交圈中所有成员的交往偏爱次序；二是被测试者根据其他人对自己认同与践行社会主义核心价值观的评价对自己的价值观品质与行为进行适当调适，以期更好地融入所在集体的学习生活。值得一提的是个体的核心价值素养的表现是多样化的，各种具体的表现都蕴含在个体与群体其他成员的交往联系中。对个体而言，与群体评价之间的良性互动，促进自身社会主义核心价值观的确立，形成与群体成员一致的价值信仰，也是群体建立稳固联系的重要黏合剂。个体的幸福感很大程度上得益于自身与周围群体及其他个体的良好关系，当个体亲身体验基于核心价值追求一致所带来的社交幸福感之后，个体就会更加积极地表现自己的核心价值信仰，而群体也会通过更积极、肯定的评价与其进行频繁互动。

基于以上阐述，我们认为参照性群体评价法在核心价值观教育效果评价过程中有着特殊的地位和作用。参照性评价所采用的价值标准——个体所在群体中人与人之间交往的核心价值观认同与践行标准，是科学的。

我们一般主要将社会主义核心价值观中与大学生现阶段的学习生活较为密切的一些方面在测评卡片上标明。因此对参加测评的个体而言，无论是评价方或被评价者，所看到的都是凝练概括的抽象的价值观品质的表达，如诚实、公正、责任、敬业等都属于萃取的抽象的价值观素养。值得注意的是这些价值观素养在个体身上会以综合的方式呈现出来。在测评的情境中，作为评价方的个体处于旁观者立场观测其他同学。由于同学朝夕相处，彼此间较为了解，可以较为顺畅地将抽象的价值观素养表达与具体形象的个体联系起来。如我们把一张标有“公正”和其他个体姓名的测评卡交给作为评价者的同学，这位同学根据平时同学间的交往和了解，会立即联想到日常言行与“公正”高度吻合的同学，也会立即联想到日常言行与“公正”严重背离的同学，从而可以做出判断：哪些同学具备“公正”核心价值观素养，哪些同学不具备此素养。同时，介于高度吻合与严重背离某项价值观素养之间的同学，作为评价者的个体也能排出大致次序。

（3）参照性评价的优势

与观察法和询问法相比较而言，参照性评价法的最大优势在于其客观现实性。此方法不囿于特定个体的单一评价，而是群体个体之间的相互评价。所以参照性评价法可以最大限度保证评价过程的客观可信度，避免评价受评价者主观情感的影响。

综上，进入新时代，我们检验社会主义核心价值观的教育效果，测试大学生的社会主义核心价值观素养，必须秉承科学精神，不断完善方法论系统与实验系统，避免腐朽的“任人唯亲”式的主观任意评价。从中华人民共和国成立到进入新时代，我国的核心价值观教育效果评价工作得到了长足的发展和进步，在此基础上加快建立和完善与新时代中国特色社会主义发展要求相适应的社会主义核心价值观教育效果评价系统，无论对于新时代中国特色社会主义文化和教育事业的发展，还是人才的培养都具有重要的意义。

附　录

基于红色文化育人的社会主义核心价值观教育教学研究与实践

——临沂大学依托沂蒙红色文化推进社会主义核心价值观教育的创新实践

党的十八大指出，要“努力办好人民满意的教育”。《国家中长期教育改革和发展规划纲要》强调，学校教育要“立德树人，把社会主义核心价值体系融入国民教育全过程。”由此可见，以社会主义核心价值观培育当代大学生，把当代大学生培养成德智体美全面发展的社会主义建设者与接班人，是社会主义大学的根本任务。十六届六中全会以来，地处沂蒙革命老区的临沂大学，紧紧围绕“以社会主义核心价值观培育当代大学生”这一主题，依托内涵丰富、感染力强的沂蒙红色文化，积极推进大学生社会主义核心价值观教育教学改革，构建了基于红色文化育人的大学生社会主义核心价值观教育教学模式，为社会主义核心价值体系融入高校人才培养全过程提供了可资借鉴的现实样本。

一、改革动因及基本思路

临沂大学依托沂蒙红色文化推进社会主义核心价值观教育的创新实践，是落实中央精神，推动社会主义核心价值体系融入高校人才培养全过程的需要；是应对现实挑战，破解大学生社会主义核心价值观教育中存在的难题的需要；也是继承优良传统，充分发挥革命老区红色文化的育人功能与时代价值的需要。十六届六中全会以来，临沂大学从指导思想、基本理念、研究思路、实践路径等方面对社会主义核心价值观教育教学进行了顶层设计，形成了依托红色文化推进社会主义核心价值观教育教学模式改革的基本思路。

（一）改革动因

1. 落实中央精神，推动社会主义核心价值体系融入高校人才培养全过程

社会主义核心价值体系是兴国之魂。建设社会主义核心价值体系，培育社会主义核心价值观，是维护国家意识形态安全，增强国家文化软实力的需要。新世纪以来，中央反复强调要大力建设社会主义核心价值体系，积极培育社会主义核心价值观。十六届六中全会提出并论述了社会主义核心价值体系的内容、实质与重大意义。十七大报告强调，要"切实把社会主义核心价值体系融入国民教育和精神文明建设的全过程"。十七届四中全会提出，要"开展社会主义核心价值体系学习教育"。十八大报告强调"加强社会主义核心价值体系建设"、"积极培育社会主义核心价值观"。从中央近年来的一系列论述可以看出，在全社会推进社会主义核心价值体系建设、培育社会主义核心价值观，已经成为国家层面的战略任务。在新的时代背景下，深化教育教学改革，把社会主义核心价值体系融入人才培养全过程，在当代大学生中培育社会主义核心价值观，已经成为高校的重大任务。

2. 应对现实挑战，破解大学生社会主义核心价值观教育中存在的难题

改革开放以来，中央加强和改进大学生价值观教育，取得了显著成效。但是，国内外环境的深刻变化，也使当代大学生价值观教育面临着严峻的挑战。从国际环境看，当代资本主义的新发展、社会主义的新变化以及当代世界政治多极化、经济全球化、交往信息化、文化多元化的趋势，对当代大学生价值观念的发展产生着强烈的冲击。从国内环境看，我国经济体制的深刻变革、社会结构的深刻变动、利益格局的深刻调整、人们的生活方式的巨大转变，以及社会转型过程中出现的种种社会问题，使得大学生在价值观方面产生迷茫、困惑和疑问。面对国内外环境的深刻变化，迫切需要以社会主义核心价值观引领当代大学生价值观念发展。在新的时代背景下，如何把握规律，引领当代大学生认同并践行社会主义核心价值观；如何实现德育与智育、体育、美育的融合，培养全面发展的社会主义建设者与接班人；如何创新思路和方法，建立高校普遍适用的社会主义核心价值观培育的长效机制等问题，成为大学生社会主义核心价值观教育中的重点、难点问题。

为解决这些重点、难点问题，党和政府做出了巨大的努力。2004 年 10 月，中共中央、国务院发出了《关于进一步加强和改进大学生思想政治教育的意见》

(中发〔2004〕16 号)。此后,中央有关部委联合或分别发出《关于进一步加强高等学校学生形势与政策教育的通知》(教社政〔2004〕13 号)、《关于进一步加强高等学校校园文化建设的意见》(教社政〔2004〕16 号)、《关于进一步加强高等学校校园网络管理工作的意见》(教社政〔2004〕17 号)、《关于进一步加强和改进大学生社会实践的意见》(中青联发〔2005〕3 号)、《关于进一步加强和改进高等学校思想政治理论课的意见》(教社政〔2005〕5 号)、《关于进一步加强和改进研究生思想政治教育的若干意见》(教思政〔2010〕11 号)、《关于加强和改进高校青年教师思想政治工作的若干意见》(教党〔2013〕12 号)等文件,要求加强和改进大学生价值观教育。在中央反复强调加强社会主义核心价值体系建设、中央多部委联合推进大学生价值观教育的背景下,积极应对现实挑战,主动破解大学生价值观教育教学中的重点、难点问题,理应成为高校的自觉行动。

3. 继承优良传统,充分发挥革命老区红色文化的育人功能与时代价值

在当代大学生中培育社会主义核心价值观,需要充分发挥红色文化的育人功能。早在 2005 年,中宣部、中央文明办、教育部、共青团中央联合发出的《关于进一步加强和改进大学生社会实践的意见》(中青联发〔2005〕3 号)就提出,要“积极开展‘红色之旅’学习参观。要组织大学生到革命纪念地、改革开放前沿和经济社会发展成效显著的地方学习参观,了解中国革命、建设和改革开放的历史和成就,增强大学生对党的感情,对中国特色社会主义的热爱,激发他们全面建设小康社会、实现中华民族伟大复兴的责任感。要充分发挥博物馆、纪念馆、展览馆、烈士陵园等爱国主义教育基地的教育作用。”

运用红色文化教育当代大学生,临沂大学具有独特的优势。临沂大学地处著名的革命老区沂蒙山区。在长期的革命和建设实践中,沂蒙人民孕育了“爱党爱军、开拓奋进、艰苦创业、无私奉献”的沂蒙精神,培育了以沂蒙精神为内核、以红色历史遗迹为物质载体、以红色文艺形态为表现形式的沂蒙红色文化。原中共中央政治局常委李长春曾经指出:“沂蒙精神是伟大民族精神在革命战争时期的展现和升华,也是中国共产党领导全国各族人民在革命战争时期创造的光辉精神财富,是山东经济社会发展呈现良好局面的真谛所在,与井冈山精神、长征精神、延安精神、西柏坡精神一样,都是我们的宝贵精神财富。”中共中央政治局常委刘云山也曾经指出:“现在我们提倡井冈山精神、延安精神、西柏坡精神、长征精神,再加上沂蒙精神、太行精神,所有这些都是我们民族精神的具体体现。”近年来,临沂大学协同临沂市有关部门,对以沂蒙精神为内核的沂蒙红色文化资源进行深入挖掘,开发了“一个中心、八个组团”红色文化聚集区,

建设了一批红色文化教育基地,推出获得了全国"五个一"精品工程奖、中国舞蹈"荷花奖"特别奖、中国电视剧"飞天奖"一等奖等重大奖项的电视连续剧《沂蒙》、电影《沂蒙六姐妹》、大型水上实景演出《蒙山沂水》等红色文艺经典,为社会主义核心价值体系建设提供了宝贵的文化资源。

在长期的办学实践中,临沂大学一直注重用沂蒙红色文化陶冶、培育青年学生。十六届六中全会以来,临沂大学总结多年来的办学经验,对"如何提高社会主义核心价值体系建设的实效性"这一难题进行了深入研究。2009 年以来,临沂大学先后获批并启动国家社科基金课题《红色文化与社会主义核心价值体系建设研究》(项目编号:09BKS047)、山东省社科规划课题《沂蒙精神与社会主义核心价值体系研究》(项目编号:09CZZJ08)等课题的研究,理清了红色文化(沂蒙精神)与社会主义核心价值体系的关系,阐明了红色文化在大学生价值观形成中的作用,提出了沂蒙红色文化融入社会主义核心价值体系建设的思路、方法与机制,确立了"发掘红色文化的育人功能、依托红色文化推进大学生社会主义核心价值观教育教学"的思路,并在学校人才培养中对这一思路进行了实践与完善。

(二) 基本思路

临沂大学"依托沂蒙红色文化推进社会主义核心价值观教育"的指导思想是:以党的教育方针为指导,以办人民满意的高等教育为主旨,以社会主义核心价值观教育为主题,以红色文化为资源,以沂蒙精神为主线,以思想政治理论课等课堂教学为基本渠道,以建立红色基地、研究红色文化、开设红色课程、建设红色场馆、组织红色活动、打造红色典型为主要途径,按照研究与实践相结合,德育与智育、体育、美育相结合的原则,在学校人才培养中深入实施红色育人工程,引导当代大学生自觉成为以社会主义核心价值观武装头脑、指导实践,具有沂蒙精神特质的社会主义事业建设者和可靠接班人。

临沂大学"依托沂蒙红色文化推进社会主义核心价值观教育"的基本理念是:坚持育人为本、德育为先,在高等教育中立德树人,把社会主义核心价值体系融入高校人才培养全过程;坚持协同创新,加强校地结合,实现红色文化资源共建共享、社会主义核心价值观教育协同推进;确立系统工程理念,加大文化育人、实践育人、全员育人的力度,对社会主义核心价值观教育教学进行统筹规划、全程设计;借鉴建构主义教育理论,尊重学生的主体地位,更新德育观念,创新德育方法,使学生成为接受的主体、体验的主体与实践的主体,引领学生在主动参与中深度认同与自觉践行社会主义核心价值观。

临沂大学“依托沂蒙红色文化推进社会主义核心价值观教育”的研究思路是：首先，开展沂蒙红色文化与社会主义核心价值体系的本体性、互动性研究。其次，对红色文化资源的挖掘、整合、开发与运用进行系统性研究。再次，研究构建全方位覆盖、多渠道渗透、体验式践行的红色文化教育模式。最后，探索红色文化融入社会主义核心价值体系建设的途径、方法和机制。总之，要按照系统工程的思维方式，深入研究红色文化在社会主义核心价值体系建设中的价值、功能与作用，构建基于红色文化育人的社会主义核心价值观教育教学模式，形成大学生社会主义核心价值观教育教学的长效机制。

临沂大学“依托沂蒙红色文化推进社会主义核心价值观教育”的实践路径是：纵向上，按照“一二三四”的进路，全程设计、逐步深化沂蒙红色文化教育。即：大学四年期间，大一在课堂教学与校园文化活动中认识、体验沂蒙红色文化；大二、大三在社会实践中践行沂蒙红色文化；大四在专业实习中最终养成沂蒙精神特质，生成相对稳定的社会主义核心价值观。横向上，按照“一三三一”的思路实施。即：围绕“一个中心”，“依托红色文化，在当代大学生中培育社会主义核心价值观”；突出“三个结合”，“坚持德育与智育相结合、德育与体育相结合、德育与美育相结合”；抓住“三个环节”，“统筹课堂教学、校园文化活动、社会实践”；实施“一个工程”，在“红色育人工程”的框架下，开展“三进”、“三下”、“三研”与“六个一”活动。其中，“一个中心”解决的是目标问题，“三个结合”解决的是原则问题，“三个环节”解决的是途径问题，“一个工程”解决的是机制问题。“一三三一”融合了目标、原则、途径、机制等要素，体现了系统工程的基本要求，构成了“依托沂蒙红色文化推进社会主义核心价值观教育”的完整路径。

二、理论观点与实践运行

红色文化与社会主义核心价值体系内涵一致、本质同一，是中国特色社会主义先进文化的重要体现，是推进社会主义核心价值体系建设的宝贵资源。十六届六中全会以来，临沂大学结合国家社科基金课题、山东省社科规划课题等课题的研究，形成了基于红色文化推进大学生社会主义核心价值观教育的理论观点与总体思路。按照这样的理论观点与总体思路，学校统筹课堂教学、校园文化活动与社会实践三个环节，以课堂教学为核心，注重校园文化活动、社会实践对课堂教学的支持，实现了红色文化的全面渗透，使社会主义核心价值体系进校园、进课堂、进大学生头脑的工作落到实处、取得实效。

（一）理论观点

2009年以来，临沂大学通过对国家社科基金课题“红色文化与社会主义核心价值体系建设”（项目编号：09BKS047）、山东省社科规划课题“沂蒙精神与社会主义核心价值体系”（项目编号：09CZZJ08）等课题的研究，认为：红色文化是中国特色社会主义先进文化的重要体现，是推进社会主义核心价值体系建设的宝贵资源，具有丰富的价值意蕴与重要的育人功能，依托红色文化推进社会主义核心价值观教育是一项系统工程，须按照系统工程的思维方式推进。

1. 红色文化是中国特色社会主义先进文化的重要体现

临沂大学的研究认为，红色文化是马克思主义中国化进程中的崭新文化形态，包括了“民族的科学的大众的”新民主主义文化和社会主义革命与建设时期的文化，是中国特色社会主义先进文化的重要体现，具有先进性、时代性、包容性和稀缺性的基本特征。红色文化从区域文化到全国文化、从边缘文化到主流文化的发展历程，与20世纪以来中国革命、改革、建设的社会变迁历程相吻合。红色文化的精神内核是红色精神。红色精神包含了中国共产党在革命、建设、改革开放新时期形成的体现社会主义、共产主义价值目标的各类精神形态，是党领导人民进行革命和建设所积累的精神财富的结晶，体现了民族精神的一般性质，同时也反映了时代精神的精华，是当代中国的民族精神和时代精神。

2. 红色文化是推进社会主义核心价值体系建设的宝贵资源

临沂大学的研究认为，红色文化见证了中国革命和建设的光荣历史，昭示了马克思主义的科学性、中国共产党的伟大性和社会主义道路的必然性。红色文化体现了新民主主义文化和社会主义文化的时代性与先进性，是社会主义核心价值体系的直接源头。红色文化渗透着对马克思主义的坚守、对民族精神的传承、对时代精神的创造、对社会主义与共产主义理想的向往和对社会主义荣辱观的践行，本身就是社会主义核心价值体系的内在组成部分。红色文化资源内容生动，感染力强，在价值观教育方面有极好的说服力。红色文化资源内容丰富，分布广泛，易于开发，具有广泛的适应性和针对性，是社会主义核心价值体系建设的文化基础、文化资源和文化素材。挖掘红色文化的内在价值，大力传承与弘扬红色文化，对推进社会主义核心价值体系建设具有重要的意义。

3. 沂蒙红色文化具有丰富的价值意蕴与重要的育人功能

临沂大学的研究认为，沂蒙红色文化的价值意蕴与育人功能集中体现在以“爱党爱军、开拓奋进、艰苦创业、无私奉献”为基本内涵的沂蒙精神中。沂蒙精神的形成及沂蒙人民取得的巨大成就，是马克思主义指导的成功典范。沂蒙精神所蕴涵的崇高理想与坚定信念，是中国特色社会主义共同理想的鲜明写照。沂蒙精神所蕴涵的爱党爱军、开拓奋进、改革创新精神，是民族精神和时代精神的生动体现。沂蒙精神所蕴涵的价值观念、价值目标和精神境界，是社会主义荣辱观教育的生动教材。沂蒙精神蕴含着当代大学生应当树立的价值观，这就是：立场坚定、方向明确、追求执着的政治信念；改革创新、奋发进取、敢为人先的思想意识；自力更生、坚韧不拔、艰苦奋斗的精神风貌；顾全大局、公而忘私、勇于奉献的价值取向。大力弘扬沂蒙精神，有利于增强当代大学生对马克思主义的信仰，有利于引导当代大学生树立中国特色社会主义共同理想，有利于培育以爱国主义为核心的民族精神和以改革创新为核心的时代精神，有利于在全社会开展社会主义荣辱观教育。

4. 依托红色文化推进社会主义核心价值观教育是一项系统工程

临沂大学的研究认为，依托红色文化推进社会主义核心价值观教育，须按照系统工程的思维方式展开论证、设计思路、推进实践。首先，要深入研究红色文化和社会主义核心价值体系的关系，构建科学、系统的红色文化教育内容体系，为深入推进社会主义核心价值体系建设培育生动载体。其次，要加强全国红色文化资源的系统性研究，实现各地红色文化资源的整体效益；要建立挖掘、保护、整合、创新、运用为一体的模式，不断把红色文化资源转化为时代性教育资源；要建立红色文化产品体系和红色文化产业体系，打造红色文化精品，建设红色文化教育基地，创新红色文化传播方式。最后，要贴近实际、贴近生活，以实践育人为基本导向，以体验教育为基本途径，精心设计和组织开发内容鲜活、形式新颖、吸引力强的实践活动；要统筹课堂教学、校园文化活动与社会实践三个环节，建立起全方位覆盖、多渠道渗透、情与理交融的红色文化教育新模式。

（二）实践运行

高校德育教学工作是由理论教学与实践教学构成的系统工程，其中理论教学主要体现为课堂教学，实践教学则主要依托校园文化活动与社会实践进行。校园文化活动常常被称为第二课堂，贯穿从学生入学到毕业的全过程。社会实践则是课堂教学在社会上的延伸，有助于巩固与深化学校教育的成果。临沂大学在依托红色文化推进社会主义核心价值体系教育教学的实践中，按照“一三三一”的路径，统筹课堂教学、校园文化活动与社会实践三个环节，以课堂教学为核心，注重校园文化活动、社会实践对课堂教学的支持，实现了红色文化教育的全面渗透。“一三三一”的后一个“一”为“一个工程”，即“红色文化育人工程”，具体表现为“三进”、“三下”、“三研”与“六个一”活动。以“三三三六”为主体的"红色文化育人工程"作为高校思想政治工作的宏观运行机制，虽然本身不等同于教学，但为社会主义核心价值体系教育教学提供了强大的支持。

1. 创新课堂教学，红色文化融入理论教学全过程

课堂教学是高校人才培养中最基本、最核心的活动，是实施大学生社会主义核心价值观教育的主要阵地。社会主义核心价值观"进教材、进课堂、进学生头脑"的核心是"进课堂"。十六届六中全会以来，临沂大学对学校人才培养方案进行了改革，加强创新课堂建设，形成了在课堂教学中全面推进红色文化教育的格局。

思想政治理论课是价值观教育的主课堂。为在思想政治理论课中推进红色文化教育，临沂大学主要做了三个方面的工作。首先，完善课程设置，研编红色教材，充实教学内容。该校社会主义核心价值体系融入教育部规定的思想政治理论必修课，其中在"马克思主义基本原理概论"课中突出马克思主义理论教育，在"毛泽东思想与中国特色社会主义理论体系概论"课中突出中国特色社会主义共同理想教育，在"中国近现代史刚要"课中突出民族精神与时代精神教育，在"思想道德修养与法律基础"课中突出社会主义荣辱观教育。在此基础上，研编《沂蒙红色文化与沂蒙精神》教材，面向本专科生开设该门课程，开展系统的红色文化教育。目前，该门课程已经成为学校最有活力、最受学生欢迎的通识课程之一。其次，坚持实践锻炼与情感体验相结合。学校要求教师在讲清内容的基础上，设置实践情境，引导大学生对红色文化产生积极的情感体验，建立起当代大学生与红色文化及其所代表的价值观之间的情感联系。再次，促进理论体系、课程体系与素质体系之间的"转化"。该校探索红色文化转化为思想政治理论课内容的路径，把红色文化渗透到思想政治理论课课程体系中；探索课程体系转化为教学体系的路径，通过科学的教学体系促进蕴含红色文化的思想政治理论课课程体系的贯彻和落实；探索教学体系转化为素质体系的路径，运用各种教学要素把红色文化及其价值观转化为学生的思想道德素质。

通识课程是对学生进行价值观教育的重要课程。为在通识课程中推进红色文化教育，临沂大学主要做了三个方面的工作。首先，将与红色文化相关的通识课程纳入专业培养目标，落实到教学计划和课程设置中，以教学文件的形式固定下来，为通识课程的组织与实施提供明确依据。其次，在培养方案中，合理安排通识课程的教学时间，确保通识课程教学的渠道畅通。再次，开设从专业课中延伸出来的通识课程，在润物无声中渗透红色文化。例如，该校从音乐学课程群中引申出"红色艺术欣赏"课，面向全校本专科生开设，使学生在艺术

欣赏中陶冶情操，品味、体验红色文化，领会、认同社会主义核心价值观；从历史学课程群中引申出“中华民族精神”课，开展国情教育、党史教育、民族精神与时代精神的教育；在中国语言文学课程群中引申出“五四文学研究”“中国左翼作家作品研究”等课程，注重从中国现当代文学中突出红色文学的育人功能。

高校各门专业课都承担着价值观教育的重任。为在专业课中推进价值观教育，临沂大学主要做了三个方面的工作。首先，要求专业课教师有意识地把专业课中的价值观教育资源在备课时挖出来，讲课时融进去。比如，在体育教学中，把革命传统元素纳入课程教学，创设了红色运动项目，使学生在体育运动中体味老区人民爱党爱军的情感。其次，结合专业特点推进价值观教育。该校要求专业课教师通过讲授专业课的发展史，激励学生树立终生为真理而奋斗的进取精神；通过介绍与学科相关的优秀历史人物，激发学生的正义感、责任感和奉献精神；通过说明科学结论形成的过程，培养学生独立思考的能力、探索新知的精神、热爱科学的感情和实事求是的学风。再次，结合专业实习、教学实践推进价值观教育。该校高度重视实践教学体系建设，引导学生在教学实践中细致地观察、积极地思考、大胆地想象，使大学生在获得专业技能的同时，思想和人格得到提升。

2. 拓展“第二课堂”，红色文化融入校园文化活动

校园文化活动是大学生价值观教育的“第二课堂”，是实施红色文化教育的有效途径。从开学典礼到毕业典礼，青年学生在大学校园中随时随地都受到校园文化的熏陶。为了构建红色文化育人的良好校园环境，引导青年学生积极主动地参加校园活动，发挥青年学生在价值观教育中的主体作用，临沂大学主要做了四个方面的工作。

首先，规划设计了基于沂蒙精神的校标、校风、校训、校歌等校园标识系统。校标图案昭示出临沂大学师生弘扬沂蒙精神、传承人类文明的历史使命感和创新创业、追求卓越时代的责任感。校风为“实”，秉承了沂蒙人民的朴实民风、“沂蒙精神”开拓奋进、艰苦创业的内涵和党的“实事求是”的思想路线、“理论联系实际”的优良学风。校训“明义、锐思、弘毅、致远”，分别取自临沂籍圣贤颜真卿、刘洪、曾子、诸葛亮之语或赞其之语，体现了对民族优秀文化基因和沂蒙精神的传承。校歌唱到：“感恩这方捧出无数圣贤的土地，今天又把红色的大学深情托举，上善沂水风范崇实蒙山品质，反哺父母沂蒙，我们一肩担起；感恩这方催生无数奇迹的土地，大爱更把红色的栋梁深情培育，笃奉名义锐思抱负致远弘毅，明朝家国天下，我们一肩担起；德为重、才为本，弘道为要义，立志当合人

类需、同学需铭记，和为贵、学为先，未来在期冀，智慧当利世界益，我们齐努力。”整首歌曲曲意深邃，旋律高昂，渗透着红色精神，给人以向上的力量。

其次，做强“三馆”，做精“三院”，做大“三媒体”，全面推进红色文化“进校园”。做强“三馆”，一是建设红色馆，展示沂蒙老区红色历史与临沂大学红色校史；二是在图书馆建设红色文献收藏与研究中心；三是在博物馆内建立红色非物质文化遗产展厅。做精“三院”，一是建设红色影院，定期播放红色影视作品；二是建设红色剧院，编排大型红色风情歌舞《蒙山沂水》室内版、大型情景剧《沂蒙情深》；三是建设红色音乐厅，编排大型红色交响史诗《沂蒙畅想》。做大“三媒体”，一是在学报开辟“沂蒙精神研究”专题，打造红色学术研究平台；二是在校报开辟“红色沂蒙”专栏，报道红色文化育人举措、成就及红色经典故事、红色先进人物等，营造红色育人氛围；三是在校园网开辟红色网站，打造沂蒙红色文化网上基地，以鲜活的红色文化丰富校园网络教育内容。

再次，发挥红色文化强大的震撼力、感染力与穿透力，全面推进红色文化“进大学生头脑”。在红色文化与沂蒙精神进教材、进课堂的基础上，一是通过校园电台、电视台播放红色歌曲、讲述红色故事、研讨红色话题等，让学生接受红色文化耳濡目染的熏陶。二是成立以社会人士、老师、学生为成员的沂蒙红色文化宣讲团，以感天动地的沂蒙精神感染人。三是充分利用《沂蒙六姐妹》《沂蒙》《红色沂蒙 365》等红色影视资源，在新生中每年开展一次红色影视赏析活动，用影视作品陶冶学生情操。四是鼓励、支持并指导学生组建红色文化社团，通过社团活动凝聚并影响广大学生。五是拍摄红色电视片，编辑红色文化丛书，用红色文化武装大学生、引导大学生、塑造大学生、鼓舞大学生。

最后，做实红色文化“六个一”活动，构建大学生自我组织、自我管理、自我提升的平台。一是每学年组织一次新生军训，培养学生“爱党爱军”的特殊感情。二是每年在新生中组织开展一次红歌合唱比赛，强化红色记忆，加强革命传统教育，增强大学生的集体荣誉感。三是每年举行一次红色运动会，将红色文化元素融入到体育竞赛中，引导学生在红色运动中体味沂蒙精神。四是每年组织一场以红色文化与沂蒙精神为主题的演讲比赛，让学生在思、学、讲的基础上进一步认同红色文化。五是每年举办一次红色文化高端论坛，邀请全国各地红色文化研究专家，深入研讨红色文化。六是每年评选表彰一次红色育人工作先进集体、先进个人和红色文化建设精品，充分发挥先锋模范的带动作用。

3. 延伸课堂链条，红色文化融入社会实践活动

教育部、中宣部、财政部、文化部、中国人民解放军总参谋部、中国人民解放

军总政治部、团中央七部门联合下发的《关于进一步加强高校实践育人工作的若干意见》(教思政〔2012〕1号)明确提出:“进一步加强高校实践育人工作,是全面落实党的教育方针,把社会主义核心价值体系贯穿于国民教育全过程,深入实施素质教育,大力提高高等教育质量的必然要求。”社会实践活动是高校课堂的延伸,是高校思想政治理论课实践教学的重要组成部分,是大学生成长成才的正确道路。临沂大学把社会实践活动与红色文化教育结合起来,放开眼界,面向社会,认真组织开展大学生社会实践活动,让学生在实践中了解国情、经受锻炼,锤炼意志品质、培养创新精神、增强实践能力、全面提高素质。

首先,加强组织领导,全员参与大学生社会实践活动。学校成立“下基地”“下工厂”“下农村(社区)”实践活动领导小组,具体负责活动的组织、协调等工作。学校分管思想政治工作的党委副书记担任领导小组组长,分管教学工作的副校长与分管学生工作的副校长担任副组长,宣传部、学工部、教务处、团委、马克思主义学院等职能部门的负责人与各学院党委书记、院长担任成员。领导小组办公室设在宣传部,学工部(处)、教务处、团委、马克思主义学院等相关部门共同做好相关工作。学校要求各学院同时建立需要层级的领导小组,书记、院长为组长,学生工作副书记、教学副院长等为成员,共同组织好学生“下基地”“下工厂”“下农村(社区)”实践活动工作。

其次,完善培养方案,使学生在校期间全程参加社会实践活动。学校人才培养方案突出学生的主体地位,注重培养学生的参与意识与实践能力。方案规定,每位学生在校期间从事“三下”活动的总时间不能少于一个月。一年级学生要“下基地”,时间不少于10天,着重认识、体验沂蒙红色文化;二年级、三年级学生根据专业特点“下农村”“下工厂”,时间不少于20天,着重实践沂蒙红色文化;四年级学生结合专业实习参加综合性社会实践,着重养成沂蒙精神特质、生成社会主义核心价值观。每项社会实践活动1学分,根据实践报告、实习或实训报告并结合日常表现对学生进行考核。每次活动学校都要制定具体的实施方案,并要求各学院制定详细的落实方案,切实做好组织实施工作。

第三,突出学生的主动性,引领学生在社会实践中自觉践行社会主义核心价值观。“下基地”重在让大学生了解历史。大学生通过到红色文化教育基地参观考察,了解红色沂蒙的历史,增强对红色文化的感性认识。“下农村”重在让大学生了解农业、农村与农民。大学生通过调研农村(社区)组织管理、民生状况、基础教育等问题,开展支农、支教、社区服务等实践活动,了解农民生活、农村现状和农业发展,增进大学生同基层干部群众的感情。“下工厂”重在让大学生了解工业、工人与城市发展。大学生通过进入企业参与生产劳动、技术研发,开展创新创业训练,提高专业技能,增强创新创业意识,增进同产业工人的感情,了解改革开放的成就,增强对经济发展的感性认识。

在多年探索的基础上,2011 年 6 月,临沂大学出台了《红色育人工程实施意见》,强调"红色育人工程是一项系统而庞大的科学工程,按照"三三三六"总体架构整体推进,实现全程育人、全员育人、全方位育人的工作目标。"该《意见》构建了红色文化育人的宏观运行机制,为社会主义核心价值观教育教学提供了强大的支持。

三、保障机制

"依托沂蒙红色文化推进社会主义核心价值观教育"是一项复杂的系统工程。近年来,临沂大学按照系统工程的要求,建立健全了组织保障机制、制度保障机制、物质保障机制和队伍保障机制,保证了大学生社会主义核心价值观教育教学工作的正常、有序进行。

(一)组织保障机制

临沂大学把红色文化融入学校工作的各个方面,贯穿于教育教学的各个环节,形成了全员育人、全程育人、全方位育人的红色文化育人机制。学校积极推进德育与智育、体育、美育的结合,课内教育与课外教育的衔接,建立起教育、服务、管理一体化的红色文化教育机制。学校"红色育人工程"领导小组作为校级层面的专门机构,统筹教育、管理与服务育人工作。思想政治理论课教学部门侧重于理论层面的红色文化教育;团学系统侧重于日常生活中的红色文化教育;专业课教师把红色文化教育融入学生专业学习的各个环节,渗透到教学、科研的各个方面;管理、服务部门立足岗位,通过实践沂蒙精神以身示范;宣传部门通过校园舆论阵地弘扬红色文化,营造良好的舆论氛围。总之,这样的组织机制为红色文化融入社会主义核心价值体系建设提供了组织上的保障。

(二)制度保障机制

临沂大学健全、完善大学生价值观教育的各项规章制度,为红色文化教育提供了强有力的制度保证。学校在校、院层面都明确规定了有关领导与部门的职责,使红色文化教育方面有人负责;制定了红色文化教育的各项常规性制度,使红色文化教育有章可循;建立了目标管理制度和评价考核办法,使红色文化教育有法评价。学校先后出台了《临沂大学红色育人工程实施意见》《临沂大学红色育人工程"下基地"、"下工厂"、"下农村"实践活动实施方案》《红色育人工程考核办法》,建立了科学的管理与评价体系。通过这些规章制度,临沂大学有效调控了红色文化教育系统各要素之间的关系,充分发挥了各要素的优势,提高了红色文化教育的科学化、规范化和制度化水平,为红色文化教育提供了保障。

(三)物质保障机制

临沂大学为红色文化教育提供了良好的物质基础。首先,提供场所和设施。该校建设了呈现红色历史的红色馆、展示红色非物质文化遗产的博物馆和位于图书馆的红色文献收藏中心,建设了上演红色文艺精品的音乐厅、大剧院、3D影院,开通了红色电台、电视台,在学报、校报开辟了红色育人专栏,建设一批红色雕塑、红色文化长廊等校园文化景点。其次,提供政策和资金。该校在年度预算中为红色文化教育编列充足的经费,设立专项基金奖励红色文化教育中涌现出的先进集体、先进个人、先进事迹,还提供专项经费支持教师参加相关的研讨会和培训会。最后,协同地方政府共建共享红色文化教育基地。该校依托临沂市"一个中心、八个组团"红色文化聚集区建设的社会主义核心价值观教育基地,不仅用于本校师生的红色文化教育,而且已经成为教育部命名的"全国高校思想政治理论课校外实践基地",在全国高校师生社会主义价值观教育中发挥着重要作用。

(四)队伍保障机制

近年来,临沂大学建立了由思想政治理论课和哲学社会科学课教师、辅导员和班主任、党政干部和团干部、全体教职员工以及校外兼职辅导员等构成的红色文化育人队伍。其中,思想政治理论课和哲学社会科学课教师是基础力量,担负着在课堂教学中推进红色文化教育的主要任务。辅导员、班主任队伍是骨干力量,活跃在红色文化教育第一线。高校党政干部、团干部由具备完整组织体系的党团组织作后盾,为红色文化教育提供了组织保证。全体教职员工都承担红色文化教育的任务,在日常生活中对大学生教育、引导和指导。校外兼职辅导员队伍是校内教师队伍的重要补充,对引领学生参与社会实践、增强红色文化的实际效果具有重要的促进作用。近年来,临沂大学按照政治强、业务精、纪律严、作风正的要求,不断加强这五支队伍的建设,为红色文化教育构建了完善的队伍保障机制。

四、实践成效

近年来,临沂大学依托沂蒙红色文化推进社会主义核心价值观教育的创新实践,是对中央精神的创造性落实,是对大学生价值观教育难题的突破,推动了青年学生对社会主义核心价值观的认同与践行,促进了青年学生德智体美的全面发展,提升了高校人才培养质量。临沂大学的创新实践,构筑起大学生社会主义核心价值观教育的长效机制,同时也推动了红色文化的弘扬,产生了良好的社会效益。

(一) 推动了青年学生对社会主义核心价值观的认同与践行

近年来,临沂大学数以万计的大学生在红色文化教育中受到了深刻的思想洗礼,在社会主义核心价值观入耳、入脑、入心的基础上,增强了对马克思主义的信仰、对社会主义的信念、对改革开放和现代化建设的信心、对党和政府的信任。通过近距离触摸、感悟沂蒙红色文化,青年学生深刻感受到革命先辈的崇高风范、沂蒙人民的大爱大义,在灵魂深处产生强烈的震撼和共鸣。在对临沂大学 2969 名学生的问卷调查中,高达 92.6%的学生乐意接受红色文化教育,96%的学生认为红色文化对人生有很大影响。一位同学在"下基地"实践后由衷地说:"这次活动让我们了解了沂蒙精神诞生的历程,震撼了灵魂,陶冶了情操,激励我们以实际行动弘扬沂蒙精神,践行社会主义核心价值观。"一位同学为"红色育人工程"写下一副对联:"德育为先,沂蒙精神春风化雨遍地洒;思教至上,红色文化绵绵不绝永流芳"。这位同学深深感触到,红色文化淬炼了灵魂,沂蒙精神引领了价值趋向。一位家长看到孩子入校后的显著变化后说:"红色文化引领积极向上,鼓励理想追求,倡导责任奉献,我们全家都支持这样的红色教育,把孩子送到临沂大学,我们放心。"

(二) 促进了青年学生德智体美的融合,提升了人才培养质量

近年来,临沂大学数万名学子在沂蒙红色文化的熏陶下养成了爱党爱军、诚实守信、艰苦朴素、勤奋学习、勇于创新的优良品格,知识、能力、素质得到协调发展,提升了创新、创业和实践能力,成为德智体美全面发展的高素质人才。近年来,该校学生获得全国性专业技能大奖 2000 多项,就业率连续多年达到 90%以上,用人单位对毕业生的满意率达到 97%。学生刘秀祥、孙莎莎均因带着生病的母亲刻苦求学而感动社会,荣获"中华新二十四孝"提名奖和第二批"全国道德模范提名奖";学生王凯、吴若飞在校期间成功创业,双双获得"中国大学生自强之星"称号;成功创业的"山东高校毕业生十大成功创业者"李海鹏向母校捐赠创业所得 1000 万元,设立专项产学研基金。他们身上体现了沂蒙精神特质,展现出优秀的综合素质,得到包括地方政府、学生家长、用人单位和高等教育界的普遍认可。沂蒙老区的人民亲切地称临沂大学为"临沂人民自己

的大学”，用人单位普遍认为临沂大学的毕业生“品质佳，素质高，能力强，后劲足，留得住，用得上”。

（三）构筑起大学生社会主义核心价值观教育的长效机制

临沂大学的创新实践，构筑起大学生社会主义核心价值观教育教学的长效机制。首先，建立了红色文化育人的宏观运行机制。该校出台了《红色育人工程实施意见》，强调“按照‘三三三六’总体架构整体推进，实现全程育人、全员育人、全方位育人的工作目标”，为社会主义核心价值观教育教学提供了强有力的宏观运行机制。其次，建立健全了组织保障机制、制度保障机制、物质保障机制和队伍保障机制，保证了大学生社会主义核心价值观教育教学工作的正常、有序进行。再次，把红色文化资源转化为教育资源，为社会主义核心价值观教育找到了新载体。该校深入挖掘红色文化的时代价值，研发红色文化精神产品，打造红色文艺精品，构建红色文化产业体系，建设红色文化教育基地，创新红色文化传播方式，充分发挥了红色文化在社会主义核心价值观教育中的育人功能。最后，创建了社会主义核心价值观教育新模式。该校以实践育人为基本导向，以体验教育为基本途径，精心设计和组织开发了内容鲜活、形式新颖、吸引力强的实践活动，为社会主义核心价值观教育探索出最生动、最丰富、最富有实效的实现路径，建立起全方位覆盖、多渠道渗透、情与理交融的红色文化教育新模式。

（四）推动了红色文化的传承与弘扬，产生了良好的社会效益

近年来，临沂大学依托红色文化推进社会主义核心价值观教育教学的实践，推动了红色文化的传承与弘扬，产生了良好的社会效益。一方面，临沂大学师生成为沂蒙红色文化的传承者、社会主义核心价值观的引领者，成为区域经济文化建设的中流砥柱。学校领导主导建设了临沂市红色文化育人基地，策划制作了《沂蒙》《沂蒙六姐妹》等在全国产生重大影响的影视精品，长期面向全校师生与来访客人宣讲红色文化与沂蒙精神，还应邀走上齐鲁大讲坛、走进北京大学纵论沂蒙精神、演讲红色文化，在全国、全省会议中介绍红色育人工程。学校师生积极参与大型水上实景演出“蒙山沂水”、大型交响乐“沂蒙畅想”、大型歌舞剧“沂蒙印象”、大型情景剧“沂蒙情深”等文艺演出，为临沂市民和全国游客奉献了红色文艺精品；积极参与文明城市的创建，与临沂市民共同创造了全国地级市文明城市测评成绩第一名、全国地级市幸福指数第一名等骄人成绩。具有沂蒙精神特质的临沂大学毕业生积极参与区域经济文化建设，为大美临沂的建设做出了突出的贡献。另一方面，临沂大学师生在红色文化传承与弘扬中

的倾心奉献,也获得了社会的丰富回报。学校所在的临沂市高度肯定临沂大学在区域经济文化建设中的突出贡献,为推动临沂大学的发展,先后投资30多亿元建设临沂大学新校区。社会各界以实际行动表达了对临沂大学的认同:近年来,在高校生源不断缩减的情况下,临沂大学招生连续爆棚,部分生源入学成绩逼近甚至超越本科一批线,临沂大学的人才培养步入良性循环。

近年来,临沂大学依托沂蒙红色文化推进社会主义核心价值观教育的创新实践引起了社会各界的广泛关注,光明日报、中央电视台、人民日报、中国教育报等主流媒体纷纷进行了深度报道。2009年6月,教育部以《临沂师范学院挖掘红色资源加强大学生思想政治教育》为题在《工作简报》中向全国高校作了推介。2011年12月,中宣部调研组前往临沂大学调研,对依托红色文化推进社会主义核心价值观教育的实践给予了充分肯定。2012年5月,在光明日报社和临沂大学共同主办的"沂蒙精神与社会主义核心价值体系建设研讨会",来自中央党校、中央党史研究室、中国社会科学院、中国人民大学等机构的80余位专家对红色文化教育进行了研讨,高度赞扬临沂大学的实践。2012年5月,临沂大学被教育部列为"全国高校党性教育基地"。2013年6月,临沂大学有被教育部命名为"全国高校思想政治理论课教师校外实践研修基地"。临沂大学依托红色文化推进社会主义核心价值观教育的创新实践正越来越显示出重要的理论价值与应用价值,必将对高等院校加强社会主义核心价值体系建设、培育社会主义核心价值观产生更大的示范效应。

在实现中国梦的生动实践中放飞青春梦想①

（2013年5月4日）

习近平

党的十八大描绘了全面建成小康社会、加快推进社会主义现代化的宏伟蓝图，发出了向实现“两个一百年”奋斗目标进军的时代号召。根据党的十八大精神，我们明确提出要实现中华民族伟大复兴的中国梦。现在，大家都在谈论中国梦，都在思考中国梦与自己的关系、自己为实现中国梦应尽的责任。

——中国梦是历史的、现实的，也是未来的。中国梦凝结着无数仁人志士的不懈努力，承载着全体中华儿女的共同向往，昭示着国家富强、民族振兴、人民幸福的美好前景。

——中国梦是国家的、民族的，也是每一个中国人的。国家好、民族好，大家才会好。只有每个人都为美好梦想而奋斗，才能汇聚起实现中国梦的磅礴力量。

——中国梦是我们的，更是你们青年一代的。中华民族伟大复兴终将在广大青年的接力奋斗中变为现实。

在革命、建设、改革各个历史时期，中国共产党始终高度重视青年、关怀青年、信任青年，对青年一代寄予殷切期望。中国共产党从来都把青年看作是祖国的未来、民族的希望，从来都把青年作为党和人民事业发展的生力军，从来都支持青年在人民的伟大奋斗中实现自己的人生理想。

现在，我们比历史上任何时期都更接近实现中华民族伟大复兴的目标，比历史上任何时期都更有信心、更有能力实现这个目标。行百里者半九十。距离实现中华民族伟大复兴的目标越近，我们越不能懈怠，越要加倍努力，越要动员广大青年为之奋斗。

展望未来，我国青年一代必将大有可为，也必将大有作为。这是“长江后浪推前浪”的历史规律，也是“一代更比一代强”的青春责任。广大青年要勇敢肩负起时代赋予的重任，志存高远，脚踏实地，努力在实现中华民族伟大复兴的中国梦的生动实践中放飞青春梦想。

第一，广大青年一定要坚定理想信念。“功崇惟志，业广惟勤。”理想指引人

① 《习近平谈治国理政》，外文出版社2014年10月版，第49-54页。

生方向,信念决定事业成败。没有理想信念,就会导致精神上"缺钙"。中国梦是全国各族人民的共同理想,也是青年一代应该牢固树立的远大理想。中国特色社会主义是我们党带领人民历经千辛万苦找到的实现中国梦的正确道路,也是广大青年应该牢固确立的人生信念。

广大青年要坚持用邓小平理论、"三个代表"重要思想、科学发展观武装头脑,把理想信念建立在对科学理论的理性认同上,建立在对历史规律的正确认识上,建立在对基本国情的准确把握上,不断增强道路自信、理论自信、制度自信,增强对坚持党的领导的信念,永远紧跟党高高举起中国特色社会主义伟大旗帜。

第二,广大青年一定要练就过硬本领。学习是成长进步的阶梯,实践是提高本领的途径。青年的素质和本领直接影响着实现中国梦的进程。古人说:"学如弓弩,才如箭镞。"说的是学问的根基好比弓弩,才能好比箭头,只要依靠厚实的见识来引导,就可以让才能很好发挥作用。青年人正处于学习的黄金时期,应该把学习作为首要任务,作为一种责任、一种精神追求、一种生活方式,树立梦想从学习开始、事业靠本领成就的观念,让勤奋学习成为青春远航的动力,让增长本领成为青春搏击的能量。

广大青年要坚持面向现代化、面向世界、面向未来,增强知识更新的紧迫感,如饥似渴学习,既扎实打牢基础知识又及时更新知识,既刻苦钻研理论又积极掌握技能,不断提高与时代发展和事业要求相适应的素质和能力。要坚持学以致用,深入基层、深入群众,在改革开放和社会主义现代化建设的大熔炉中,在社会的大学校里,掌握真才实学,增益其所不能,努力成为可堪大用、能担重任的栋梁之材。

第三,广大青年一定要勇于创新创造。创新是民族进步的灵魂,是一个国家兴旺发达的不竭源泉,也是中华民族最深沉的民族禀赋,正所谓"苟日新,日日新,又日新"。生活从不眷顾因循守旧、满足现状者,从不等待不思进取、坐享其成者,而是将更多机遇留给善于和勇于创新的人们。青年是社会上最富活力、最具创造性的群体,理应走在创新创造前列。

广大青年要有敢为人先的锐气,勇于解放思想、与时俱进,敢于上下求索、开拓进取,树立在继承前人的基础上超越前人的雄心壮志,"以青春之我,创建青春之国家,青春之民族"。要有逢山开路、遇河架桥的意志,为了创新创造而百折不挠、勇往直前。要有探索真知、求真务实的态度,在立足本职的创新创造中不断积累经验、取得成果。

第四，广大青年一定要矢志艰苦奋斗。“宝剑锋从磨砺出，梅花香自苦寒来。”人类的美好理想，都不可能唾手可得，都离不开筚路蓝缕、手胼足胝的艰苦奋斗。我们的国家，我们的民族，从积贫积弱一步一步走到今天的发展繁荣，靠的就是一代又一代人的顽强拼搏，靠的就是中华民族自强不息的奋斗精神。当前，我们既面临着重要发展机遇，也面临着前所未有的困难和挑战。梦在前方，路在脚下。自胜者强，自强者胜。实现我们的发展目标，需要广大青年锲而不舍、驰而不息的奋斗。

广大青年要牢记“空谈误国、实干兴邦”，立足本职、埋头苦干，从自身做起，从点滴做起，用勤劳的双手、一流的业绩成就属于自己的人生精彩。要不怕困难、攻坚克难，勇于到条件艰苦的基层、国家建设的一线、项目攻关的前沿，经受锻炼，增长才干。要勇于创业、敢闯敢干，努力在改革开放中闯新路、创新业，不断开辟事业发展新天地。

第五，广大青年一定要锤炼高尚品格。中国特色社会主义是物质文明和精神文明全面发展的社会主义。一个没有精神力量的民族难以自立自强，一项没有文化支撑的事业难以持续长久。青年是引风气之先的社会力量。一个民族的文明素养很大程度上体现在青年一代的道德水准和精神风貌上。

广大青年要把正确的道德认知、自觉的道德养成、积极的道德实践紧密结合起来，自觉树立和践行社会主义核心价值观，带头倡导良好社会风气。要加强思想道德修养，自觉弘扬爱国主义、集体主义、社会主义思想，积极倡导社会公德、职业道德、家庭美德。要牢记“从善如登，从恶如崩”的道理，始终保持积极的人生态度、良好的道德品质、健康的生活情趣。要倡导社会文明新风，带头学雷锋，积极参加志愿服务，主动承担社会责任，热诚关爱他人，多做扶贫济困、扶弱助残的实事好事，以实际行动促进社会进步。

为实现中华民族伟大复兴的中国梦而奋斗，是中国青年运动的时代主题。共青团要在广大青少年中深入开展“我的中国梦”主题教育实践活动，为每个青少年播种梦想、点燃梦想，让更多青少年敢于有梦、勇于追梦、勤于圆梦，让每个青少年都为实现中国梦增添强大青春能量。要用中国梦打牢广大青少年的共同思想基础，教育和帮助青少年树立正确的世界观、人生观、价值观，永远热爱我们伟大的祖国，永远热爱我们伟大的人民，永远热爱我们伟大的中华民族，坚定跟着党走中国道路。要用中国梦激发广大青少年的历史责任感，发扬“党有号召、团有行动”的光荣传统，在党和国家工作大局中找准自身工作的切入点和结合点，组织动员广大青少年支持改革、促进发展、维护稳定。要积极为广大青少年实现梦想提供服务，切实改进作风，深入基层、走进青年，想青年之所想，急青年之所急，代表和维护青少年普遍性利益诉求，努力为广大青少年成长成才创造良好环境。

青年模范人物是广大青少年学习的榜样，肩负着更多社会责任和公众期望，在青少年中乃至全社会都有着很强的示范带动作用。希望青年模范们再接再厉、严于律己、锐意进取，用自身的成长历程、精神追求、模范行动为广大青少年作好表率。

青年兴则国家兴，青年强则国家强。我们党自成立之日起，就始终代表广大青年、赢得广大青年、依靠广大青年。各级党委和政府要充分信任青年、热情关心青年、严格要求青年，为青年驰骋思想打开更浩瀚的天空，为青年实践创新搭建更广阔的舞台，为青年塑造人生提供更丰富的机会，为青年建功立业创造更有利的条件。各级领导干部要关注青年愿望、帮助青年发展、支持青年创业，做青年朋友的知心人，做青年工作的热心人。

人的一生只有一次青春。现在，青春是用来奋斗的；将来，青春是用来回忆的。人生之路，有坦途也有陡坡，有平川也有险滩，有直道也有弯路。青年面临的选择很多，关键是要以正确的世界观、人生观、价值观来指导自己的选择。无数人生成功的事实表明，青年时代，选择吃苦也就选择了收获，选择奉献也就选择了高尚。青年时期多经历一点摔打、挫折、考验，有利于走好一生的路。要历练宠辱不惊的心理素质，坚定百折不挠的进取意志，保持乐观向上的精神状态，变挫折为动力，用从挫折中吸取的教训启迪人生，使人生获得升华和超越。总之，只有进行了激情奋斗的青春，只有进行了顽强拼搏的青春，只有为人民作出了奉献的青春，才会留下充实、温暖、持久、无悔的青春回忆。

我坚信，在党的领导下，只要全国各族人民紧密团结，脚踏实地、开拓进取，到本世纪中叶，我们必将建成富强民主文明和谐的社会主义现代化国家，我国广大青年必将同全国各族人民一道共同见证、共同享有中国梦的实现！

培育和弘扬社会主义核心价值观①

（2014 年 2 月 24 日）

习近平

把培育和弘扬社会主义核心价值观作为凝魂聚气、强基固本的基础工程，继承和发扬中华优秀传统文化和传统美德，广泛开展社会主义核心价值观宣传教育，积极引导人们讲道德、尊道德、守道德，追求高尚的道德理想，不断夯实中国特色社会主义的思想道德基础。

核心价值观是文化软实力的灵魂、文化软实力建设的重点。这是决定文化性质和方向的最深层次要素。一个国家的文化软实力，从根本上说，取决于其核心价值观的生命力、凝聚力、感召力。培育和弘扬核心价值观，有效整合社会意识，是社会系统得以正常运转、社会秩序得以有效维护的重要途径，也是国家治理体系和治理能力的重要方面。历史和现实都表明，构建具有强大感召力的核心价值观，关系社会和谐稳定，关系国家长治久安。

培育和弘扬社会主义核心价值观必须立足中华优秀传统文化。牢固的核心价值观，都有其固有的根本。抛弃传统、丢掉根本，就等于割断了自己的精神命脉。博大精深的中华优秀传统文化是我们在世界文化激荡中站稳脚跟的根基。中华文化源远流长，积淀着中华民族最深层的精神追求，代表着中华民族独特的精神标识，为中华民族生生不息、发展壮大提供了丰厚滋养。中华传统美德是中华文化精髓，蕴含着丰富的思想道德。不忘本来才能开辟未来，善于继承才能更好创新。对历史文化特别是先人传承下来的价值理念和道德规范，要坚持古为今用、推陈出新，有鉴别地加以对待，有扬弃地予以继承，努力用中华民族创造的一切精神财富来以文化人、以文育人。

要讲清楚中华优秀传统文化的历史渊源、发展脉络、基本走向，讲清楚中华文化的独特创造、价值理念、鲜明特色，增强文化自信和价值观自信。要认真汲取中华优秀传统文化的思想精华和道德精髓，大力弘扬以爱国主义为核心的民族精神和以改革创新为核心的时代精神，深入挖掘和阐发中华优秀传统文化讲仁爱、重民本、守诚信、崇正义、尚和合、求大同的时代价值，使中华优秀传统文化成为涵养社会主义核心价值观的重要源泉。要处理好继承和创造性发展的

① 《习近平谈治国理政》，外文出版社 2014 年版，第 163-165 页。

关系，重点做好创造性转化和创新性发展。

要切实把社会主义核心价值观贯穿于社会生活方方面面。要通过教育引导、舆论宣传、文化熏陶、实践养成、制度保障等，使社会主义核心价值观内化为人们的精神追求，外化为人们的自觉行动。榜样的力量是无穷的，广大党员、干部必须带头学习和弘扬社会主义核心价值观，用自己的模范行为和高尚人格感召群众、带动群众。要从娃娃抓起、从学校抓起，做到进教材、进课堂、进头脑。要润物细无声，运用各类文化形式，生动具体地表现社会主义核心价值观，用高质量高水平的作品形象地告诉人们什么是真善美，什么是假恶丑，什么是值得肯定和赞扬的，什么是必须反对和否定的。

一种价值观要真正发挥作用，必须融入社会生活，让人们在实践中感知它、领悟它。要注意把我们所提倡的与人们日常生活紧密联系起来，在落细、落小、落实上下功夫。要按照社会主义核心价值观的基本要求，健全各行各业规章制度，完善市民公约、乡规民约、学生守则等行为准则，使社会主义核心价值观成为人们日常工作生活的基本遵循。要建立和规范一些礼仪制度，组织开展形式多样的纪念庆典活动，传播主流价值，增强人们的认同感和归属感。要把社会主义核心价值观的要求融入各种精神文明创建活动之中，吸引群众广泛参与，推动人们在为家庭谋幸福、为他人送温暖、为社会作贡献的过程中提高精神境界、培育文明风尚。要利用各种时机和场合，形成有利于培育和弘扬社会主义核心价值观的生活情景和社会氛围，使核心价值观的影响像空气一样无所不在、无时不有。

要发挥政策导向作用，使经济、政治、文化、社会等方方面面政策都有利于社会主义核心价值观的培育。要用法律来推动核心价值观建设。各种社会管理要承担起倡导社会主义核心价值观的责任，注重在日常管理中体现价值导向，使符合核心价值观的行为得到鼓励、违背核心价值观的行为受到制约。

青年要自觉践行社会主义核心价值观①

——在北京大学师生座谈会上的讲话

（2014年5月4日）

习近平

各位同学，各位老师，同志们：

今天是五四青年节，很高兴来到北京大学同大家见面，共同纪念五四运动95周年。首先，我代表党中央，向北京大学全体师生员工，向全国各族青年，致以节日的问候！向全国广大教育工作者和青年工作者，致以崇高的敬意！

刚才，朱善璐同志汇报了学校工作情况，几位同学、青年教师分别作了发言，大家讲得都很好，听后很受启发。这是我到中央工作以后第五次到北大，每次来都有新的体会。在洋溢着青春活力的校园里一路走来，触景生情，颇多感慨。我感到，当代大学生是可爱、可信、可贵、可为的。

五四运动形成了爱国、进步、民主、科学的五四精神，拉开了中国新民主主义革命的序幕，促进了马克思主义在中国的传播，推动了中国共产党的建立。五四运动以来，在中国共产党领导下，一代又一代有志青年“以青春之我，创建青春之家庭，青春之国家，青春之民族，青春之人类，青春之地球，青春之宇宙”，在救亡图存、振兴中华的历史洪流中谱写了一曲曲感天动地的青春乐章。

北京大学是新文化运动的中心和五四运动的策源地，是这段光荣历史的见证者。长期以来，北京大学广大师生始终与祖国和人民共命运、与时代和社会同前进，在各条战线上为我国革命、建设、改革事业作出了重要贡献。

党的十八大提出了“两个一百年”奋斗目标。我说过，现在，我们比历史上任何时期都更接近实现中华民族伟大复兴的目标，比历史上任何时期都更有信心、更有能力实现这个目标。

行百里者半九十。距离实现中华民族伟大复兴的目标越近，我们越不能懈怠、越要加倍努力，越要动员广大青年为之奋斗。

光阴荏苒，物换星移。时间之河川流不息，每一代青年都有自己的际遇和机缘，都要在自己所处的时代条件下谋划人生、创造历史。青年是标志时代的

① 《习近平谈治国理政》，外文出版社2014年版，第166-176页。

最灵敏的晴雨表，时代的责任赋予青年，时代的光荣属于青年。

广大青年对五四运动的最好纪念，就是在党的领导下，勇做走在时代前列的奋进者、开拓者、奉献者，以执着的信念、优良的品德、丰富的知识、过硬的本领，同全国各族人民一道，担负起历史重任，让五四精神放射出更加夺目的时代光芒。

同学们、老师们！

大学是一个研究学问、探索真理的地方，借此机会，我想就社会主义核心价值观问题，同各位同学和老师交流交流想法。

我想讲这个问题，是从弘扬五四精神联想到的。五四精神体现了中国人民和中华民族近代以来追求的先进价值观。爱国、进步、民主、科学，都是我们今天依然应该坚守和践行的核心价值，不仅广大青年要坚守和践行，全社会都要坚守和践行。

人类社会发展的历史表明，对一个民族、一个国家来说，最持久、最深层的力量是全社会共同认可的核心价值观。核心价值观，承载着一个民族、一个国家的精神追求，体现着一个社会评判是非曲直的价值标准。

古人说：“大学之道，在明明德，在亲民，在止于至善。”核心价值观，其实就是一种德，既是个人的德，也是一种大德，就是国家的德、社会的德。国无德不兴，人无德不立。如果一个民族、一个国家没有共同的核心价值观，莫衷一是，行无依归，那这个民族、这个国家就无法前进。这样的情形，在我国历史上，在当今世界上，都屡见不鲜。

我国是一个有着13亿多人口、56个民族的大国，确立反映全国各族人民共同认同的价值观“最大公约数”，使全体人民同心同德、团结奋进，关乎国家前途命运，关乎人民幸福安康。

每个时代都有每个时代的精神，每个时代都有每个时代的价值观念。国有四维，礼义廉耻，“四维不张，国乃灭亡。”这是中国先人对当时核心价值观的认识。在当代中国，我们的民族、我们的国家应该坚守什么样的核心价值观？这个问题，是一个理论问题，也是一个实践问题。经过反复征求意见，综合各方面认识，我们提出要倡导富强、民主、文明、和谐，倡导自由、平等、公正、法治，倡导爱国、敬业、诚信、友善，积极培育和践行社会主义核心价值观。富强、民主、文明、和谐是国家层面的价值要求，自由、平等、公正、法治是社会层面的价值要求，爱国、敬业、诚信、友善是公民层面的价值要求。这个概括，实际上回答了我们要建设什么样的国家、建设什么样的社会、培育什么样的公民的重大问题。

中国古代历来讲格物致知、诚意正心、修身齐家、治国平天下。从某种角度看，格物致知、诚意正心、修身是个人层面的要求，齐家是社会层面的要求，治国平天下是国家层面的要求。我们提出的社会主义核心价值观，把涉及国家、社会、公民的价值要求融为一体，既体现了社会主义本质要求，继承了中华优秀传统文化，也吸收了世界文明有益成果，体现了时代精神。

富强、民主、文明、和谐，自由、平等、公正、法治，爱国、敬业、诚信、友善，传承着中国优秀传统文化的基因，寄托着近代以来中国人民上下求索、历经千辛万苦确立的理想和信念，也承载着我们每个人的美好愿景。我们要在全社会牢固树立社会主义核心价值观，全体人民一起努力，通过持之以恒的奋斗，把我们的国家建设得更加富强、更加民主、更加文明、更加和谐、更加美丽，让中华民族以更加自信、更加自强的姿态屹立于世界民族之林。

建设富强民主文明和谐的社会主义现代化国家，实现中华民族伟大复兴，是鸦片战争以来中国人民最伟大的梦想，是中华民族的最高利益和根本利益。今天，我们13亿多人的一切奋斗归根到底都是为了实现这一伟大目标。中国曾经是世界上的经济强国，后来在世界工业革命如火如荼、人类社会发生深刻变革的时期，中国丧失了与世界同进步的历史机遇，落到了被动挨打的境地。尤其是鸦片战争之后，中华民族更是陷入积贫积弱、任人宰割的悲惨状况。这段历史悲剧决不能重演！建设富强民主文明和谐的社会主义现代化国家，是我们的目标，也是我们的责任，是我们对中华民族的责任，对前人的责任，对后人的责任。我们要保持战略定力和坚定信念，坚定不移走自己的路，朝着自己的目标前进。

中国已经发展起来了，我们不认可“国强必霸”的逻辑，坚持走和平发展道路，但中华民族被外族任意欺凌的时代已经一去不复返了！为什么我们现在有这样的底气？就是因为我们的国家发展起来了。现在，中国的国际地位不断提高、国际影响力不断扩大，这是中国人民用自己的百年奋斗赢得的尊敬。想想近代以来中国丧权辱国、外国人在中国横行霸道的悲惨历史，真是形成了鲜明对照！

中华文明绵延数千年，有其独特的价值体系。中华优秀传统文化已经成为中华民族的基因，植根在中国人内心，潜移默化影响着中国人的思想方式和行为方式。今天，我们提倡和弘扬社会主义核心价值观，必须从中汲取丰富营养，否则就不会有生命力和影响力。比如，中华文化强调“民惟邦本”、“天人合一”、“和而不同”，强调“天行健，君子以自强不息”、“大道之行也，天下为公”；强调

"天下兴亡，匹夫有责"，主张以德治国、以文化人；强调"君子喻于义"、"君子坦荡荡"、"君子义以为质"；强调"言必信，行必果"、"人而无信，不知其可也"；强调"德不孤，必有邻"、"仁者爱人"、"与人为善"、"己所不欲，勿施于人"、"出入相友，守望相助"、"老吾老以及人之老，幼吾幼以及人之幼"、"扶贫济困"、"不患寡而患不均"，等等。像这样的思想和理念，不论过去还是现在，都有其鲜明的民族特色，都有其永不褪色的时代价值。这些思想和理念，既随着时间推移和时代变迁而不断与时俱进，又有其自身的连续性和稳定性。我们生而为中国人，最根本的是我们有中国人的独特精神世界，有百姓日用而不觉的价值观。我们提倡的社会主义核心价值观，就充分体现了对中华优秀传统文化的传承和升华。

价值观是人类在认识、改造自然和社会的过程中产生与发挥作用的。不同民族、不同国家由于其自然条件和发展历程不同，产生和形成的核心价值观也各有特点。一个民族、一个国家的核心价值观必须同这个民族、这个国家的历史文化相契合，同这个民族、这个国家的人民正在进行的奋斗相结合，同这个民族、这个国家需要解决的时代问题相适应。世界上没有两片完全相同的树叶。一个民族、一个国家，必须知道自己是谁，是从哪里来的，要到哪里去，想明白了、想对了，就要坚定不移朝着目标前进。

去年 12 月 26 日，我在纪念毛泽东同志诞辰 120 周年座谈会上讲话时说：站立在 960 万平方公里的广袤土地上，吸吮着中华民族漫长奋斗积累的文化养分，拥有 13 亿中国人民聚合的磅礴之力，我们走自己的路，具有无比广阔的舞台，具有无比深厚的历史底蕴，具有无比强大的前进定力。中国人民应该有这个信心，每一个中国人都应该有这个信心。我们要虚心学习借鉴人类社会创造的一切文明成果，但我们不能数典忘祖，不能照抄照搬别国的发展模式，也绝不会接受任何外国颐指气使的说教。

我说这话的意思是，实现我们的发展目标，实现中国梦，必须增强道路自信、理论自信、制度自信，"千磨万击还坚劲，任尔东南西北风"。而这"三个自信"需要我们对核心价值观的认定作支撑。

我为什么要对青年讲讲社会主义核心价值观这个问题？是因为青年的价值取向决定了未来整个社会的价值取向，而青年又处在价值观形成和确立的时期，抓好这一时期的价值观养成十分重要。这就像穿衣服扣扣子一样，如果第一粒扣子扣错了，剩余的扣子都会扣错。人生的扣子从一开始就要扣好。"凿井者，起于三寸之坎，以就万仞之深。"青年要从现在做起、从自己做起，使社会主义核心价值观成为自己的基本遵循，并身体力行大力将其推广到全社会去。

广大青年树立和培育社会主义核心价值观，要在以下几点上下功夫。

一是要勤学，下得苦功夫，求得真学问。知识是树立核心价值观的重要基础。古希腊哲学家说，知识即美德。我国古人说："非学无以广才，非志无以成学。"大学的青春时光，人生只有一次，应该好好珍惜。为学之要贵在勤奋、贵在钻研、贵在有恒。鲁迅先生说过："哪里有天才，我是把别人喝咖啡的工夫都用在工作上的。"大学阶段，"恰同学少年，风华正茂"，有老师指点，有同学切磋，有浩瀚的书籍引路，可以心无旁骛求知问学。此时不努力，更待何时？要勤于学习、敏于求知，注重把所学知识内化于心，形成自己的见解，既要专攻博览，又要关心国家、关心人民、关心世界，学会担当社会责任。

二是要修德，加强道德修养，注重道德实践。"德者，本也。"蔡元培先生说过："若无德，则虽体魄智力发达，适足助其为恶。"道德之于个人、之于社会，都具有基础性意义，做人做事第一位的是崇德修身。这就是我们的用人标准为什么是德才兼备、以德为先，因为德是首要、是方向，一个人只有明大德、守公德、严私德，其才方能用得其所。修德，既要立意高远，又要立足平实。要立志报效祖国、服务人民，这是大德，养大德者方可成大业。同时，还得从做好小事、管好小节开始起步，"见善则迁，有过则改"，踏踏实实修好公德、私德，学会劳动、学会勤俭，学会感恩、学会助人，学会谦让、学会宽容，学会自省、学会自律。

三是要明辨，善于明辨是非，善于决断选择。"学而不思则罔，思而不学则殆。"是非明，方向清，路子正，人们付出的辛劳才能结出果实。面对世界的深刻复杂变化，面对信息时代各种思潮的相互激荡，面对纷繁多变、鱼龙混杂、泥沙俱下的社会现象，面对学业、情感、职业选择等多方面的考量，一时有些疑惑、彷徨、失落，是正常的人生经历。关键是要学会思考、善于分析、正确抉择，做到稳重自持、从容自信、坚定自励。要树立正确的世界观、人生观、价值观，掌握了这把总钥匙，再来看看社会万象、人生历程，一切是非、正误、主次，一切真假、善恶、美丑，自然就洞若观火、清澈明了，自然就能作出正确判断、作出正确选择。正所谓"千淘万漉虽辛苦，吹尽狂沙始到金"。

四是要笃实，扎扎实实干事，踏踏实实做人。道不可坐论，德不能空谈。于实处用力，从知行合一上下功夫，核心价值观才能内化为人们的精神追求，外化为人们的自觉行动。《礼记》中说："博学之，审问之，慎思之，明辨之，笃行之。"有人说："圣人是肯做工夫的庸人，庸人是不肯做工夫的圣人。"青年有着大好机遇，关键是要迈稳步子、夯实根基、久久为功。心浮气躁，朝三暮四，学一门丢一门，干一行弃一行，无论为学还是创业，都是最忌讳的。“天下难事，必作于易；天下大事，必作于细。”成功的背后，永远是艰辛努力。青年要把艰苦环境作为磨炼自己的机遇，把小事当作大事干，一步一个脚印往前走。滴水可以穿石。只要坚韧不拔、百折不挠，成功就一定在前方等你。

核心价值观的养成绝非一日之功，要坚持由易到难、由近及远，努力把核心价值观的要求变成日常的行为准则，进而形成自觉奉行的信念理念。不要顺利的时候，看山是山、看水是水，一遇挫折，就怀疑动摇，看山不是山、看水不是水了。无论什么时候，我们都要坚守在中国大地上形成和发展起来的社会主义核心价值观，在时代大潮中建功立业，成就自己的宝贵人生。

同学们、老师们！

党中央作出了建设世界一流大学的战略决策，我们要朝着这个目标坚定不移前进。办好中国的世界一流大学，必须有中国特色。没有特色，跟在他人后面亦步亦趋，依样画葫芦，是不可能办成功的。这里可以套用一句话，越是民族的越是世界的。世界上不会有第二个哈佛、牛津、斯坦福、麻省理工、剑桥，但会有第一个北大、清华、浙大、复旦、南大等中国著名学府。我们要认真吸收世界上先进的办学治学经验，更要遵循教育规律，扎根中国大地办大学。

鲁迅先生说：“北大是常为新的，改进的运动的先锋，要使中国向着好的，往上的道路走。”党的十八届三中全会吹响了全面深化改革的号角，也对深化我国高等教育改革提出了明确要求。现在，关键是把蓝图一步步变为现实。全国高等院校要走在教育改革前列，紧紧围绕立德树人的根本任务，加快构建充满活力、富有效率、更加开放、有利于学校科学发展的体制机制，当好教育改革排头兵。我也希望北京大学通过埋头苦干和改革创新，早日实现几代北大人创建世界一流大学的梦想。

教师承担着最庄严、最神圣的使命。梅贻琦先生说：“所谓大学者，非谓有大楼之谓也，有大师之谓也。”我体会，这样的大师，既是学问之师，又是品行之师。教师要时刻铭记教书育人的使命，甘当人梯，甘当铺路石，以人格魅力引导学生心灵，以学术造诣开启学生的智慧之门。

各级党委和政府要高度重视高校工作，始终关心和爱护学生成长，为他们放飞青春梦想、实现人生出彩搭建舞台。要全面深化改革，营造公平公正的社会环境，促进社会流动，不断激发广大青年的活力和创造力。要强化就业创业服务体系建设，支持帮助学生们迈好走向社会的第一步。各级领导干部要经常到学生们中去、同他们交朋友，听取他们的意见和建议。

现在在高校学习的大学生都是20岁左右，到2020年全面建成小康社会时，很多人还不到30岁；到本世纪中叶基本实现现代化时，很多人还不到60岁。也就是说，实现“两个一百年”奋斗目标，你们和千千万万青年将全过程参与。有信念、有梦想、有奋斗、有奉献的人生，才是有意义的人生。当代青年建功立业的舞台空前广阔、梦想成真的前景空前光明，希望大家努力在实现中国梦的伟大实践中创造自己的精彩人生。

我相信，当代中国青年一定能够担当起党和人民赋予的历史重任，在激扬青春、开拓人生、奉献社会的进程中书写无愧于时代的壮丽篇章！

从小积极培育和践行社会主义核心价值观[①]

（2014 年 5 月 30 日）

习近平

同学们，老师们，同志们：

大家好！在"六一"国际儿童节前夕，我们来到海淀区民族小学，参加主题队日入队仪式，观看少先队员们开展活动，感到很高兴。再过两天，就是"六一"国际儿童节了。在这里，我首先向你们、向全国各族少年儿童祝贺节日，祝大家节日快乐！

海淀区民族小学注重树德育人，组织开展了很多活动，取得了积极成效。刚才，听了几位同学和老师、家长的发言，很有收获。大家都谈到要加强德育工作，引导少年儿童从小就培育和践行社会主义核心价值观。这很好，我们想到一块儿了。我今天来，也想同大家谈谈这个问题。

一个民族的文明进步，一个国家的发展壮大，需要一代又一代人接力努力，需要很多力量来推动，核心价值观是其中最持久最深沉的力量。中华民族有着5000 多年的悠久历史和灿烂文化，而且中华文明从远古一直延续发展到今天。为什么中华民族能够在几千年的历史长河中顽强生存和不断发展呢？很重要的一个原因，是我们民族有一脉相承的精神追求、精神特质、精神脉络。今天我们使用的汉字同甲骨文没有根本区别，老子、孔子、孟子、庄子等先哲归纳的一些观念也一直延续到现在。这种几千年连贯发展至今的文明，在世界各民族中是不多见的。

今天，中华民族要继续前进，就必须根据时代条件，继承和弘扬我们的民族精神、我们民族的优秀文化，特别是包含其中的传统美德。

我们倡导的富强、民主、文明、和谐，自由、平等、公正、法治，爱国、敬业、诚信、友善的社会主义核心价值观，体现了古圣先贤的思想，体现了仁人志士的夙愿，体现了革命先烈的理想，也寄托着各族人民对美好生活的向往。只要是中国人，就应该自觉培育和践行社会主义核心价值观。

这一段，我集中强调了培育和践行社会主义核心价值观问题。今年 2 月，中央政治局专门就培育和弘扬社会主义核心价值观进行了集体学习，我作了讲

---

① 《习近平谈治国理政》，外文出版社 2014 年版，第 180-185 页。

话，对全社会提了要求。“五四”青年节，我到北京大学去，对大学生讲了这个问题。最近，又到上海去，对领导干部讲了这个问题。今天，想对小学生讲讲这个问题。因为，任何一个思想观念，要在全社会树立起来并长期发挥作用，就要从少年儿童抓起。

少年儿童是祖国的未来，是中华民族的希望。这就是《少年中国说》中所说的：少年智则国智，少年富则国富，少年强则国强，少年进步则国进步。新陈代谢是不可抗拒的历史规律，未来总是由今天的少年儿童开创的。去年“六一”时我说过，每个人都是从孩子长大的。实现我们的梦想，靠我们这一代，更靠下一代。少年儿童的心灵都是敏感的，准备接受一切美好的东西。“自古英雄出少年。”为了中华民族的今天和明天，我们要教育引导广大少年儿童树立远大志向、培育美好心灵，让少年儿童成长得更好。

少年儿童如何培育和践行社会主义核心价值观呢？应该同成年人不一样，要适应少年儿童的年龄和特点。我看，主要是要做到记住要求、心有榜样、从小做起、接受帮助。

——记住要求，就是要把社会主义核心价值观的基本内容熟记熟背，让它们融化在心灵里、铭刻在脑子中。由于大家还在学习阶段，社会阅历不多，对社会主义核心价值观的涵义不一定能理解得很深，但只要牢记在心，随着自己年龄、知识、阅历不断增长，会明白得更多、更深、更透。在成长过程中，要结合学习和生活等实践，不断想想所记住的这些要求，不断加深理解。古往今来，大凡很有作为的人，都是在少年时代就能够严格要求自己。

——心有榜样，就是要学习英雄人物、先进人物、美好事物，在学习中养成好的思想品德追求。我国历史上有很多少年英雄的故事，在中国共产党领导人民进行的革命、建设、改革事业中也涌现了大批少年英雄，他们中不少人的名字同学们可能都听说过。过去电影《红孩子》、《小兵张嘎》、《鸡毛信》、《英雄小八路》、《草原英雄小姐妹》等说的就是一些少年英雄的故事。今天，好儿童、好少年就更多了。你们学校也有被评为“最美少年”的。另外，各行各业都有很多值得我们学习的榜样，包括航天英雄、奥运冠军、大科学家、劳动模范、青年志愿者，还有那些助人为乐、见义勇为、诚实守信、敬业奉献、孝老爱亲的好人，等等。榜样的力量是无穷的。大家要把他们立为心中的标杆，向他们看齐，像他们那样追求美好的思想品德。这就是孔子讲的：“见贤思齐焉，见不贤而内省也。”

——从小做起，就是要从自己做起、从身边做起、从小事做起，一点一滴积累，养成好思想、好品德。“少壮不努力，老大徒伤悲。”千里之行，始于足下。每个人的生活都是由一件件小事组成的,养小德才能成大德。少年儿童不可能像大人那样为社会做很多事,但可以从小做起,每天都可以想一想,对祖国热爱吗?对集体热爱吗?学习努力吗?对同学们关心吗?对老师尊敬吗?在家孝敬父母吗?在社会上遵守社会公德吗?对好人好事有敬佩感吗?对坏人坏事有义愤感吗?这样多想一想,就会促使自己多做一做,日积月累,自己身上的好思想、好品德就会越来越多了。听说有的同学喜欢比吃穿,比有没有车接车送,比爸爸妈妈是干什么工作的,这样就比偏了。一定不能比这些。"自古雄才多磨难,从来纨绔少伟男"、"少年辛苦终身事,莫向光阴惰寸功"。要比就比谁更有志气、谁更勤奋学习、谁更热爱劳动、谁更爱锻炼身体、谁更有爱心。

——接受帮助,就是要听得进意见,受得了批评,在知错就改、越改越好的氛围中健康成长。一个人不可能十全十美,总是在克服缺点、纠正错误的过程中进步的,正所谓"玉不琢,不成器;人不学,不知义"。少年儿童正在形成世界观、人生观、价值观的过程中,需要得到帮助。不要嫌父母说得多,不要嫌老师管得严,不要嫌同学们管得宽,首先要想想说得管得对不对、是不是为自己好,对了就要听。有些事没有做好,这不要紧,只要自己意识到、愿意改就是进步。自己没有意识到,父母、老师、同学指出来了,使自己意识到、愿意改也是进步。良药苦口利于病,忠言逆耳利于行。我们要养成严格要求自己、虚心接受批评帮助的习惯。只要从小就沿着正确道路走,学到一点,就实践一点,努力做最好的我、在自己最好的方面,人生就会迎来一路阳光。

让社会主义核心价值观在少年儿童中培育起来,家庭、学校、少先队组织和全社会都有责任。

家庭是孩子的第一个课堂,父母是孩子的第一个老师。家长要时时处处给孩子做榜样,用正确行动、正确思想、正确方法教育引导孩子。要善于从点滴小事中教会孩子欣赏真善美、远离假丑恶。要注意观察孩子的思想动态和行为变化,随时做好教育引导工作。

学校要把德育放在更加重要的位置,全面加强校风、师德建设,坚持教书育人,根据少年儿童特点和成长规律,循循善诱,春风化雨,努力做到每一堂课不仅传播知识、而且传授美德,每一次活动不仅健康身心、而且陶冶性情,让同学们都得到倾心关爱和真诚帮助,让社会主义核心价值观的种子在学生们心中生根发芽。

少先队要坚持开展组织教育、自主教育、实践活动,更好为少年儿童培育和践行社会主义核心价值观服务,把广大少年儿童团结好、教育好、带领好。全社会都要了解少年儿童、尊重少年儿童、关心少年儿童、服务少年儿童，为少年儿童提供良好社会环境。对损害少年儿童权益、破坏少年儿童身心健康的言行，要坚决防止和依法打击。

长江后浪推前浪。我相信，今天这一代少年儿童一定能立志向、有梦想，爱学习、爱劳动、爱祖国，从小自觉培育和践行社会主义核心价值观，在星星火炬的照耀下，在党的阳光的沐浴下，为实现中华民族伟大复兴的中国梦时刻准备着。

人民有信仰,民族有希望,国家有力量①

(2015 年 2 月 28 日)

习近平

人民有信仰,民族有希望,国家有力量。实现中华民族伟大复兴的中国梦,物质财富要极大丰富,精神财富也要极大丰富。我们要继续锲而不舍、一以贯之抓好社会主义精神文明建设,为全国各族人民不断前进提供坚强的思想保证、强大的精神力量、丰润的道德滋养。

改革开放之初,我们党就创造性地提出了建设社会主义精神文明的战略任务,确立了"两手抓、两手都要硬"的战略方针。30 多年来,我国亿万人民不仅创造了物质文明发展的世界奇迹,也创造了精神文明发展的丰硕成果,涌现出一大批精神文明建设的优秀人物和先进典型,你们就是其中的代表。

一个国家,一个民族,要同心同德迈向前进,必须有共同的理想信念作支撑。我们要在全党全社会持续深入开展建设中国特色社会主义宣传教育,高扬主旋律,唱响正气歌,不断增强道路自信、理论自信、制度自信,让理想信念的明灯永远在全国各族人民心中闪亮。

要坚持"两手抓、两手都要硬",以辩证的、全面的、平衡的观点正确处理物质文明和精神文明的关系,把精神文明建设贯穿改革开放和现代化全过程、渗透社会生活各方面,紧密结合培育和践行社会主义核心价值观,大力倡导共产党人的世界观、人生观、价值观,坚守共产党人的精神家园;大力加强社会公德、职业道德、家庭美德、个人品德建设,营造全社会崇德向善的浓厚氛围;大力弘扬中华民族优秀传统文化,大力加强党风政风、社风家风建设,特别是要让中华民族文化基因在广大青少年心中生根发芽。要充分发挥榜样的作用,领导干部、公众人物、先进模范都要为全社会做好表率、起好示范作用,引导和推动全体人民树立文明观念、争当文明公民、展示文明形象。

只有站在时代前沿,引领风气之先,精神文明建设才能发挥更大威力。当前,社会上思想活跃、观念碰撞,互联网等新技术新媒介日新月异,我们要审时度势、因势利导,创新内容和载体,改进方式和方法,使精神文明建设始

① 《习近平谈治国理政》(第 2 卷),外文出版社 2017 年版,第 323-324 页。

终充满生机活力。抓精神文明建设要办实事、讲实效，紧紧围绕促进人民福祉来进行，坚决反对形式主义、官僚主义，努力满足人民群众不断增长的精神文化需求。各级党委要担负好自己的责任，切实抓好精神文明建设各项工作。

要有高度的文化自信①

（2016 年 11 月 30 日）

习近平

希望大家坚定文化自信，用文艺振奋民族精神。实现中华民族伟大复兴，必须坚定中国特色社会主义道路自信、理论自信、制度自信、文化自信。创作出具有鲜明民族特点和个性的优秀作品，要对博大精深的中华文化有深刻的理解，更要有高度的文化自信。广大文艺工作者要善于从中华文化宝库中萃取精华、汲取能量，保持对自身文化理想、文化价值的高度信心，保持对自身文化生命力、创造力的高度信心，使自己的作品成为激励中国人民和中华民族不断前行的精神力量。

文化是一个国家、一个民族的灵魂。历史和现实都表明，一个抛弃了或者背叛了自己历史文化的民族，不仅不可能发展起来，而且很可能上演一幕幕历史悲剧。文化自信，是更基础、更广泛、更深厚的自信，是更基本、更深沉、更持久的力量。坚定文化自信，是事关国运兴衰、事关文化安全、事关民族精神独立性的大问题。没有文化自信，不可能写出有骨气、有个性、有神采的作品。

古往今来，世界各民族无一例外受到其在各个历史发展阶段上产生的文艺精品和文艺巨匠的深刻影响。中华民族精神，既体现在中国人民的奋斗历程和奋斗业绩中，体现在中国人民的精神生活和精神世界中，也反映在几千年来中华民族产生的一切优秀作品中，反映在我国一切文学家、艺术家的杰出创造活动中。

在每一个历史时期，中华民族都留下了无数不朽作品。从诗经、楚辞、汉赋，到唐诗、宋词、元曲、明清小说等，共同铸就了灿烂的中国文艺历史星河。中华民族文艺创造力是如此强大、创造的成就是如此辉煌，中华民族素有文化自信的气度，我们应该为此感到无比自豪，也应该为此感到无比自信。

一个时代有一个时代的文艺，一个时代有一个时代的精神。任何一个时代的经典文艺作品，都是那个时代社会生活和精神的写照，都具有那个时代的烙印和特征。任何一个时代的文艺，只有同国家和民族紧紧维系、休戚与共，才能发出振聋发聩的声音。反映时代是文艺工作者的使命。广大文艺工作者要把握时代脉搏，承担时代使命，聆听时代声音，勇于回答时代课题。

① 《习近平谈治国理政》(第 2 卷)，外文出版社 2017 年版，第 349-352 页。

古今中外，文艺无不遵循这样一条规律：因时而兴，乘势而变，随时代而行，与时代同频共振。在人类发展的每一个重大历史关头，文艺都能发时代之先声、开社会之先风、启智慧之先河，成为时代变迁和社会变革的先导。离开火热的社会实践，在恢宏的时代主旋律之外茕茕孑立、喃喃自语，只能被时代淘汰。

对文艺来讲，思想和价值观念是灵魂，一切表现形式都是表达一定思想和价值观念的载体。离开了一定思想和价值观念，再丰富多样的表现形式也是苍白无力的。文艺的性质决定了它必须以反映时代精神为神圣使命。社会主义核心价值观是当代中国精神的集中体现，是凝聚中国力量的思想道德基础。广大文艺工作者要把培育和弘扬社会主义核心价值观作为根本任务，坚定不移用中国人独特的思想、情感、审美去创作属于这个时代、又有鲜明中国风格的优秀作品。

祖国是人民最坚实的依靠，英雄是民族最闪亮的坐标。歌唱祖国、礼赞英雄从来都是文艺创作的永恒主题，也是最动人的篇章。我们要高扬爱国主义主旋律，用生动的文学语言和光彩夺目的艺术形象，装点祖国的秀美河山，描绘中华民族的卓越风华，激发每一个中国人的民族自豪感和国家荣誉感。对中华民族的英雄，要心怀崇敬，浓墨重彩记录英雄、塑造英雄，让英雄在文艺作品中得到传扬，引导人民树立正确的历史观、民族观、国家观、文化观，绝不做亵渎祖先、亵渎经典、亵渎英雄的事情。要抒写改革开放和社会主义现代化建设的蓬勃实践，抒写多彩的中国、进步的中国、团结的中国，激励全国各族人民朝气蓬勃迈向未来。

坚定文化自信，离不开对中华民族历史的认知和运用。历史是一面镜子，从历史中，我们能够更好看清世界、参透生活、认识自己；历史也是一位智者，同历史对话，我们能够更好认识过去、把握当下、面向未来。“观古今于须臾，抚四海于一瞬”。没有历史感，文学家、艺术家就很难有丰富的灵感和深刻的思想。文学家、艺术家要结合史料进行艺术再现，必须有史识、史才、史德。

历史给了文学家、艺术家无穷的滋养和无限的想象空间，但文学家、艺术家不能用无端的想象去描写历史，更不能使历史虚无化。文学家、艺术家不可能完全还原历史的真实，但有责任告诉人们真实的历史，告诉人们历史中最有价值的东西。戏弄历史的作品，不仅是对历史的不尊重，而且是对自己创作的不尊重，最终必将被历史戏弄。只有树立正确历史观，尊重历史、按照艺术规律呈现的艺术化的历史，才能经得起历史的检验，才能立之当世、传之后人。

中华文化既是历史的、也是当代的，既是民族的、也是世界的。只有扎根脚下这块生于斯、长于斯的土地，文艺才能接住地气、增加底气、灌注生气，在世界文化激荡中站稳脚跟。正所谓“落其实者思其树，饮其流者怀其源”。我们要坚持不忘本来、吸收外来、面向未来，在继承中转化，在学习中超越，创作更多体现中华文化精髓、反映中国人审美追求、传播当代中国价值观念、又符合世界进步潮流的优秀作品，让我国文艺以鲜明的中国特色、中国风格、中国气派屹立于世。

注重家庭，注重家教，注重家风[①]

（2016年12月12日）

习近平

中华民族历来重视家庭。正所谓"天下之本在家。"尊老爱幼、妻贤夫安，母慈子孝、兄友弟恭，耕读传家、勤俭持家，知书达礼、遵纪守法，家和万事兴等中华民族传统家庭美德，铭记在中国人的心灵中，融入中国人的血脉中，是支撑中华民族生生不息、薪火相传的重要精神力量，是家庭文明建设的宝贵精神财富。

随着我国改革开放不断深入，随着我国经济社会发展不断推进，随着我国人民生活水平不断提高，城乡家庭的结构和生活方式发生了新变化。但是，无论时代如何变化，无论经济社会如何发展，对一个社会来说，家庭生活的依托都不可替代，家庭的社会功能都不可替代，家庭的文明作用都不可替代。无论过去、现在还是将来，绝大多数人都生活在家庭之中。我们要重视家庭文明建设，努力使千千万万个家庭成为国家发展、民族进步、社会和谐的重要基点，成为人们梦想启航的地方。这里，我给大家提几点希望。

第一，希望大家注重家庭。家庭是社会的细胞。家庭和睦则社会安定，家庭幸福则社会祥和，家庭文明则社会文明。历史和现实告诉我们，家庭的前途命运同国家和民族的前途命运紧密相连。我们要认识到，千家万户都好，国家才能好，民族才能好。国家富强，民族复兴，人民幸福，不是抽象的，最终要体现在千千万万个家庭都幸福美满上，体现在亿万人民生活不断改善上。同时，我们还要认识到，国家好，民族好，家庭才能好。当前，全党全国各族人民正在实现"两个一百年"奋斗目标、实现中华民族伟大复兴中国梦的新长征路上砥砺前行。只有实现中华民族伟大复兴的中国梦，家庭梦才能梦想成真。中国人历来讲求精忠报国，革命战争年代母亲教儿打东洋、妻子送郎上战场，社会主义建设时期先大家后小家、为大家舍小家，都体现着向上的家庭追求，体现着高尚的家国情怀。

广大家庭都要把爱家和爱国统一起来，把实现家庭梦融入民族梦之中，心往一处想，劲往一处使，用我们4亿多家庭、13亿多人民的智慧和热情汇聚起实现"两个一百年"奋斗目标、实现中华民族伟大复兴中国梦的磅礴力量。

---

① 《习近平谈治国理政》（第2卷），外文出版社2017年版，第353-356页。

第二，希望大家注重家教。家庭是人生的第一个课堂，父母是孩子的第一任老师。孩子们从牙牙学语起就开始接受家教，有什么样的家教，就有什么样的人。家庭教育涉及很多方面，但最重要的是品德教育，是如何做人的教育。也就是古人说的"爱子，教之以义方"，"爱之不以道，适所以害之也"。青少年是家庭的未来和希望，更是国家的未来和希望。古人都知道，养不教，父之过。家长应该担负起教育后代的责任。家长特别是父母对子女的影响很大，往往可以影响一个人的一生。中国古代流传下来的孟母三迁、岳母刺字、画荻教子讲的就是这样的故事。我从小就看我妈妈给我买的小人书《岳飞传》，有十几本，其中一本就是讲"岳母刺字"，精忠报国在我脑海中留下印象很深。作为父母和家长，应该把美好的道德观念从小就传递给孩子，引导他们有做人的气节和骨气，帮助他们形成美好心灵，促使他们健康成长，长大后成为对国家和人民有用的人。

广大家庭都要重言传、重身教，教知识、育品德，身体力行、耳濡目染，帮助孩子扣好人生的第一粒扣子，迈好人生的第一个台阶。要在家庭中培育和践行社会主义核心价值观，引导家庭成员特别是下一代热爱党、热爱祖国、热爱人民、热爱中华民族。要积极传播中华民族传统美德，传递尊老爱幼、男女平等、夫妻和睦、勤俭持家、邻里团结的观念，倡导忠诚、责任、亲情、学习、公益的理念，推动人们在为家庭谋幸福、为他人送温暖、为社会做贡献的过程中提高精神境界、培育文明风尚。

第三，希望大家注重家风。家风是社会风气的重要组成部分。家庭不只是人们身体的住处，更是人们心灵的归宿。家风好，就能家道兴盛、和顺美满；家风差，难免殃及子孙、贻害社会，正所谓"积善之家，必有余庆；积不善之家，必有余殃。"诸葛亮诫子格言、颜氏家训、朱子家训等，都是在倡导一种家风。毛泽东、周恩来、朱德同志等老一辈革命家都有高度重视家风。我看了很多革命烈士留给子女的遗言，谆谆嘱托，殷殷希望，十分感人。

广大家庭都要弘扬优良家风，以千千万万家庭的好家风支撑起全社会的好风气。特别是各级领导干部要带头抓好家风。《礼记 ' 大学》中说"所谓治国必先齐其家者，其家不可教而能教人者，无之。"领导干部的家风，不仅关系自己的家庭，而且关系党风政风。各级领导干部特别是高级干部要继承和弘扬中华优秀传统文化，继承和弘扬革命前辈的红色家风，向焦裕禄、谷文昌、杨善洲等同志学习，做家风建设的表率，把修身、齐家落到实处。各级领导干部要保持高尚道德情操和健康生活情趣，严格要求亲属子女，过好亲情关，教育他们树立遵纪守法、艰苦朴素、自食其力的良好观念，明白见利忘义、贪赃枉法都是不道德的事情，要为全社会做表率。

今天受到表彰的家庭，要珍惜荣誉、再接再厉，带动全国千千万万个家庭行动起来，共同为促进家庭和睦、亲人相爱、下一代健康成长、老年人老有所养而努力，共同为提高全社会文明程度而努力。

各级党委和政府要充分认识家庭文明建设的重要性，负起领导责任，切实把家庭文明建设摆上议事日程。工会、共青团、妇联等群众团体要结合自身特点，积极组织开展家庭文明建设活动。各方面要满腔热情关心和帮助生活困难的家庭，帮助他们排忧解难。精神文明建设工作部门要发挥统筹、协调、指导、督促作用，动员社会各界广泛参与，推动形成爱国爱家、相亲相爱、向上向善、共建共享的社会主义家庭文明新风尚。

参考文献

[1] 陈先达.坚持马克思主义在意识形态领域指导地位研究[M].北京:经济科学出版社,2015.

[2] 戴木才.论社会主义核心价值观与核心价值体系的辩证关系——中国特色社会主义核心价值观探索之一[J].南昌航空大学学报(社会科学版),2011(6):5.

[3] 丁凤云,黄宏.沂蒙精神[M].北京:人民出版社,2008.

[4] 丁莉婷."五位一体"辅导员工作机制构建——辅导员视角下大学生核心价值观培育模式探析[J].高教学刊,2016(11):28-29.

[5] 冯刚.高校思想政治教育创新发展研究[M].北京:中国人民大学出版社,2009.

[6] 郭建宁.核心价值观:社会共识"最大公约数"[J].人民论坛,2014(8)下:24-25.

[7] 郭维平.社会主义核心价值观生成与认同研究[M].北京:学习出版社,2016.

[8] 胡建,冯开甫.红色资源:大学生社会主义核心价值观教育的重要载体[J].思想理论教育导刊,2016(1):101-103.

[9] 加强和改进大学生思想政治教育重要文献选编:1978～2014[M].北京:知识产权出版社,2015.

[10] 教育部社会科学研究与思想政治工作司.思想政治教育学原理[M].北京:高等教育出版社,2011.

[11] 李丽鹏,王峰.论互联网视阈下大学生社会主义核心价值观教育[J].思想教育研究,2016(9):91-92.

[12] 梁自洁,李祥栋,张联瑜.沂蒙精神研究[M].济南:山东人民出版社,1994.

[13] 刘红明.当代大学生社会主义核心价值观培育的"11234"模式研

究[J].职业技术教育,2016(32):64.
[14] 刘蕴莲.论新形势下加强大学生社会主义核心价值观教育[J].思想理论教育导刊,2014(5):107.
[15] 六个“为什么”——对几个重大问题的回答[M].北京:学习出版社,2009.
[16] 宁先圣.创新高校社会主义核心价值观教育模式的思考[J].社科纵横,2015(4):30-32.
[17] 钱广荣.论弘扬社会主义核心价值观与传承中华优秀传统文化的辩证统一关系[J].社会主义核心价值观研究,2016(1):23.
[18] 邱国勇.社会主义核心价值观教育研究[M].北京:人民出版社,2014.
[19] 塞缪尔·亨廷顿.文明的冲突与世界秩序重建[M].北京:新华出版社,2002.
[20] 社会主义核心价值观融入法治建设立法修法规划[N].人民日报,2018-05-08(01).
[21] 十五大以来重要文献选编[M].北京:人民出版社,2000.
[22] 孙海英.沂蒙早期党组织对实践马克思主义群众观的探索及启示[J].学海,2017(6):13-14,155-156.
[23] 覃轶珊.大学生社会主义核心价值观培育和践行的过程模式研究[J].思想教育研究,2014(4):56-60.
[24] 吴向东.论马克思人的全面发展理论[J].马克思主义研究,2005(1):31-32.
[25] 吴永生.意识形态教育中师生的主体间性论析[J].高教探索,2017(10):20-22.
[26] 徐东升.基于沂蒙精神育人的社会主义核心价值观教育研究[M].济南:山东人民出版社,2015.
[27] 徐国媛.大学生社会主义核心价值观教育创新模式构建[M].成都:西南交通大学出版社,2014.
[28] 杨志刚,费聿辉.新时代中华孝敬文化的发展路径解析[J].理论探讨2018(4):56.
[29] 苑朋欣.沂蒙精神与社会主义核心价值体系建设[J].井冈山大学学报(社会科学版),2010(3):15.
[30] 曾长秋,杨增岽.论开放性思想政治教育模式的构建[J].思想政治教

育研究,2006(4):4.

[31] 查有梁.教育模式[M].北京:教育科学出版社,1999.

[32] 仇媛.如何加强大学生社会主义核心价值观教育[N].光明日报,2016-08-13(07).

[33] 张丁杰,曾贤贵.论大学生社会主义核心价值观教育模式的构建[J].四川理工学院学报(社会科学版),2013(4):67-75.

[34] 张立梅.民主集中制思想研究[J].中国高校社会科学,2018(4):74-75.

[35] 张耀灿,郑永廷,吴潜涛,等.现代思想政治教育学[M].北京:人民出版社,2006.

[36] 张耀灿.中国共产党思想政治教育史论[M].北京:高等教育出版社,2010.

[37] 赵本纲,胡凯.践行“四维”教育模式　培育大学生社会主义核心价值观[J].湖北社会科学,2016(11):183-187.

[38] 赵长芬.转型期党的社会凝聚力研究[M].北京:中国社会科学出版社,2017.

[39] 郑杭生.社会学概论新编[M].3版.北京:中国人民大学出版社,2003.

[40] 郑金鹏.大学生社会主义核心价值观教育“生活化”的内涵、原则与路径[J].中国成人教育,2016(4):96-98.

[41] 郑永廷.思想政治教育方法论[M].北京:高等教育出版社,1999.

后　记

《"立体交互式"大学生社会主义核心价值观教育模式研究》是2016年山东省哲学社会科学规划项目的最终研究成果。经过课题组全体成员的艰辛付出，至此本书脱稿付梓，回首过去的两年，感慨万千。

首先，衷心感谢山东省哲学社会科学规划小组领导和规划项目学科评审组评委老师，因为领导和老师们的肯定与支持，课题得以立项并进入实质探索研究阶段！

其次，要特别感谢导师夏从亚老师，临沂大学马克思主义学院关心、爱护、培养我的领导与老师。在本书的撰写、修改、出版过程中，他们给予课题组很多帮助和支持，对他们的辛勤劳动在此一并表示诚挚的感谢！

还需衷心感谢的是为本书研究奠定了坚实研究基础的学界前辈和同仁们，他们丰富的研究成果为本书的顺利写作提供了必不可少的给养！需要指出的是，因水平有限，书中疏漏、不当之处在所难免，恳请学界同仁海涵并批评指正！

张业蕾

2018 年 10 月